中国传统学校教育生态系统的历史演化

邓小泉 著

苏州大学出版社

图书在版编目(CIP)数据

中国传统学校教育生态系统的历史演化/邓小泉著
.—苏州:苏州大学出版社,2014.1
ISBN 978-7-5672-0762-2

Ⅰ.①中… Ⅱ.①邓… Ⅲ.①学校教育-研究-中国
Ⅳ.①G52

中国版本图书馆 CIP 数据核字(2014)第 006145 号

书　　名:中国传统学校教育生态系统的历史演化

作　　者:邓小泉
责任编辑:王晓丹　金莉莉
策划编辑:周建国
装帧设计:刘　俊

出版发行:苏州大学出版社(Soochow University Press)
社　　址:苏州市十梓街1号　**邮编**:215006
印　　刷:南通印刷总厂有限公司印装
网　　址:www.sudapress.com
E - mail:jack@suda.edu.cn
邮购热线:0512-67480030
销售热线:0512-65225020

开　　本:700mm×1000mm　1/16　**印张**:13　**字数**:227千
版　　次:2014年1月第1版
印　　次:2014年1月第1次印刷
书　　号:ISBN 978-7-5672-0762-2
定　　价:29.00元

凡购本社图书发现印装错误,请与本社联系调换。服务热线:0512-65225020

目录

前 言

一、选题缘由

中国教育史学科自产生以来,逐步形成了纵向和横向两个维度相结合的研究体系。纵向维度即按时代的先后,主要反映中国教育的发展演变轨迹;横向维度即按思想与制度,试图反映中国教育的整体概貌。时代的先后演变是历史学科的根本特征,也是中国教育史学科存在的本质属性。但在具体研究中,往往以朝代划分历史阶段,这种研究方法虽然能够揭示中国教育某些特征显现的具体时间,但难以揭示中国教育发展演变的内在肌理,难以对教育发展的兴或衰作出内因分析。思想与制度的分野是历史学科的基本体系,也是中国教育史学科沿袭并普遍采用的体系。这种体系的构建,为中国教育史研究提供了便利,结构简洁,界限分明,脉络清晰。但其缺陷也很明显,就是它割裂了中国教育史的整体图景。中国教育史实中,往往思想蕴含于制度之中,制度反映思想,思想与制度之间相互联系,相互作用,不可分离。而在以思想与制度构建中国教育史体系的教材或著作中,中国教育史的研究往往呈现出"两张皮"甚至"多张皮"的现象。教育思想史只研究历史上所出现的教育思想,关于这些思想对教育制度所产生的影响则缺乏解释;教育制度史只研究历史上教育制度的状态及其发展沿革,却对这种制度下产生的教育思想缺少阐释。总而言之,这种分类研究未能体现教育思想与教育制度间的互动,并且将完整的中国教育史图景割裂开来,将丰富、复杂、完整的教育史图景简单化了。

从纵向维度上看，以朝代划分中国教育史发展阶段的研究方法长期盛行，但也遭到了质疑。例如王建军指出，教育有自己独特的发展规律，它的发展是连贯的，是由低级向高级发展的有机相连的整体，它不会因历史上某个阶级或朝代的灭亡而消失，而是因着它本身固有的发展规律而前行。[①] 他主张，中国教育史的编写不应以朝代为依据划分教育发展阶段，而应以教育本身的发展线索为依据，以便更好地揭示中国教育发展的规律。据此，他编写出版了《中国教育史新编》[②]。该书摒弃了朝代划分阶段法，而是以中国传统教育的产生、建立与完备、演变与僵化、传统教育向现代教育的过渡、现代教育的探索为主线剖析了中国教育的发展历程，充分突出了“新”意。

从横向维度上看，以思想与制度构建中国教育史学科体系的研究方法，就始终伴随着不同程度的反思。20 世纪 30 年代，姜琦指出：

> 这种分类是太拘泥于传统的习惯，硬要依照百科全书的分类法，将整个的全部的教育事象分割为教育理论与教育事实两部分，分途去研究的。殊不知任何学术、理论与事实，是很难划分开来的；而属于史的性质之学术研究，尤难将理论与事实分开说明。具体地说，每种学术的理论，必有一种事实做他的背景；而每种学术研究的事实，又必有一种理论做他的引线。所以教育史既是整个的全部的教育历史，则不得不将教育理论与教育事实连为一气，并且要系统地在两者交互变化中去追求其发达变迁之迹。[③]

尽管姜琦未能写出“使教育理论与教育事实连为一气”的教育史著作来，但他的“整个的全部的教育历史”观却是发人深省的。其后，陈青之也提出了类似的观点，要求写出系统的教育史。他说：“但只将以上所举的实际与理论两方面情形，原原本本，按照时代先后，叙述一个明白，还不足以完了研究教育史者的任务。”他指出教育史的研究任务有四个方面：第一，在于说明历代教育制度及教育学说之变迁的原因；第二，在于比较各时代各地方的教育之异同与升降；第三，在于阐发教育与政治经济的关系及统治阶级对于教育之如何利用；第四，尤在于以客观的态度批评历代教育之得失，并标明其特异之

① 王建军：《论中国教育史的评价尺度》，《华南师范大学学报》（社会科学版）1989 年第 3 期。
② 王建军：《中国教育史新编》，广东高等教育出版社 2003 年版。
③ 姜琦：《教育史》，上海商务印书馆 1932 年版，第 1—2 页。

处。只能将以上四个方面作一个系统的阐述,"方可以成就一部教育史"。[1] 20世纪90年代中期,于述胜提出,教育思想与教育制度的二分法实际上蕴含着某种形式的三分法,即教育思想、教育制度(规章)和教育实践,撰写教育史要注意把握这三个维度的立体动态演变。[2] 21世纪以后,对教育思想史与教育制度史二分法的反思日益多见。不少研究者指出,在教育思想史与教育制度史之外还有许多空白,因此要进一步拓展教育史的研究领域,"把尚未开垦出来的领域开拓出来"[3]。于述胜则进一步指出,20世纪90年代以来的新学术思想有一个共同的特征,即研究重心不断下移,对中国教育史来说,这意味着"思想"与"制度"的边界已从分立走向交融,进而合一于行动的世界中。[4]这种"交融"与"合一"的提法,其实质就是要构建完整的教育史图景的思想。

前述对中国教育史研究两个维度的反思,揭示了中国教育史学科发展面临的困境,至于如何走出这个困境,尚需中国教育史研究者的奋力探索,其关键在于寻找到适切的新理论、新方法。这种新理论、新方法要有助于我们跳出思想与制度分野的观念,进一步把握教育各种因素之间相互联系、相互作用、相互影响的关系,展现出教育作为一个整体的交融性;要有助于我们跳出以朝代分段的习惯,进一步把握教育由低级向高级发展的规律,展现出教育作为一个整体的连贯性;要有助于我们跳出解构事物的研究范式,进一步把握教育的宏观全局,展现出教育作为一个整体的完整性。应该说明的是,反映中国教育史的完整图景仅仅是中国教育史研究的一个方面,并不是中国教育史研究的全部或唯一。它与解构式研究方法一样,都只是帮助我们深刻认识中国教育史的一个途径。

生态学是研究生物有机体与环境之间相互关系的科学,自20世纪60年代人类面临人口、资源、环境等一系列问题以来,它已经发展成为一门应用性很强、由多学科交叉的综合性的基础学科。生态学"本质上就是一门关系学"[5]。德国技术哲学家汉斯·萨克塞(Hans Sachsse)把它理解为"研究关联的学说",指出生态学的考察方式克服了从个体出发的、孤立的思考方法,认

① 陈青之:《中国教育史》,上海商务印书馆1936年版,第1页。

② 于述胜:《中国教育史研究中的一个方法论问题》,《教育史研究》1997年第2期。

③ 洪明、黄仁贤:《"危机时代"的教育史学科建设》,《教育评论》2001年第6期。

④ 于述胜:《中国教育史学科结构方式的历史探究》,《北京师范大学学报》(社会科学版)2008年第1期。

⑤ 李文华、赵景柱主编:《生态学研究回顾与展望》,气象出版社2004年版,第64页。

识到"一切有生命的物体都是某个整体中的一部分"①。生态系统理论更是明确地将生物有机体与其环境作为一个不可分割的自然整体来看待②。生态学的方法论对教育研究有很强的适切性③,这种方法论与我们寻求的突破中国教育史以往研究框架的方法是一致的,契合了中国教育史研究进一步拓展的需要。因此,如果我们把生态学特别是生态系统理论引入中国教育史研究中,应该能对弥补以往的研究缺憾有所助益。

20 世纪以来,生态学发展突飞猛进,很快成为内涵丰富的综合性学科,并渐渐形成了整体的、系统的、有机的、动态的、开放的跨学科的学科规范④,它与其他学科的交叉融合日趋深入,为我们运用生态学和生态系统理论研究中国教育史提供了借鉴的可能。20 世纪 60 年代以来,教育生态学的兴起与发展更是为我们的研究奠定了基础。运用生态学和生态系统的理论与方法研究中国教育史,既可以为教育生态学的理论研究提供历史依据,也可以帮助我们进一步认识中国教育的发展历程,把握中国教育整体发展的规律。

二、研究综述

教育生态学研究起步于西方。1932 年,美国学者沃勒(W. Waller)在《教育社会学》中提出了"课堂生态学"(ecology of classroom),首次将生态学的概念引入教育之中。1966 年,英国学者阿什比(E. Ashby)提出了"高等教育生态学"的概念,开始运用生态学的原理和方法研究高等教育。20 世纪 70 年代,西方教育生态学研究兴起一次小高潮,产生了不少成果。1976 年,美国学者劳伦斯·克雷明(L. A. Cremin)在《公共教育》一书中正式提出了"教育生态学",并列"面向教育生态"(Toward an Ecology of Education)一章进行专门探讨。这一时期,有关教育生态学的研究多与教育和环境的关系密切相

① [德]汉斯·萨克塞著,文韬、佩云译:《生态哲学·前言》,东方出版社 1991 年版。

② 生态系统理论的最早提出者 A. G. Tansley 指出:"我们不能把生物与其特定的自然环境分开,生物与环境形成一个自然系统。正是这种系统构成了地球表面上具有大小和类型的基本单位,这就是生态系统。"此外还有学者认为,"整体性(holism)是生态系统最重要的一个特征。整体性是指系统的有机整体,其存在的方式、目标、功能都表现出统一的整体性"。参见蔡晓明:《生态系统生态学》,科学出版社 2000 年版,第 6 页、22 页。

③ 详见刘贵华、朱小蔓:《试论生态学对于教育研究的适切性》,《教育研究》2007 年第 7 期。

④ 鲁枢元:《生态批评的空间》,华东师范大学出版社 2006 年版,第 3 页。

关[1],只有英国学者埃格尔斯顿(J. Eggleston)在其著作《学校生态学》(1977)中开辟了教育生态学研究的新思路,他提出教育生态学也应该研究教育资源的分布以及个体对教育资源分布的反应。20 世纪八九十年代,西方教育生态学研究进一步向纵深发展。1987 年,美国的古德莱德(J. I. Goodlad)首次提出“文化生态系统”的概念,强调学校建设要从管理的角度入手,统筹各种生态因子,建立健康的生态系统(healthy ecosystem),提高办学效益。

我国的教育生态学研究以台湾地区为最早。1975 年,方炳林出版《生态环境与教育》一书,提出生态环境与教育的研究就是“教育生态的研究”,所谓“教育生态的研究”就是“从生态环境中选择与教育有密切关系的因素,以了解其与教育的作用与关系”。[2] 他以社会生态、文化生态、家庭生态和学校生态为对象,分别研究了各种环境因素与教育的关系。贾锐则更具体地研究了校园生态环境与教育的关系。[3] 1989 年,李聪明出版了《教育生态学导论——教育问题的生态学思考》[4]。在该书中,作者运用生态学的原理考察了教育制度、幼儿教育、国民教育、科技教育、职业教育和特殊教育等问题,认为人类的思想如果以生态学的思考为重心,则会对以上问题产生新的思考方向,并朝向符合生态原理的方面发展。特别值得一提的是,李聪明非常重视生态系统的观点,认为应以共荣共存的教育生态系统来引导台湾地区教育的正常发展。这也使得台湾地区的教育生态学研究呈现出两种研究思路和研究风格。

我国大陆地区的教育生态学研究起步相对较晚。20 世纪 80 年代初期,才有学者开始介绍国外的教育生态研究概况。80 年代中期,虽然出现了翻译国外教育生态学研究成果的零星活动,但未能引起广泛关注。1988 年,陈敏豪在《人类生态学——一种面向未来世界的文化》一书中专门辟出“教育与人类生态”一章,试图从人类生态学的角度来思索、探讨现代教育问题,开大陆地区教育生态学研究之先河。[5] 同年,吴鼎福发表了大陆第一篇教育生态学研究论文《教育生态学刍议》,对教育的生态环境、个体生态和群体生态、

---

① 详见吴鼎福、诸文蔚:《教育生态学》,江苏教育出版社 2000 年版,第 8—11 页;范国睿:《教育生态学》,人民教育出版社 2000 年版,第 12—16 页。

② 方炳林:《生态环境与教育》,台北维新书局 1975 年版,第 12 页。

③ 贾锐:《校园生态环境与教育》,《师大学术专题研究》第十六辑,台湾文笙书局 1988 年版,第 165—182 页。

④ 李聪明:《教育生态学导论——教育问题的生态学思考》,台湾学生书局 1989 年版。

⑤ 陈敏豪:《人类生态学——一种面向未来世界的文化》,上海交通大学出版社 1988 年版。

生态系统和生态平衡等问题作了初步探讨。1990 年,吴鼎福又与诸文蔚合作出版了第一部教育生态学专著《教育生态学》,标志着大陆的教育生态学研究正式起步。在该书中,作者较为系统地探讨了教育的生态环境、生态结构、生态功能、生态基本原理、生态基本规律、行为生态、生态演替和演化、生态的检测与评估等问题,对教育生态学研究的开展产生了积极影响。同年出版的鲁洁主编的《教育社会学》也列出专章"生态环境与教育",并指出研究生态环境对教育的影响是教育生态学的一个方向。① 1992 年,任凯和白燕合作出版了《教育生态学》②。该书将教育生态学的研究对象界定为教育生态系统,从而表现出与吴鼎福等人迥然不同的研究思路,在教育生态学的理论构建上进行了有益的尝试。自此以后一段时间,有关教育生态学研究的论文日渐增多,但都未能在两本《教育生态学》的基础上有更大的进展。1998 年,方然出版了《教育生态论纲》,主张建立"符合自然生态综合发展科学原则的教育生态系统"和"符合人类生存与发展现代模式的教育生态科学",并从区域教育、基础教育、社区教育和学前教育、师范教育、教学等角度对建立、培育和完善教育生态系统进行了分析和探讨。③

2000 年,范国睿以其同名博士学位论文出版的《教育生态学》,是大陆的第四本教育生态学专著。该书将文化、人口、资源、学校、环境与课堂等分别作为具体的系统,并力图从这几个方面考察环境对教育、学校和人的发展的影响。作者指出,"教育生态学研究的根本目的在于揭示教育生态系统发生发展的规律,促进教育生态系统的健康发展"④。而这种健康发展也就是可持续发展,因而就要求"确立正确的人・教育・环境三者之间的关系的全新认识,确立正确的教育生态意识,全方位地促进教育生态系统自身的可持续发展"⑤。

进入 21 世纪以来,大陆教育生态学研究渐呈兴起之势。学校生态、校园生态、班级生态、课堂生态、课程生态、教学生态、德育生态(生态德育)、学术生态等问题吸引了一批教育理论研究者和实践工作者的关注,发表了一大批

---

① 鲁洁主编、吴康宁副主编:《教育社会学》,人民教育出版社 1990 年版,第 286—287 页。
② 任凯、白燕:《教育生态学》,辽宁教育出版社 1992 年版。
③ 方然:《教育生态论纲》,云南大学出版社 1998 年版。
④ 范国睿:《教育生态学》,人民教育出版社 2000 年版,第 267 页。
⑤ 范国睿:《教育生态学》,人民教育出版社 2000 年版,第 267 页。

研究论文，出版了一些著作。[①] 2006年，吴林富出版了《教育生态管理》[②]一书，提出了生态学的核心思想是生态系统和生态平衡，但由于作者侧重于教育生态学的实际运用，因而并没有在教育生态学的理论建设方面有更多的贡献。[③] 此外，许多研究生也将教育生态问题作为自己的博士或硕士学位论文选题。自2002年开始，每年都有关于教育生态研究的博士学位论文出现。[④] 这些论文主要围绕大学学术、学校文化、课程研究、高等教育系统、学校变革、教师成长等问题展开生态理论研究，显示了教育生态问题的研究已经走向了多样化的道路。其中，贺祖斌将其博士论文《中国高等教育系统的生态学分析》修改后以《高等教育生态论》之名出版[⑤]。该书运用生态学的原理和方法，在建构高等教育系统生态观的基础上，着重分析了高等教育系统的生态承载力、生态区域发展和生态环境等几个生态问题，具有一定的代表性。相较于博士学位论文而言，关于教育生态研究的硕士学位论文数量更多。根据中国优秀硕士学位论文全文数据库的检索统计，2000年至2011年，全国共产出教育生态研究硕士学位论文135篇，且论文数量呈逐年增加趋势。[⑥] 这些硕士学位论文的选题较广，主要集中于学科教学生态、生态道德教育、班级教育生态、课堂生态等方面，其中尤以语文学科教学生态的研究最多，计有18

---

① 据刘贵华等2007年统计，"目前，已出版关于教育生态的专著7部，发表关于教育生态的研究论文2 878篇"。见刘贵华、朱小蔓：《试论生态学对于教育研究的适切性》，《教育研究》2007年第7期。

② 吴林富：《教育生态管理》，天津教育出版社2006年版。

③ 吴林富认为，以往的教育生态学研究多侧重于理论引进与理论探讨，至于如何将教育生态原理运用于分析"教育现象与教育问题的管理"则讨论较少，而关于这方面的专门的、系统的综合性研究更是缺乏，因此，作者有志于此，以期改进管理工作。见《教育生态管理·后记》，第234页。

④ 主要有：2002年华东师范大学刘贵华的《大学学术生态研究》，2003年西南师范大学徐书业的《变革的趋向：转型期的学校文化生态研究》，2004年西南师范大学王牧华的《课程研究的生态主义向度》、华中科技大学贺祖斌的《中国高等教育系统的生态学分析》，2005年北京师范大学周军的《乡村教师文化生态及乡村教育变革》，2006年南京师范大学余嘉云的《生态化教学的理论与实践研究》、戴联荣的《大学生态：文化人格共生和建构》，2007年福建师范大学蔡传明的《中学体育教师成长的学校生态环境研究》，2008年华东师范大学王加强的《学校变革的生态分析》、华中师范大学朱家安的《德育生态论》、中国矿业大学彭勃的《高等教育资源的生态配置与培植》，2009年苏州大学徐国超的《审美教育的生态之维》，2010年苏州大学李正贤的《普通高校篮球教学活动的教育生态研究》、南昌大学黄平槐的《高校思想政治教育的生态化发展价值研究》，2011年北京体育大学曲新艺的《学校体育教育问题的教育生态学诊断》。

⑤ 贺祖斌：《高等教育生态论》，广西师范大学出版社2005年版。

⑥ 历年硕士论文发表数量为：2000年1篇，2001年2篇，2002年2篇，2003年5篇，2004年7篇，2005年10篇，2006年11篇，2007年22篇，2008年14篇，2009年15篇，2010年29篇，2011年17篇。

篇，约占13%；而关于生态道德教育的研究更呈增加态势，计有32篇，约占24%。

我国大陆地区的教育生态学研究呈现出四种主要路向。一是侧重于教育与生态环境的关系研究；二是倾向于教育生态系统研究；三是以专题研究为主；四是走向实际应用。这四种路向为教育生态学研究的深入开展奠定了良好的基础，为教育生态学学科的建立作了有益的探索。从研究特点看，这四种路向又突出地表现为两个走向。

第一个走向是由宏观研究走向微观研究。吴鼎福等认为，教育的宏观生态，最大的范围是生物圈，其次是各个国家，而宏观生态中研究较多的往往是一个国家内的大教育生态系统；教育的微观生态，则缩小到学校的建筑、设备，甚至教室座位的分布和课程安排等。教育生态学研究就是要把宏观生态与微观生态统一到教育的生态系统、子系统和亚系统的研究之中。① 早期的教育生态学多研究宏观生态，侧重于对教育的生态环境、生态结构、生态功能、基本原理与规律、行为生态、生态演替和演化、生态的检测与评估等重大问题进行探讨。这一阶段所发表论文的宏观倾向也较为明显，如《教育生态学刍议》《教育生态系统观》《教育生态学探讨》《教育生态论》《浅议对大教育的生态分析》等。

20世纪90年代中期以后，教育生态学微观研究的倾向开始凸显，如《基础教育生态链相关细节的微观研究》《试论教育生态条件下的县（市）幼儿教育》等。至21世纪初，微观研究倾向更加突出，并细化到少数民族文化、招生性别比例、班级、教室、课堂教学、教师专业发展、高校学科专业发展、教育管理以及个体等具体问题。这种由宏观研究向微观研究的转向与教育（学）界日益关注个体生存发展状态的整体趋势相一致。

第二个走向是由理论探讨走向实践分析。理论是实践的先导。自20世纪80年代我国学者开始接触、介绍和研究教育生态学以来，在较长的一段时间内，研究者的兴趣基本集中于理论探讨方面，如研究对象、生态环境、生态系统、生态平衡、原理与规律（效应）等。还有学者提出了教育生态学研究应明确的几个问题，如教育生态学存在的合理性、研究对象、研究角度、研究方法与意义等，指出教育与周围环境的相互关系在某种程度上具有生态学的意义，教育生态学的研究应着眼于教育系统内本身的生态规律性，力求借助生

① 吴鼎福：《教育生态学》，江苏教育出版社2000年版，第95—100页。

态学研究的观点建立合理的教育生态环境，提高教育的效益，促进教育功能得以最佳发挥。[①] 这些理论探讨为建构教育生态学学科体系奠定了坚实的基础。

理论探讨必然会导致实践探索。理论探讨如果不付诸实践验证，将始终是空中楼阁。教育生态学从产生之日起，其目的就指向了教育实践本身。经过一段时间的理论探讨，中国的教育生态学研究于20世纪末走向了实践分析和探索，这种分析和探索主要集中于生态环境建设，而且更多地指向了学校、班级、课堂和德育的生态环境建设。而探索者则以教育管理者为主，他们从管理者的角度出发，提出要营造（建设）高品质的教育生态，促进教育的可持续发展。当前，与可持续发展的观念相呼应，教育界涌动着一股教育生态研究和实践的大潮流，即将喷薄而发。

尽管近年来的教育生态学研究呈现出兴起之势，但不可否认的是，教育生态学的一些重要理论问题仍然没有解决，还存在诸多较为明显的薄弱环节与不足之处。

一是对教育生态系统的重要性认识不够深入。就生态学理论的发展历程来看，"生态系统"比"生态"概念的提出约迟70年，但"生态系统"概念自从提出后就一直受到高度重视。美国生态学家奥德姆（E. P. Odum）强调："生态系统是（而且必然是）一个很广的概念，它在生态学思想中的主要功能在于强调必需的相互关系、相互依存和因果联系"[②]。而就教育生态学本身而言，人们对教育生态系统的关注却大显不足。虽然有学者认为教育生态学的研究对象应该是教育生态系统，但该观点并未引起广泛关注，人们更多地将研究视野投向了生态环境。事实上，生态系统就是生态学的核心思想。当被问及什么是最重要的生态学概念时，绝大多数人的回答是"生态系统"（Cherrett，1989）。[③] 因此，教育生态系统也应该是教育生态学研究的核心。教育生态学研究应该重点分析教育生态系统的要素与结构，正确认识教育生态系统动态平衡性的内涵，准确把握教育生态系统中要素与结构的变化及其对教育生态系统的影响，特别要强调教育生态系统中各因子之间的相互联系、相互作用及功能上的统一。

二是对教育生态的层次和结构的研究不够平衡。从教育生态的层次看，

① 马歆静：《教育生态学研究应明确的几个问题》，《淄博师专学报》1996年第1期。
② ［美］E. P. Odum著、孙儒泳等译：《生态学基础》，人民教育出版社1981年版，第9页。
③ ［美］E. P. Odum：《九十年代生态学的重要观点》，《生态学杂志》1995年第1期。

有教育外部生态，有教育内部生态，也有学校生态和班级生态等。已有研究主要集中于学校生态和班级生态，而对教育外部生态（如教育生态在社会生态中居于什么地位、发挥什么作用等）和教育内部生态（如区域生态、制度生态等）的研究则相当缺乏。从教育生态的结构上看，有学校结构、水平结构、年龄结构等。目前的研究针对学校结构的较多，其中又以高等教育生态研究居多，而对水平结构和年龄结构研究偏少。这种对教育生态的层次和结构研究的不平衡状态，一方面不利于人们认识教育的整体生态，促进教育的全面协调可持续发展，另一方面也与生态学的整体性思想不相对称。

三是对教育生态历史变迁的分析不够重视。理论的科学性就在于它既能解释历史事实，也能分析现实状况，又能指引未来。教育生态学自从产生以来，就始终缺乏对教育生态历史变迁的研究。国外以劳伦斯·克雷明为代表，运用生态学理论分析了美国教育的发展历史，写就了三卷本的《美国教育史》。可惜在克雷明之后，关于教育生态史的研究所见不多。国内研究仅见1篇论文[①]与1部著作。张倩如的《江苏古代教育生态》[②]虽是第一本以“生态”命名的教育史著作，但全无生态学的气息，实际上是借用生态的名称。未作历史解释的理论研究有失根基，缺乏厚重感。

四是对生态学原理的把握不够准确。许多研究者单纯地将教育生态学的研究对象理解为教育（人）与其周围环境的关系，因而很自然地使得教育生态环境的研究成为热点。在对教育生态环境的研究中，以自然生态环境和社会生态环境研究为多。但人们在实际研究中往往将自然环境与环境科学混淆起来，将社会环境与社会学混淆起来，从而使得教育生态学的研究显得生态学的意味不足，其根本原因就在于对生态学的理论把握不够准确。

三、概念界定

（一）生态系统

1866年，德国动物学家Ernst Haeckel（1834—1919）首次界定生态学的研究对象，强调生态学主要研究生物在其生活过程中与环境的关系。1935年，

① 岳龙：《中国教育传统结构的人文生态分析》，《河南师范大学学报》（哲学社会科学版）2001年第1期。

② 张倩如：《江苏古代教育生态》，凤凰出版传媒集团、凤凰出版社2005年版。

英国植物生态学家 A. G. Tansley(1871—1955)提出生态系统的概念,认为生态系统是生物与环境之间形成的一个不可分割的相互关联、相互影响的整体。其后,“生态系统”又经美国的几位生态学家 R. Lindeman(1915—1942)、R. E. Ricklefs(1943—)、F. B. Golley(1930—2006)、E. P. Odum(1913—2002)、Howard. T. Odum(1924—2002)和 W. E. Odum(1942—1991)等人的发展,成为人们研究自然的一个独立的功能单元,生态系统的理论更加完整。20 世纪 60 年代以后,生态系统的研究日益受到重视并进一步推动了多学科的交叉渗透,不仅在自然科学领域广泛应用,而且渗透到社会科学领域,成为社会科学研究中的重要理论和方法。

生态学理论认为,所谓生态系统,是指在一定的时间和空间范围内,生物与环境、生物与生物之间通过物质循环、能量流动和信息传递构成的具有特定结构的功能整体。生态系统的组成要素是生物和环境,这是生态系统形成的前提。如果仅有生物与环境的存在,而两者之间并不存在相互联系、相互作用、相互依存的关系,也就构不成生态系统。只有当两者之间通过物质循环、能量流动和信息传递相互联系、相互作用、相互依存时,生态系统才真正存在。也有学者认为,“在自然界只要在一定空间内存在生物和非生物两种成分,并能互相作用达到某种功能上的稳定性,哪怕是短暂的,这个整体就可以视为一个生态系统”①。综上所言,生态系统的形成条件是:首先必须有两个以上的生物和非生物要素,其次必须是生物与生物、生物与环境之间相互联系、相互作用、相互依存,再次必须形成具有一定功能的特定结构。

(二)教育生态系统

自 20 世纪 80 年代末以来,我国许多学者开始提出教育生态系统的概念,并先后形成了丰富多彩的各种定义,主要有以下几种:

(1)教育生态系统是教育体制下的教育环境与学校、教师、学生等的共存系统。②

(2)教育生态系统是由教育工作者、学员、自然环境、社会环境等要素组成的一种社会生态系统。它是一个有机的整体,具有一定结构和功能,通过系统内各种要素间的物质、能量、信息的交换,使人在德智体美劳各方面和谐

① 孔繁德:《生态学基础》,中国环境科学出版社 2006 年版,第 149 页。

② 李聪明:《教育生态学导论——教育问题的生态学思考》,台湾学生书局 1989 年版,第 32 页。

发展,培养出合格人才、专门人才,这是教育生态系统最基本的功能特征。①

(3) 教育生态系统是由作为活动主导要素的人和各种教育环境构成的一个人工生态系统,且系统内部各种活动符合一定程度的生态规律。②

(4) 人类所有个体的健康成长和进步,都依附着一定的人际关系和环境因素,这种关系和因素的整体结构和功能称之为"教育生态系统"。教育生态系统的内涵十分繁富,粗略地讲,主要包含:"两种关系",即人与人的关系,环境与人的关系;"三个阶段",即优生、优育、优教;"四个场景",即家庭教育、群体影响、学校教育、社会教育;"五种因素",即生理因素、心理因素、环境因素、经济因素、政治因素;"六种需求",即生理需求、安全需求、社交需求、爱情需求、尊敬需求、创造需求。③

(5) 教育生态环境包括自然的、社会的、规范的、生理心理的四个部分,每一类环境又分为若干生态因素或称生态因子,由它们相交组成了多维复合的生态环境。其中所包含的各种各样的生态因素和生态因子分别满足人的生物的、社会的和精神的生活需要。它们之间以及它们和教育之间的相互作用,便组成了教育生态系统。④

(6) 人、教育、环境彼此相联,共同构成一个不断矛盾运动的生态系统。其中,无论是学校还是人(教育者与受教育者),作为教育生态主体,都在自身与环境的"平衡—不平衡—新的平衡"的矛盾运动中寻求发展。⑤

(7) 教育生态系统,是指一定时空范围内教育与其他自然生态系统、社会生态系统等通过物质、信息循环和能量交换所构成的教育生态学单位。教育生态系统是由施教者、受教者、自然环境、社会环境、学校环境、家庭环境等因素组成的一种教育生态系统,它是一个有机整体,具有一定的结构和功能,通过系统内各要素间的物质、能量、信息的交换,使受教者的情智和人格得到全面和谐的发展。这是教育生态系统最基本的功能。⑥

(8) 教育生态大体上可以看作教育系统内部诸要素之间的交互作用及

---

① 唐德章:《论教育生态系统的协调发展》,《西南民族学院学报》(哲学社会科学版)1991 年第 5 期。

② 马歆静:《浅议对大教育的生态分析》,《赣南师范学院学报》1996 年第 4 期。

③ 方然:《教育生态的理论范畴与实践方向》,《云南师范大学学报》(哲学社会科学版)1997 年第 1 期。

④ 梁保国、乐禄祉:《教育的生态文化透视》,《高等教育研究》1997 年第 5 期。

⑤ 范国睿:《教育生态系统发展的哲学思考》,《教育评论》1997 年第 6 期。

⑥ 卢君臻:《教育生态环境简论》,《临沂师专学报》1998 年第 2 期。

其外部环境之间的物质、能量和信息的交换关系。[1]

(9) 教育生态系统可以划分为教育的内部生态系统与外部生态系统。教育外部生态系统是一个由经济、政治、文化、科技等诸多因素构成的复杂系统,而教育内部生态系统,主要以教师、学生、管理、科研和后勤层五个功能团为构成要件。[2]

(10) 教育生态系统是由教育的生态主体与生态环境组成的复合与多元的整体系统。教育者、受教育者和各级各类教育机构构成教育生态系统的生态主体,教师、管理人员和学生通过管理、服务、指导、科研、教育、教学等关系形式联结起来,形成教育的生命共同体。共同体的一切理想、信念、教育活动与教育成果,总是要受到其生态环境的影响。[3]

除此之外,还有一些学者虽然没有明确定义教育生态系统,但也提出了自己的认识和理解,如贺祖斌认为,教育生态系统是由教育系统与其生态环境共同构成的,教育者和受教育者是教育生态系统的中心。[4] 这些定义、认识和理解都为我们进一步把握教育生态系统的概念与形成奠定了基础。[5]

上述关于教育生态系统的诸多定义,大体可以分为三类。第一类认为人与环境之间的作用构成教育生态系统,第二类认为教育与环境之间的作用构成教育生态系统,第三类认为教育要素与环境之间的作用构成教育生态系统。相较之下,第三类定义更接近于教育生态系统的本质。

根据生态系统的概念及其形成条件,我们可以这样界定:在教育领域,只要教育者、受教育者等高级生物(人)与周围环境之间构成了一定空间内的整体,通过相互联系、相互作用、相互依存能够达到育人功能上的稳定性,也就形成了教育生态系统。由此来看,以上三类定义粗看之下各不相同,仔细审视却又都有相通之处,即都认识到教育生态系统的运行离不开教育要素(成分)与环境之间的相互联系、相互作用。各类定义对教育生态系统认识的差异主要是对构成教育生态系统的教育要素的认识不同,而准确把握教育要素

---

① 王忠武:《当代中国社会发展方法论》,山东人民出版社 2001 年版,第 373—374 页。

② 李景春:《生态位理论视域中的教育生态系统及其发展》,《教育科学》2006 年第 3 期。

③ 吴林富:《教育生态管理》,天津教育出版社 2006 年版,第 42 页。

④ 原文为:"高等教育系统是以人(教育者和受教育者)为中心的生态系统,人对生态系统的决策与管理往往决定其状况与质量。""高等教育生态系统是由高等教育系统与其生态环境共同构成的。"见贺祖斌:《高等教育生态论》,广西师范大学出版社 2005 年版,第 32 页。

⑤ 遗憾的是,虽然定义较多,但除个别学者进行了较为系统的研究之外,多数学者均未对教育生态系统作深入探究。

正是深刻认识教育生态系统的概念及其形成条件的关键。因为教育作为人类社会培养人的一种活动，其本身就与其所处的自然环境和社会环境之间相互联系、相互作用和相互依存。

关于教育要素，人们历来争论较多。南京师范大学教育系所编的《教育学》认为教育要素主要指教育者、受教育者、教育影响[①]；叶澜认为是教育者、受教育者、教育内容与教育物资[②]；陈桂生认为是教育者、教育对象（受教育者）、教育资料[③]；郑金洲认为是教育者、受教育者、教育中介[④]；等等。争论虽多，但争论者之间尚有共识，即都承认教育者与受教育者是教育的两大要素，争论的焦点主要在于第三大要素。其他许多不同观点的争辩也都是针对第三要素的，即使有论者提出四要素、五要素或更多的要素，实际上也都是对第三要素作出的不同解构。

从生态系统的概念可知，生态系统形成的前提是生物与环境之间构成统一的整体，只要生物与生物、生物与环境之间存在物质、能量与信息上的相互联系、相互作用、相互依存，形成了稳定的结构，也就组成了生态系统。同样的道理，组成教育生态系统的前提是教育中的生物（即教育中的人——教育者与受教育者）与环境，只要两者之间及其与环境之间也能相互联系、相互作用、相互依存，也就构成了教育生态系统。而教育作为人类社会的一种活动，其发生的前提就是要围绕第三要素（教育影响、教育资料、教育中介等）而展开，若无第三要素，而仅有人的存在，也就无所谓教育了，因为教育者与受教育者之间的联系与作用是教育的题中应有之义。为便于描述，本书暂将教育的第三要素界定为教育内容。从历史角度看，伴随着教育者与受教育者的出现，必定会形成相应的教育内容，组成相应的教育结构，与社会环境之间发生相互联系、相互作用，同时也就形成了教育生态系统。伴随着学校（教育者与受教育者相互联系、相互作用、相互依存的教育组织）的出现，学校教育生态系统也就相应形成了。

（三）亚生态系统

层级系统理论（hierarchy theory）认为，任何系统都是其他系统的亚系统，

---

① 南京师范大学教育系编：《教育学》，人民教育出版社 1984 年版。

② 叶澜：《教育概论》，人民教育出版社 1991 年版。

③ 陈桂生：《教育原理》，华东师范大学出版社 1993 年版。

④ 郑金洲：《教育通论》，华东师范大学出版社 2000 年版。

同时其本身又由许多亚系统所组成。生态系统内部也存在各种相互联系、相互影响的亚生态系统。在一个大生态系统中,各个亚系统都为整个系统的存在做出贡献。任何一个亚系统的存在都是大系统存在的条件,只有依靠亚系统的相互调节,大生态系统才能维持平衡和稳定。大生态系统的涨落①也往往通过亚系统的涨落表现出来。因此,了解亚生态系统,是进一步了解大生态系统的重要基础。

亚系统可以分为子系统和分系统两类。子系统反映了系统的等级性,"系统的每一等级包含有各自独立的多个子系统,系统则可视为由子系统相互联系形成的整体"②。分系统反映了系统的复杂性,主要是指"系统的各子系统在某些侧面具有重要意义的某些关系",系统可以看作"相互联系的各分系统的集合"③。如果把中国看作一个系统,其子系统分别为各省、自治区、直辖市,设区的市、自治州,不设区的市、市辖区、县、自治县,以及各乡、民族乡、镇等;其分系统则有国防系统、金融系统、商业系统、文化系统等。子系统相当于系统的"条",分系统相当于系统的"块",都是上一级系统的重要组成部分;两者相互联系、相互作用,条块结合,共同组成完整的大系统。任何系统均可制成子系统—分系统矩阵(见表1)。④

表1 子系统—分系统矩阵

分系统 / 子系统	分系统1	分系统2	……	分系统 m
第一级子系统	a_{11}	a_{12}	……	a_{1m}
第二级子系统	a_{21}	a_{22}	…	a_{2m}
……	…	…	…	…
第 n 级子系统	a_{n1}	a_{n2}	…	a_{nm}
要 素	$a_{[n+1]1}$	$a_{[n+1]2}$	…	$a_{[n+1]m}$

注:表中 a 表示与子系统相对应的分系统组元,也表示与分系统相对应的子系统组元。

① 耗散结构理论认为,涨落是指对系统稳定状态的偏离,它是实际存在的一切系统的固有特征。涨落根据大小可以分为微涨落和巨涨落。处于平衡系统的随机涨落,称为微涨落。处于远离平衡态的非平衡态系统的随机涨落,称为巨涨落。

② 邹珊刚等编著:《系统科学》,上海人民出版社1987年版,第61页。

③ 邹珊刚等编著:《系统科学》,上海人民出版社1987年版,第61页。

④ 邹珊刚等编著:《系统科学》,上海人民出版社1987年版,第62—63页。

社会是一个复杂的生态大系统，其子系统有社会组织生态系统、家庭生态系统、个人生态系统等；其分系统则有经济生态系统、政治生态系统、文化生态系统、科技生态系统等。教育生态系统也是社会生态系统的一个分系统，它与其他子系统和分系统相互联系、相互作用，而社会生态系统中的其他子系统和分系统则一起构成教育生态系统的外部环境。① 构成环境的各要素(亚系统)称为环境因子。环境因子中一切对系统的发展有直接或间接影响的因子称为生态因子(ecological factor)。一般而言，教育生态系统外部环境中的主要生态因子有经济、政治、文化和科技等。

教育生态系统的亚系统也分为子系统和分系统两类。其子系统主要表现为不同的层次性，如初等教育、中等教育和高等教育等子系统。其分系统根据不同的标准可分为不同的类别，如根据不同的教育类别、教育内容、教育方法和教育区域分别可以划分不同的分系统。各子系统和分系统之间的相互联系、相互作用，共同形成了大教育生态系统的丰富形态，体现了教育生态系统的多样性和复杂性，奠定了教育生态系统稳定性的基础。

四、内容与结构

从生态系统的角度看，中国教育生态系统先后经历了自然教育生态系统、古典学校教育生态系统、传统学校教育生态系统和现代学校教育生态系统四个阶段。自然教育生态系统深嵌于社会生态系统之中，不具有独立的特征。古典学校教育生态系统已初步显现出独立系统的倾向，但并不明显。自然教育生态系统与古典学校教育生态系统同属于早期教育生态系统。

传统学校教育生态系统是本书研究的重点。本书主要研究了传统学校教育生态系统的形成与演变过程、传统学校教育生态系统的外部环境及其内部形态、传统学校教育生态系统的退化过程。

传统学校教育生态系统的退化与现代学校教育生态系统的形成是一个

① 厉以贤等认为，人类社会是一个大系统，政治、经济、科技、文化和教育分别是人类社会这个系统中的子系统，它们分别构成整个人类的各个方面。参见厉以贤、徐琦：《社会经济发展·人·教育》，《中国教育学刊》1988 年第 5 期。厉以贤所指称的子系统可以理解为本书所指的分系统。

过程的两个方面，这一个过程就是中国教育生态系统的演化①。现代学校教育生态系统形成以后，由于生态因子的变化引发系统自身不断地自我调节，调节后的教育生态系统基本满足了社会生态系统的需求。当前的中国教育仍然处于现代教育生态系统阶段。

本书共分五章。第一章主要分析中国传统学校教育生态系统形成以前的发展历程，即自然教育生态系统与古典学校教育生态系统，重点介绍两个系统的形成、发展、演化过程及其特点。第二章主要分析中国传统学校教育生态系统的形成与演化历程。依据太学设立、儒学独尊和察举制度的实行，说明要素形成与结构形成并保持总体稳定，传统学校教育生态系统形成于汉代，之后又经学校、儒学和选举三要素间的失衡与自我调节，到宋代臻于成熟。自汉至清末，传统学校教育生态系统虽曾受到干扰，但是经过自我调节仍然能够维持平衡发展状态，显示了系统自身旺盛的生命力。第三章主要分析经济、政治、文化和科技等生态因子的变化对中国传统学校教育生态系统产生的影响。经济、政治、文化和科技等共同构成教育生态系统的外部环境，与教育生态系统相互联系、相互影响。第四章主要分析中国传统学校教育生态系统的三种亚系统：层次生态系统、类别生态系统和区域生态系统。第五章主要分析中国传统学校教育生态系统的退化与现代学校教育生态系统的形成过程。

五、研究方法

（一）生态学的方法

生态学不仅仅是一个独立的研究领域，它更是一种世界观和方法论。生态学的方法就是“用生态观点研究现实事物，观察现实世界；又称生态学思维，用生态观点思考问题”②。生态观点是一种宏观的整体思维方式，它不同于那种拘泥于细枝末节的思维方式；运用生态学的方法研究中国教育史，就

① “演化”常与“演替”相混淆，有时两者同义，有时又相互区分。综合而言，演化及演替主要指以下两种变化：前者指生态系统像个体发育一样，经历了从幼年期到成熟期的发育过程，因而也称为生态系统发育，英文表述为 evolution；后者指随着时间的推移，一种生态系统类型（或阶段）被另一种生态系统类型（或阶段）替代的顺序过程，英文表述为 succesion。

② 余谋昌：《生态哲学》，陕西人民教育出版社 2000 年版，第 61 页。

是要跳出教育史研究的传统思路，避免陷入对教育制度、教育思想和教育人物等问题的具体分析之中，而是从社会的角度判别教育的作用，从历史的角度审度教育的变迁。生态观点是一种联系的思维方式，它不同于那种机械的、孤立的思维方式；运用生态学的方法研究中国教育史就是要用联系的观点看教育，看教育自身系统，看教育内部各系统，看教育与其外部系统之间如何相互联系、相互作用、相互影响。生态观点是一种动态平衡的思维方式，它不同于那种一味追求发展（增长）、不顾协调的思维方式；运用生态学的方法研究中国教育史，就是要看历史上的中国教育发展是否保持了动态平衡，有无失衡，为何失衡，如何才能保持动态平衡发展。

（二）生态学交叉学科的方法

生态学发展的早期阶段，其研究课题还局限在人类之外的自然界，基本上采取的也是自然科学的方法和手段。在20世纪初期的社会学和人类学领域，有人开始把生态学的原则运用到人类社会的研究中来，生态学开始渗入人类社会的各个方面。[①] 由此促进了一批生态学交叉学科的产生，如人类生态学、社会生态学、政治生态学、经济生态学、文化生态学、商业生态学、人口生态学、城市生态学、生态美学、生态伦理学、生态哲学、生态道德、文学生态与生态批评，等等。这些生态学交叉学科研究方法的运用及其所取得的相关成果可为我们提供借鉴，特别是人类生态学、社会生态学和文化生态学已经取得了相当充分的研究成果，研究者们在人类生态系统与社会生态系统的研究方面也有了一定的进展。

整体而言，交叉学科的生态史研究虽数量普遍较少，但成果值得重视。这方面研究较早且影响较大的是日本学者梅棹忠夫于1957年发表的《文明的生态史观》。梅棹忠夫从生态学的角度考察历史和人类文明的演进，阐释了从农耕社会向工业社会的转变过程中，西欧脱颖而出率先步入工业社会以及日本又先于亚非拉其他国家走上现代化道路的原因。梅棹忠夫认为，各种文明演进结果相异的原因在于生态环境的不同。当然，梅棹忠夫的结论值得商榷，但他的研究方法却能为本研究提供启示。此外，王利华于2000年发表的论文《社会生态史：一个新的研究框架》，提出“社会生态史作为一个新的研究框架，将社会及其所处的生态环境作为一个有机统一的整体纳入观察的

---

① 鲁枢元：《生态批评的空间》，华东师范大学出版社2006年版，第3—4页。

范围，不仅考虑各种社会因素的相互作用，而且特别关注各自然生态因素在人类生活中的特殊作用，真正采用普遍联系的观点考察社会史”①。社会生态史的研究也为本书提供方法上的观照。

（三）系统科学的方法

20世纪40年代，产生了以系统论、控制论和信息论为主的横断学科。20世纪70年代，又形成了以耗散结构理论、协同学理论、突变论和超循环理论为主的非平衡自组织理论。它们均以系统类型为研究对象，以一般系统论为理论基础，所以统称为系统科学。系统科学的奠基人贝塔朗菲指出："社会科学是社会系统的科学。因此必须运用一般系统科学的方法。""最终人类历史问题将会是系统观点的可能最广泛的应用。"②系统科学撇开研究对象的具体物质形态和内容，从不同的侧面研究事物和过程所共有的本质和规律，是对系统的存在方式和运动变化规律的正确反映，具有普遍的认识论和方法论意义。

系统科学的方法主要是从系统的基本观点和基本原理出发，把研究对象置于系统的形式之中，从要素、结构、系统整体、外部环境的相互联系和相互作用中综合地进行考察，以揭示对象系统的本质和规律。系统科学的方法的关键是考察要素之间、要素与环境之间的关系。运用系统科学的方法研究中国教育史，就是把中国教育作为一个系统整体，考察教育要素及其结构功能的变化，进而探索中国教育发展的规律。

（四）教育生态系统的方法

教育生态系统的方法是基于生态学、生态学交叉学科和系统科学而提出的一种方法，它首先把教育作为一个系统来研究，分析系统的要素、结构与功能；其次把教育作为一个生态系统来研究，分析系统的要素与环境之间的关系。生态系统概念由一般系统发展而来，生态系统是一般系统的一个类别，其"生态性"主要体现在生物有机体即生命与环境之间的关联上，生态系统区别于一般系统的本质就在于它的生命性。"生态的观点，从根本上说就是生命的观点、有机的观点、自组织的观点、内在关联的观点，它把世界包括人、自

---

① 王利华：《社会生态史：一个新的研究框架》，《社会史研究通讯》2000年第3期。

② ［奥］L. 贝塔朗菲著，林康义、魏宏森译：《一般系统论》，清华大学出版社1987年版，第163—164页。

然、社会看作鲜活的生命体。”①

教育生态系统具有自然生态系统的一般特征，如它也存在着能量流动、物质循环和信息传递的三种运动形式。但教育生态系统又不完全等同于自然生态系统，如其运动形式与自然生态系统不完全相同②，特别是自然生态系统中能量流动的“十分之一定律”③在教育生态系统中就不适用，因为教育生态系统是一种人工生态系统。人工生态系统比自然生态系统更加复杂，具有鲜明的社会性和易变性。所以，教育生态系统的方法不拘泥于自然生态系统中生产者、消费者和还原者之间能量流动、物质循环和信息传递的研究，而是立足于生态因子的变化，集中研究教育生态系统的要素、结构、功能，重点把握教育生态系统的稳定性与调节状况，进而揭示中国教育生态系统的整体演化规律。

教育生态系统的方法认为，判断一种教育生态系统的形成，关键要看其要素是否形成，要素与要素之间以及要素与环境之间是否相互联系、相互影响、相互作用，要素之间的相互作用是否形成相对稳定的结构；判断一种教育生态系统的演化，关键要看其要素是否发生变化，要素之间的联系、影响和作用是否发生变化，系统的结构是否保持稳定或发生变化。

---

① 刘贵华、朱小蔓：《试论生态学对于教育研究的适切性》，《教育研究》2007年第7期。

② 关于教育生态系统的能量流动、物质循环和信息传递的内容与形式，学界的观点并不完全一致。鲁洁等认为，“教育经费、科研经费的投入是教育生态系统中的能量流，设备、器材的投入为物质流”。参见鲁洁主编：《教育社会学》，人民出版社1990年版，第306页。任凯和白燕等认为，教育生态系统中流动的能量是“文化科学知识和社会投入的人力、物力、财力”，传递的信息是“教育教学过程中出现的信号、消息、语言、文章、公式……里所蕴含的内容”。参见任凯、白燕：《教育生态学》，辽宁教育出版社1992年版，第83、105页。

③ 自然生态系统理论认为，能量在生态系统中的流动，是沿着生产者和各级消费者的顺序逐级减少的。一般而言，后者所获得的能量大致等于前者所含能量的1/10，即约有9/10的能量在流动的过程中被损耗掉了，这就是十分之一定律。

第一章　中国早期教育生态系统的历史演化

人类社会自从产生以后便有了教育，并逐步形成了教育生态系统。教育生态系统与生物有机体一样，经历了从幼稚期到成熟期的发育过程。秦汉以前，是中国早期教育生态系统发育演化的时期。早期教育生态系统先后呈现出两种形态。一种是自然教育生态系统，这种教育生态系统蕴含于自然生态系统与社会生态系统之中，并不具有专门化的特征。一种是古典学校教育生态系统，这种教育生态系统仍然蕴含于社会生态系统之中，已经有了专门化的发展趋势，但并未完全独立，是一种萌芽状态的学校教育生态系统。从中国教育生态系统的发展历程来看，早期教育生态系统是一个较低级的阶段，是传统学校教育生态系统发展的基础。

一、自然教育生态系统的历史演化

自然界的生物与其环境共同构成的生态系统是一种自然生态系统，而人类与其环境共同构成的生态系统则是一种社会生态系统。自然生态系统在人类出现以前已经独立存在，社会生态系统则是自然生态系统进化的必然产物，其与社会发展形态密切相关。原始社会是人类社会发展的第一种形态，19 世纪末 20 世纪初的中国学术界多称之为初民社会。1898 年，严复翻译《天演论》，首以“初民”指称远古时代的人类。1902 年，梁启超在《论中国学术思想变迁之大势》中，沿用“初民”之称并特别注明沿用严复译语。1934年，吕叔湘以《初民社会》之名翻译出版美国人类学家罗维（Robert Heinrich Lowie, 1883—1957）的著作 *Primitive Society*，引起学界重视，“初民社会”遂以得名。比较之下，“初民社会”比“原始社会”更能体现这一时代的根本特征。

（一）初民社会生态系统的基本结构

20世纪80年代末90年代初，中共四川省委第二党校王贵明教授依据马克思、恩格斯的有关论述，将人类社会分为“自然形成的社会”和“历史形成的社会”。“自然形成的社会”是人类在与自然界的斗争中自然形成的社会，它具有人类利用自然界的活动获得生活资料和以血缘亲属关系为社会纽带两个基本特点。“自然形成的社会”以后的社会，都以前一社会一定程度的发展为前提，可以称为“历史形成的社会”。原始（初民）社会是“自然形成的社会”。[①] 王贵明的观点引发了学术界关于“自然形成的社会”和“历史形成的社会”具体时间的一些争论，但王贵明做出的两大贡献不容否定。一是他的分类方法得到普遍认同，二是他准确概括了初民社会“自然”的本质特征。初民社会就是一个带有深深的“自然”烙印的复杂的生态系统，自从人类社会形成以来，这个复杂的生态系统就处于不断的生成、发展和完善中，并且在相当漫长的历史时间内保持了动态平衡。

与初民社会相适应的经济形式主要是采猎经济。采集和狩猎是一种自然形成的攫取经济方式，也是人类获取物质生活资料的最早方式，其主要活动是劳动者向自然攫取现成的天然产品，劳动工具主要是自然界现成的天然工具，借此可以扩大攫取自然产物的范围和提高效率。到母系氏族社会，农牧业经济逐步在采猎经济基础上孕育而成。农牧业经济时代的劳动对象由现成的自然物转向人类劳动的产物（如耕地等），劳动工具也转为较为复杂的工具。中国早期的农业，大致经历了采集农业、原始锄农业和耒耜耕作农业三个阶段，初民社会的农业主要处于采集农业和原始锄农业两个阶段。[②] 而在农牧业经济形成后的相当长的时间内，采猎仍然是主要的生产力。但这种

---

① 有关王贵明的观点详见其系列论文：《原始社会与社会发展的原动因——兼与权文荣同志商榷》（《哲学研究》1989年第6期）、《再谈原始社会与社会发展的原动因——兼答刘崇民同志》（《哲学研究》1991年第3期）、《原始社会与社会原动因中的几个问题——兼答刘崇民同志》（《哲学研究》1993年第4期）。

② 田昌五：《中国古代社会的真象与亚细亚形态的神话》，《史学理论研究》1995年第2期。

由依赖自然的采猎经济到改造自然的农牧业经济的转变,对政治、文化和科技以及教育都产生了强烈的扰动。

初民社会是平等的社会,在其发展的各个阶段都渗透着原始的集体主义原则,这种原始集体主义的本质就是平等。卢梭指出:“在自然状态中,不平等几乎是不存在的。”①原始人群时代,实行生产集体主义和消费平均主义原则,人们共同生产,共同分配,共同消费,过着原始公社制的生活,也只有如此,才能摆脱被自然选择淘汰的命运。血缘家族时代,生产力水平同样极其低下,这迫使人们完全平等地生活在统一的集体之中。在母系氏族社会,所有人都是平等的,没有财产的差别和贵贱的等级之分,尽管女性拥有较高的社会地位,但人与人之间的关系仍然是平等的,氏族权力机构始终体现着原始民主的原则。父系氏族社会的土地和生产工具为集体所有,集体生产,集体消费,实行的依旧是一种平等的民主制。

与初民社会的经济发展水平相适应,其时的中国文化具有与自然保持和谐关系的特点,这种和谐主要体现为人类对自然的依赖和改造,但绝不是征服。人们在依赖和改造自然的过程中,出于认识能力和水平的原因,创造出两种截然不同的文化。一种文化缘于人们逐步认识到的自然界的一些现象和性质,由此积累了初步的知识,创造出基于自然特质的原始文化,这种文化使人类能够不断提高自身适应自然的能力。另一种文化则是由于人们对自然缺乏正确的认知和深刻理解所形成的,这就是原始宗教。宗教是人类对自然虚幻的反映。

科技与文化紧密相关,初民社会的科技萌芽于原始人制造工具和采集狩猎的活动。人类最早的科技是从石器制作开始的。“在那些早期的看似极其简陋的砍砸或刮削工具中,实际已经蕴含着非常有价值的科学原理。”②伴随着石器工具的制作,原始先民又逐步学会了用火、制陶、建造房屋、制作乐器等技术。这些技术显示出人类的科技水平不断提高,同时也进一步丰富和发展了原始文化。应该指出的是,初民社会的科技依然深深地打上了“自然”的烙印,属于原始科技。

(二)自然教育生态系统的历史演化

教育生态系统作为社会生态系统的一个分系统,经历了萌芽、发育、成长

---

① [法]卢梭著、李常山译:《论人类不平等的起源和基础》,商务印书馆1962年版,第149页。

② 吾淳:《古代中国科学范型》,中华书局2002年版,第45页。

到相对独立的过程。早期萌芽的教育生态系统是一种最原始的生态系统,这种生态系统的功能指向了自然界,即通过系统运行培育的人才要能够适应自然、改造自然,要能够为人类的生存与发展提供服务,我们称之为自然教育生态系统。

1. 自然教育生态系统的形成

自然教育生态系统是初民社会生态系统的分系统,伴随着人类社会的产生而形成,其形成标志是教育者、受教育者、教育内容等要素的产生及教育结构的形成。

教育者与受教育者产生于人类社会形成以后。恩格斯在《劳动在从猿到人转变过程中的作用》一文中指出,劳动创造了人类本身,"劳动过程是在人类制造工具的时候开始的"。人类在制造工具进行生产劳动以前,主要通过采集自然界的物品的方式维系自身生存,恩格斯把这个阶段称为"自然界现成生产品的获取期"。通过采集方式获取自然界的现成生产品,固然需要付出辛勤劳动,但这种劳动极其简单,且与自然界的其他生物获取食物的方式并无本质差别,年幼者出于本能就能模仿习得。因此,这一阶段并没有出现真正意义上的人,也就无所谓教育者与受教育者。在从猿到人的进化过程中,"正在形成的人"通常会使用自然界的物品作为工具来获取食物,这种工具实际上只是一种天然工具。使用天然工具并不是人类特有的本领,自然界中的一些生物也能够借助天然物品达到自己的目的。在长期的进化实践中,天然工具的数量与性能日益不能适应"正在形成的人"的需要了,为了适应和满足生存的需要,必须制造工具。制造和使用工具是超出自然界生物范围的经验,这种经验不可能由生物遗传而获得,只能经过后天习得。在劳动中制造和使用工具,是人类形成的标志。而围绕制造和使用工具的经验的传授,则产生了人类最早的教育者和受教育者,标志着教育的开端。① 因此可以说,

---

① 20 世纪八九十年代以来,"教育的劳动起源说"逐渐受到挑战和质疑,相继出现了"教育起源于人类教育的前身""教育起源于以劳动为核心的人生的发展""教育起源于社会化影响""教育起源于超生物经验的传递和交流""教育起源于能人的原始母语传承"等观点。详见孔智华:《人类教育并非起源于劳动》,《华东师范大学学报》(教育科学版)1984 年第 4 期;程大琥:《教育起源于以劳动为核心的人生的发展》,《华东师范大学学报》(教育科学版)1987 年第 3 期;马兆掌:《教育起源问题再探讨》,《华东师范大学学报》(教育科学版)1989 年第 1 期;桑新明:《论教育的起源和划分教育发展阶段的内在根据》,《教育研究》1986 年第 10 期;齐梅、柳海民:《关于教育起源的假想与推断》,《辽宁教育研究》2004 年第 7 期。笔者赞同"教育的劳动起源说",因为提出挑战和质疑的各种观点多是从"教育的劳动起源说"引伸开来的,或者是对教育起源后的不同表现形态的阐述。

自从人类社会形成以后,教育者与受教育者就产生了。

教育者与受教育者的产生是基于教育内容传授的需要,三个要素的产生具有同一性,即都随着人类社会的产生而产生。如上所述,人类社会最原始的教育内容是制造和使用工具的经验。人类最初制造和使用的工具非常原始粗糙,一般都是简单打制的石器,或用石器砍制的木棒、骨头等。这些石器虽然简单粗糙,但需要人们了解石器的特征,知道如何采集选择石器,掌握打制石器的步骤和基本方法,从而积累形成了人类最初的生产生活经验,也成为人类社会初期的教育内容。由于制造和使用生产工具的生产生活经验直接来自于自然,因此,我们把由此产生的文化称为自然文化。

教育者、受教育者与教育内容的形成,标志着教育要素的形成。在旧石器时代①,这些教育要素与其周围环境之间相互联系、相互作用、相互依存,形成了最简单也最原始的"教育者—自然文化—受教育者"的教育结构。这种教育结构极为简单,教育者、受教育者和教育内容均直接来自于自然,又都直接反作用于自然,并进而为人类适应自然、改造自然、保持族群的连续性发展做出贡献,标志着自然教育生态系统的形成。

从时间上看,根据考古研究,中国自然教育生态系统大约形成于 200 万年前。1985 年,考古工作者在四川省巫山县庙宇镇龙坪村龙骨坡(现属重庆市)发现了人类的附有 2 颗牙齿的下颌骨的化石。经科学测定和研究证明,龙骨坡遗址出土的遗物代表了一种直立人的新亚种,被定名为"直立人巫山亚种"(Home erectus wushanensis),一般称之为"巫山人",距今约 200 万年,这是迄今为止已知的我国境内最早出现的人类。"巫山人"被发现以后,由于缺乏更多的证据,曾一度受到质疑。此后,科学家们进一步加强考察和研究,找到了"巫山人"作为古人类生活的更多的重要证据。1997 年 11 月,科学家在"巫山人"遗址考察中发现大量带有人工打击痕迹的旧石器,这是古人类使用的工具。2003 年至 2005 年,中法联合科考队对巫山龙骨坡古人类文化遗址进行了三次清理。第一次清理发现了大量的有明显砸削痕迹的打制石器,证明有人类活动。第二次清理发掘出一批动物骨化石,有象、鹿、牛等,而且以腿骨为主,反映了"巫山人"早期的生活图景。第三次清理弄清了遗址的地质文化分层,推断出"巫山人"在龙骨坡山洞生活了近 20 万年的时间。"巫山人"的考古发现说明,大约在 200 万年以前,中国已经形成了初步的人类社

① 考古学把打制的石器称为旧石器,把制造和使用旧石器的时代称为旧石器时代。

会,也就是形成了自然教育生态系统。当然,如果将来考古研究发现中国还有更早的人类存在,那么,中国自然教育生态系统形成的时间也要相应提前。

2. 自然教育生态系统的发展

自然教育生态系统几乎存在于中国整个初民社会时期。在初民社会的不同阶段,生产力的不断提高,推动了人类社会的不断进步,教育的环境不断进化,教育要素与其环境之间的相互联系、相互作用更加复杂,使得自然教育生态系统处于渐进发展之中。

自然教育生态系统的发展首先表现为系统中生物成分的增加。在自然教育生态系统中,并不存在专门的教育者与受教育者,几乎每一个掌握了社会生产和生活经验的人都有可能成为教育者,每一个需要适应社会生产和生活的人都有可能成为受教育者。因此,教育者与受教育者几乎涵盖了初民社会的全体成员。教育的发展,增强了人类适应自然和征服自然的能力,推动了人口不断增长,进而使得教育者与受教育者的数量也不断扩大。据研究,我国初民社会时期人口处于加快发展阶段。"原始人群经过200多万年的发展,估计在距今约1万年前的母系氏族阶段,我国境内大约有100万人口,而到了距今3 000年前的父系氏族时期,我国境内人口已增加到1 000万左右。"①另有学者估计中国人口到先夏时期已经达到1 600万。② 人口规模的扩大,说明教育者与受教育者的数量也不断增多,自然教育生态系统中的生物成分不断增加,系统本身处于发育增长之中。

教育内容是自然与社会环境的一部分,也是教育者、受教育者与自然、社会环境相互作用的产物,其实质就是人类社会的生产和生活经验。随着人类与自然交互作用的深入,人类社会的生产和生活经验日益丰富,自然文化蓬勃发展。原始人类为了生存,首先要解决温饱等生活需要,为满足这种需要,就必须参加生产劳动。因此,在自然教育生态系统中,生产劳动的教育具有十分重要的作用。生产工具是生产力发展水平的尺度,也是教育内容的重要组织部分。生产工具的变化和生产力的提高,使得教育内容也随之发生变化。原始人群时期,人们能制作粗糙的木石工具,能够使用和保管天然火种,已经具备一定的狩猎和采集食物的技术与经验。母系氏族公社时期,人们使用的劳动工具已经有了明显的改进,如石器的制造技术已经由打造改进为磨

① 张呈琮:《中国人口发展史》,中国人口出版社1998年版,第13页。

② 李纯远:《中国原始社会晚期人口发展考略(下)》,《人口与经济》1989年第4期。

制，并开始制造骨器，发明了人工取火的技术。而渔猎经济也有了很大的发展，要求人们掌握较高的技术，人们也更加注重这方面的教育。《尸子·君治》说："宓曦氏之世，天下多兽，故教民以猎。……燧人上观星辰、下察五木以为火。燧人之世，天下多水，故教民以渔。"这一时期农业也有了一定程度的发展，成为生产事业和教育的重要内容。《周易·系辞下》记载：神农氏"制耒耜，教民农作"。这是人类历史上的第一次大分工，标志着人类与自然环境之间的作用方式开始由攫取转向生产。父系氏族公社时期，人类的生产工具更加精细，更适合人类的需要了，人们开始使用铜器，人类社会从而进入了铜石器并用的时代，农业和畜牧业开始占据主要地位，手工业从农业中分离出来并且发展较快。伴随着生产工具的改进，人类的生活也不断发生变化，逐步形成了一些生活习俗，产生了原始宗教、原始艺术和军事训练，这些都不断地补充为教育的内容，教育内容呈现出不断增长的趋势。

在自然教育生态系统中，教育者、受教育者与教育内容之间相互联系、相互作用的方式也在不断发展。人类社会产生初期，没有语言和文字，教育者与受教育者之间传递知识经验的方式主要是模仿与示范。大约在四、五万年前，人类开始掌握了语言，教育者与受教育者之间传递知识经验的方式逐渐转变为言传与身教。语言的产生不但使自然教育生态系统内部各要素之间的作用方式发生变化，而且使其自身也成为教育的重要内容。

3. 自然教育生态系统的演化

父系氏族公社晚期，生产力的进一步提高，使劳动产品有了剩余，私有制开始萌芽，贫富开始分化，逐步产生了阶级，氏族公社制渐渐转变为部落联盟和军事民主制度，部落联盟首领的产生又由民主推选转变为世袭，形成了最初的部落显贵。社会环境的深刻变化，使得教育要素及其结构也发生根本性的改变，推动了教育生态系统的逐步演化。

父系氏族公社晚期以前，教育内容发生显著变化，主要是变得更加丰富、更加复杂，但其实质没有改变，即没有脱离社会生产与生活，没有脱离自然界，而且主要是人与自然之间相互联系、相互作用的经验，人们如果不接受有关这些内容的教育就难以生存。到了父系氏族公社晚期，教育内容日益从社会生产与生活经验中分化出来，更多地转向人类社会内部相互联系、相互作用的经验。如原始宗教、祖先崇拜、原始艺术、军事训练、语言等逐步成为了教育的主要内容，这些内容已经与生产劳动分化开来，走向了专门化的道路。

教育者、受教育者开始从生产劳动中分离出来，日益趋向专门化。如从事宗教活动的巫师逐渐脱离生产劳动，他们一般都受过专门训练，掌握一定的文化知识，是原始文化科学知识的保存者和传播者。巫术的传承一般采取师徒传授的形式进行专门训练，巫术的学习者通过接受教育成长为巫师，然后再教育其弟子，由受教育者发展为教育者，成为教师的前身。原始艺术促进了乐师之类专门从事艺术的人员的出现，推动了艺术知识的教育者和受教育者的产生。各部落之间的战争也促进了军事训练的开展，出现了专门从事军事训练的教育者与受教育者。部落联盟或氏族首领逐渐垄断了人类社会在长期发展过程中积累起来的文化知识，成为专门或半专门化的教育者。初民社会末期，由于管理事务的扩大，一些部落联盟和氏族开始设置公职人员从事教育活动。《尚书·舜典》："夔，命汝典乐，教胄子。"《史记·五帝本纪》："契，百姓不亲，五品不驯，汝作司徒，而敬敷五教，在宽。"这一时期，教育开始与生产劳动相分化，受教育者逐渐分化为未来的劳心者和劳力者两类。培养劳力者的教育为自然化教育①，是对以往教育的沿袭，仍然融入到社会生产劳动之中。培养劳心者的教育为专门化教育，是新孕育而成的，并且逐渐向学校教育方向发展，为学校教育生态系统的形成奠定了基础。

教育要素之间相互联系、相互作用的方式也开始趋向专门化。这一时期，人类的生产技术水平有了极大的提高，劳动过程日益复杂，单纯依靠生产过程中的观察模仿已经难以满足传递经验的需要，需要实施专门化的教育。如制造陶器，窑温可达 1 400 度左右，而且颜色多样。"从造型和花纹上看，这时人们已经掌握了方、圆、长、短、高、矮、对称、间隔、重叠、粗细、疏密、交叉等知识和规律，这无疑是经过教育训练的人的智力素质在生产中发生作用的结果，是潜在的智能转化为物质的成果，是知识的物化物……这时人们必定有了淘洗、制坯、调色、绘画、烧制等整套制陶的教育。"②这实际上就是专门化教育的萌芽。

教育内容的改变，教育者与受教育者的转化及其相互联系、相互作用方式的转变，直接瓦解了"教育者—自然文化—受教育者"的结构。由这种结构所形成的自然教育生态系统失去了平衡，进而崩溃，开始向新的系统演化。

---

① 也有人称之为培养直接生产者的社会教育。见毛礼锐、沈灌群主编：《中国教育通史》（第一卷），山东教育出版社 1985 年版，第 34 页。

② 罗裕祥：《从考古发掘试探教育的起源》，《甘肃社会科学》1987 年第 3 期。

（三）自然教育生态系统的特点

自然教育生态系统是一个开放系统。通过物质、能量与信息的流动，自然教育生态系统与其自然环境、社会环境之间建立了紧密的联系。处于社会生态系统中的人进入自然教育生态系统，成为教育者或受教育者，再通过与教育内容的相互作用，受教育者得到“加工”，然后被输出到社会生态系统中去。此外，自然教育生态系统中的教育内容也来自于自然或社会环境，这些内容在自然教育生态系统中也可能得到“再加工”而成为新的信息或能量再输出到社会生态系统中去。就在这样的输入输出中，自然教育生态系统的结构和功能得到不断强化，同时又为社会生态系统的运行与发展提供了服务。自然教育生态系统实际上更是一种全方位开放的系统，因为它几乎可以说是深嵌于社会生态系统之中，而不具有独立化的特征。

自然教育生态系统的时间跨度很大。自然教育生态系统几乎跨越了整个原始社会时期。我国原始社会先后经历了原始人群、母系氏族公社和父系氏族公社时期。原始人群时期大约在200万年前至5万年前，母系氏族公社大约在5万年前至5 000年前，父系氏族公社则在大约5 000年前至公元前21世纪。即以人类社会诞生以来的200多万年计，其中绝大多数时间处于原始社会时期，这也是中国自然教育生态系统发展的阶段。

自然教育生态系统的空间范围较小。凡有人类文化遗址的区域，均是自然教育生态系统存在的区域。受自然生态环境的制约，自然教育生态系统的空间范围较小。随着时间的推移，自然教育生态系统的空间范围逐步拓展，其扩展时间和区域与人类文化遗址所处时间和区域大致相同。据《中国原始社会遗址地名表（征求意见稿）》统计，旧石器时代和中石器时代共有388处遗址，覆盖今天的北京、河北等21个省、市和自治区，新石器时代和部分铜器时代共有遗址5 622处，覆盖今天的29个省、市和自治区。[①] 虽然我国绝大多数省份都有文化遗址，但这些遗址所处的空间范围很小，一般仅及一个镇、一个村甚至更小的范围。因此，从整体上看，自然教育生态系统覆盖了我国绝大多数省份，但单个区域内的自然教育生态系统范围较小。各个不同区域的自然教育生态系统不一定同时存在，系统之间也不一定相互联系，即使有

① 中国科学院考古研究所图书资料室：《中国原始社会遗址地名表（征求意见稿）》，1976年7月。

联系也并不密切。

自然教育生态系统是一个比较简单的系统。系统中的物质条件十分简陋，主要是经过人为加工的自然界的少数器物；系统中的能量十分稀少，维系人类生存和教育活动还存在许多困难；系统中的信息十分贫乏，依靠简单的观察模仿即可促进教育活动的开展，这也使得整个教育生态系统保持了长期稳定而无大的发展变化。原始人群时期的教育生态系统发挥着十分重要的作用，对受教育者个体的生存有着直接的影响，在人类社会系统中占有重要地位。系统内教育者与受教育者之间的联系紧密，相互依存度极高，如果教育者（成年人）不对受教育者（年轻一代）进行教育，则年轻一代将无法掌握维持自身生活的方法，从而导致数量减少直至消亡，教育生态系统发生崩溃，整个人类社会系统也将遭到彻底破坏。

二、古典学校教育生态系统的历史演化

初民社会末期，随着生产力的提高和剩余产品的出现，氏族制逐步解体，私有制日渐形成，社会成员不断分化，原先长期保持稳定的社会结构开始发生变动。公元前21世纪，禹之子启僭取了部落联盟首领的权力，建立了夏朝。夏朝设官分职，建立了中央和地方官僚机构，取代了联盟议事会。从此，“世袭王权和世袭贵族的基础奠定下来了”①。世袭制取代了禅让制，标志着“原始的自然产生的民主制度成了可憎的贵族制”②。初民社会由此演化为贵族社会，这既是社会生态系统的演化，又是教育生态系统外部环境的变化。

（一）贵族社会生态系统的基本结构

贵族社会的发展阶段大体与夏、商、周三代同期。王国维认为这一时期是发生巨大变动的时期，强调“中国政治与文化之变革，莫剧于殷周之际”③，这种观点影响了不少学者。事实上，也有人认为，夏、商、周三代的变革只是“损益”，而不是社会形态的剧烈变化。如孔子就曾经提出：“殷因于夏礼，所损益，可知也；周因于殷礼，所损益也。”④这为夏、商、周三代形成一个较为稳

---

① ［德］马克思、恩格斯：《马克思恩格斯选集》第四卷，人民出版社1972年版，第161页。

② ［德］马克思、恩格斯：《马克思恩格斯选集》第四卷，人民出版社1972年版，第165页。

③ 姚淦铭、王燕编：《王国维文集》第四卷，中国文史出版社1997年版，第42页。

④ 《论语·为政》。

定的社会形态提供了理论依据。

耒耜耕作农业是中华文明起源的一大标志。《说文解字》释“耒”曰:“手耕曲木也。”耒耜是我国早期农业的一种翻土农具,形如木叉,上有曲柄,下面是犁头,用以松土,可看作犁的前身。其上部木柄部分为“耒”,下部犁头部分为“耜”。河姆渡文化遗址出现了耒耜,耒耜将中国社会带进了农业社会和文明时代,从此农业成为社会最重要的生产部门,并且长期保持其稳固地拉。“夏、商、周三代的农业均属耒耜耕作,直至春秋时期而基本上没有改变。”①基于耒耜的耕作形式是一种大田作业方式,其土地所有制形式为公田国有,即所谓“普天之下,莫非王土”。最高统治者把土地分封给各国诸侯,国诸侯再把土地分封给卿大夫,卿大夫再分封给士,层层分封下去,由此形成了占有土地的各级贵族,这就是分封制。各级贵族将所辖土地除留一部分作为公田(又叫大田)以外,其余部分再分给农民作为私田耕种,这就是井田制。井田制中的公田也由农民负责耕作,产品归贵族所有,即农民以劳役地租形式供养贵族。通过分封形成的贵族其实就是一种领主,由分封制和井田制共同构成的经济形式本质上属于领主制经济。

在领主制经济基础上形成了世卿世禄的宗族贵族政治。领主制经济的形成不但以分封制和井田制为基础,而且还与宗法制密切相关。宗法制源于初民社会后期的父权家长制,于夏朝开始确立,商朝时进一步发展,至西周时已臻完备,对此后的各个王朝均产生深远影响。宗法制促进了宗族贵族政治的形成,而分封制则是体现宗族利益的最佳形式,反映了初民社会的原始民主转向了宗族贵族民主。在领主制经济和宗法制度下,由于统治范围的狭小和社会生活的简单,加上农民对贵族领主的高度依赖性,各级贵族在其分封领土上集统治权与实际治理权于一身,能“将自己的统治一杆子插到底”②,贵族成为社会的精英阶层和统治阶级,在国家生活中居于支配地位。各级贵族对受封土地长期占有,子孙世袭,政治权力也在家族系统内承继,即“天子有田以处其子孙,诸侯有国以处其子孙,士大夫有采以处其子孙”③,由此建立了以家族血缘关系为依据的嫡长子世袭制。

夏商周时期是礼乐文化时期,礼和乐成为文化的中心。礼乐文化由初民社会的巫祝文化发展而来,是儒学的摇篮。王国维说:“盛玉以奉神人之器谓

① 田昌五:《中国古代社会的真相与亚细亚形态的神话》,《史学理论研究》1995 年第 2 期。
② 孙立平:《论科举制对传统中国社会结构及其演变之影响》,《学习与探索》1992 年第 4 期。
③ 《礼记 · 礼运》。

之囲若豐,推之而奉神人之酒醴谓之醴,又推之而奉神人之事,统谓之礼。”① 礼,本是祭祀活动中的仪节规范,后来演化为规定国家的政治生活和贵族的社会生活、调节长幼亲疏等血缘关系和尊卑贵贱等社会关系的典章制度,其重在约束人们的活动;乐,本是与祭祀活动相配合的乐舞,后来演化为激发和谐情感、增进贵族之间的团结、调和阶级矛盾的文化活动,其重在陶冶人们的内心情感。日趋制度化的礼乐文化逐渐成为社会政治伦理的标尺,《论语·季氏》说:“天下有道,则礼乐征伐自天子出;天下无道,则礼乐征伐自诸侯出。”礼经过夏、商、周三代的演化,逐步形成了“夏礼”“殷礼”和“周礼”,并汇集成为较为完整的典章制度和政治伦理思想。西周是礼乐文化发展的繁荣成熟期,周公“制礼作乐”,使天下大服,形成“郁郁乎文哉”的礼乐文化景观。夏商周时期的礼乐文化本质上属于古典文化②。侯外庐指出:“如果我们用‘家族、私有、国家’三项来做文明路径的指标,那末,‘古典的古代’是从家族到私产再到国家,国家代替了家族;‘亚细亚的古代’是由家族到国家,国家混合家族里面,叫做‘社稷’。因此,前者是新陈代谢,新的冲破了旧的,这是革命的路线;后者却是新陈纠葛,旧的拖住了新的,这是维新的路线。前者是人惟求新,器亦求新;后者却是‘人惟求旧,器惟求新’。前者是市民的世界,后者是君子的世界。”③中国国家形成的过程与此相应,相继由家(宗)族而国家,国家混合于家(宗)族之中,这个过程同时也是礼乐文化形成的过程。虽然马克思用了“古典的古代”和“亚细亚的古代”两种说法,但根据侯外庐的分析,“亚细亚的”在文义上和“古典的”相当。④ 所以,礼乐文化可称之为古典文化,亦属贵族(君子)的文化。

从科技角度看,夏、商、周三代是青铜器时代。青铜器是由红铜与锡的合金制成的器具,夏朝时开始有了青铜容器和兵器,商朝时在青铜器上出现了铭文和比较精细的花纹,品种渐趋丰富,西周是青铜器的鼎盛时代,器型多

---

① 姚淦铭、王燕编:《王国维文集》第四卷,中国文史出版社 1997 年版,第 99 页。

② 马克思把公社所有制和国家所有制的时代称为“古典古代”,他说:“第二种所有制是古典古代的公社所有制和国家所有制。这种所有制由于几个部落通过契约或征服联合为一个城市而产生的。在这种所有制下,仍然保存着奴隶制。”参见《马克思恩格斯选集》第 1 卷,人民出版社 1995 年版,第 69 页。而杜维明则把公元前 6 世纪至公元前 3 世纪约为春秋时期的历史阶段称为古典时期。参见《道、学、政:论儒家知识分子》,上海人民出版社 2000 年版,第 1 页。借鉴马克思和杜维明的概念,我们把夏商周时期的文化称为古典文化,其时间并不完全与马克思和杜维明所指一致。

③ 侯外庐、赵纪彬、杜国庠:《中国思想通史》第一卷,人民出版社 1957 年版,第 11—12 页。

④ 侯外庐:《中国古代社会史》,上海新知出版社 1947 年版,第 4 页。

样，铭文加长，花纹富丽。青铜器的出现，进一步推动了采矿、冶炼和铸造等行业的发展，其生产的器物涉及社会生活的各个方面，是人类科技水平进入新阶段的重要标志，对三代的社会发展产生了巨大而深远的影响。但是，科技的发达，并未能掩盖其地位的低下。贵族阶层认为“德成而上，艺成而下”[①]，把科技产物当成享受的器物，掌管科技的官吏和百工等人仅属于“执技以事上者”，是为贵族阶层服务的。

（二）古典学校教育生态系统的形成与演化

生态系统是一个动态系统（dynamic system），其要素与环境处在不断的发展变化之中，有可能使系统发生演化。推动生态系统演化的动力是涨落。生态系统具有自我调节功能。当发生微涨落时，系统通过自我调节，能使微涨落衰减进而仍处于渐进的平衡状态。当发生巨涨落时，系统的自我调节超过一定阈限，就会导致系统发生演替。对教育生态系统而言，其演替主要由外部环境的涨落所引发，最终通过内部因素的涨落而实现。“外部因素决定系统演替的方向、演替的时间和达到稳定性的强度；内部因素则控制整个演替过程的进行”[②]。初民社会演化为贵族社会，在自然教育生态系统内部形成巨涨落，自然教育生态系统内部各要素不断进行调整，仍然难以保持平衡，最终导致要素和结构发生质的变化，并使系统演化为古典学校教育生态系统。

1. 古典学校教育生态系统的形成

在自然教育生态系统阶段，教育融合于生产劳动过程之中，并且与其他社会活动混杂在一起，没有成为专门化的活动，也没有专门的教育机构，“那时即使有了学校，恐怕也还算不上是有组织有系统地进行教育的专门机构”[③]。随着人类社会生产和生活的日益复杂化，教育逐渐与生产劳动相脱离，发展成为一种专门活动，由此产生了学校。学校的出现，使得教育的要素与结构发生质的变化，标志着我国教育生态系统由自然教育生态系统阶段进入古典学校教育生态系统阶段。

学校的产生是中国古典学校教育生态系统形成的前提。关于学校产生的条件，研究者的提法较多，但意见比较集中。其中提及最多的有六个方面，

---

① 《礼记·乐记》。

② 卓正大、张宏建：《生态系统》，广东高等教育出版社 1991 年版，第 153 页。

③ 张瑞璠主编：《中国教育史研究·先秦分卷》，华东师范大学出版社 1991 年版，第 14 页。

主要包括：阶级的分化、专门的需求、空间的固定、时间的缩短、文实的并重。[①] 也有人认为按照最通俗的道理来讲，“一是要有人来学、有人来教；二是要有东西可学、有东西可教”。在此基础上，还要有“专门的场所或机构”，要有文字的产生。[②] 本书赞同后一说法，即从本质上看，有了专门的人、专门的内容、专门的场所以及文字，才标志着学校的产生。

所谓专门的人，指专门从事教育活动的人，即教育者与受教育者的专门化。在自然教育生态系统中，几乎每一位掌握了社会生产劳动和生活经验的年长者都是教育者，每一位年幼者都是受教育者。他们参加教育活动的直接目的是谋求生存，生存的压力使他们把主要精力投入到生产劳动中，不可能专门从事教育活动。社会生产力的进步促进了社会产品的丰富，开始出现了剩余产品，使一部分人脱离生产劳动专门从事教育活动成为了可能。

教育内容的专门化是知识长期发展积累的结果。随着社会生产力的发展，人类的生产劳动日益复杂化，人们在生产劳动和生活过程中积累的知识经验日益丰富化和抽象化，“原来那种适应自然、防御自然和被动应付自然的教育内容，已远远不能满足生产活动的需要。人类开始意识到，要顺应自然，把握自然，驾驭自然，必须要有目的、有意识地去认识自然，学习掌握改造自然的知识。于是，人类教育活动的目的越来越明确，内容越来越系统、深化”[③]。当这种系统、深化了的知识经验达到一定的抽象程度时，它就不可能在简单的生产劳动过程中传授，而必须建立一种保存和传承知识经验的机构。这种机构是“一个拾遗补阙的机构”，“它就像是一个剩余遗产的继承人，专门吸收和保存社会文化中那些已不再为日常生活所直接传授的零星部分”。[④] 原始宗教、原始艺术、军事训练等就是脱离了直接的生产劳动的趋向专门化发展的知识和内容。

在自然教育生态系统中，人们进行生产劳动和生活的地方，就是实施教育的场所。教育活动不受场所的限制，凡是劳动、战争以及祭祀等活动的地点均可作为教育的场所。在人类的知识经验不断丰富和抽象的过程中，“人类的建筑经验逐步提高，建筑材料也更加丰富，于是，有可能建造比较固定的

---

① 喻本伐、熊贤君：《中国教育发展史》，华中师范大学出版社 1991 年版，第 16—17 页。

② 柳海明：《现代教育原理》，人民教育出版社 2006 年版，第 497 页。

③ 臧乐源：《教师学》，天津人民出版社 1987 年版，第 21 页。

④ [美]约翰·S. 布鲁柏克著、吴元训主译：《教育问题史》，安徽人民出版社 1991 年版，第 339 页。

教学场所。这种建筑,在考古中屡有发现。西安半坡村和宝鸡北首岭等处的文化遗址出土有一幢幢神奇的'大房子'①",这种大房子可能是用于集会、祭祀或举行某种仪式的建筑,"与教育有着密切的、必然的联系"。② "大房子"虽然不是单纯实施教育的场所,但它为教育的实施提供了专门的场所。《周礼·春官·宗伯第三》载:"大司乐掌成均之法,以治建国之学政,而合国之子弟焉。"《礼记·文王世子》郑玄注引董仲舒曰:"五帝名大学曰成均。"成均是乐师日常演奏歌唱之地,也是实施乐教的场所,说明五帝时期的教育已经有了一定的场所。古史还有"庠"是虞氏之学的传说。《说文》解释"庠"为"从广羊声","广"即指房屋,也说明庠是一种有专门用途的场所。

学校的产生与文字的发明有着直接的关系。苏联教育史学家米丁斯基说:"学校的发生是和文化渐趋复杂、文字的出现及科学的诞生有关系的。"③文字的出现是人类思维抽象发展的结果。文字是语言的书面形式,是人们用以记录语言的符号和交流思想的工具。语言是在人类的形成过程中伴随着思维的呼唤而产生的。恩格斯说:"这些正在形成中的人,已经到了彼此间有些什么非说不可的地步了。需要产生了自己的器官:猿类不发达的喉头,由于音调的抑扬顿挫的不断加多,缓慢地然而肯定地得到改造,而口部的器官也逐渐学会了发出一个个清晰的音节。"④语言的产生使人类的教育方式由动作示范进入了言传身教时代。但单纯的言传身教还难以帮助记忆、表达思想和交流信息,于是人们又发明了实物标记、结绳记事、刻划记事、图画记事等方法以帮助或延长记忆,最后逐步发明了文字。所以《周易·系辞》说:"上古结绳而治,后世圣人易之以书契。"这一发展过程生动地反映了人类思维由具体而抽象的过程。文字的产生,"不仅提高了知识外储的效率和系统性,也为突破时间和空间限制、摆脱个体间口说耳受的'面对面'交流状态创造了条件,是进入传统物化媒介阶段的标志"⑤。文字的产生使人类的间接经验得以大量和长期积累,丰富了教育的内容,促进了教育的专门化发展,推动了自然教育生态系统向古典学校教育生态系统的演进,被称为"人类学习

① 此外,在陕西华县泉护村和临潼姜寨等地也都发现了类似的"大房子"。

② 王从仁、孙曰融:《从"大房子"谈中国原始教育》,《上海师范大学学报》1988 年第 2 期。

③ [苏]米丁斯基:《世界教育史》,三联书店 1950 年版,第 11 页。

④ [德]马克思、恩格斯:《马克思恩格斯选集》第 3 卷,人民出版社 1995 年版,第 511 页。

⑤ 王伦信:《从纸的发明看媒介演进对教育的影响——技术向度的中国教育史考察》,《华东师范大学学报》(教育科学版)2007 年第 1 期。

方式演变发展中的第一个里程碑”①。

文字是知识的载体。知识是教育的重要内容，是教育生态系统中流动的能量、传递的信息。知识的变化可能导致教育生态系统发生相应的变化。在人类早期的自然教育生态系统中，知识总量很少，内容简单，多表现为感性形态，知识的传授以口耳相传和模仿为主。随着生产的发展，人类的知识总量不断增加，内容日趋复杂，并逐渐向理性认识升华，固化为知识。知识的传授仅靠简单的言传身教已经难以为继，从而对早期的自然教育生态系统提出挑战，促进了自然化教育向专门化的方向发展。文字的产生不仅使教育在简单的生产劳动中难以实现从而推动专门教育的发展，而且为教育内容的传播提供了载体。早在仰韶时代（大约 5 000 年前至 3 000 年前）的前期，半坡、姜寨、北首岭遗址中已经出现了文字的前驱——刻划符号。仰韶时代的后期和龙山时代的遗址中，发现这类刻划符号的地区更广。但刻划符号还不是严格意义上的文字。考古认为，大汶口文化陶器文字是目前所能确认的最早的汉字，距今约 4 000 ~4 500 年②。

文字的产生，说明人类的思维已经由具体形象上升为抽象的概念方式，文字及其所承载的知识不可能在生产劳动中进行传授，这决定了它不可能为所有人而只能为少数人所掌握。进入贵族社会以后，借助文字开展教育活动的人也只能是占社会成员少数的奴隶主贵族子弟，从而缩小了从事教育活动的人员的范围，为教育者和受教育者的进一步专门化发展提供了可能性。原始社会末期出现的成均和庠，都是开展多种活动的机构，其中就包括教育活动。这种教育活动不以生产劳动为主要内容，教育者和受教育者都已脱离生产劳动。但因无确凿的证据证明它的存在与发展状况，故只是传说中的学校，或可称之为学校的萌芽。

夏代的文字已经有了相当大的发展，当时已经出现了由三个偏旁构成的复体字。而且根据古籍记载，夏代已经有了学校，称为“序”和“校”。学校的产生，说明教育者与受教育者已经由全民化转向专门化，教育内容已经由自然文化转向古典文化，反映了自然教育生态系统的要素已经发生了深刻变化。

结构是生态系统内各要素相互联系、作用的方式，是系统的基础。由于

---

① 桑新民：《从印刷时代到信息时代——人类学习方式与教育模式的历史性变革》，《职业技术教育》2001 年第 12 期。

② 王仁湘、贾笑冰：《中国史前文化》，商务印书馆 1998 年版，第 138 页。

要素的差异，其构建的系统也不同。教育内容的变化是教育生态系统结构变化的基础。在初民社会，人类社会活动的对象主要是自然，以自然文化为教育内容的自然教育生态系统适应了社会的需求。进入贵族社会以后，人类社会活动的对象逐步由自然扩大到了人，教育内容也逐步调整为古典文化。古典文化具有典型的"武"的特征。如《孟子·滕文公上》指出："序者，射也。"弓箭是夏代的重要武器，序是教射的场所。《说文》曰："校，从木，交声"。"校"原义为木囚，即以木材围起来作为驯养马匹的场所，后来发展为习武的地方，这说明军事训练在夏代教育中占有十分重要的地位。以军事教育为主培养维护贵族统治地位的武士的教育同样也适应了贵族社会的需求。所以，教育要素的变化，推动了教育结构由"教育者—自然文化—受教育者"转化为"教育者—古典文化—受教育者"，教育功能由培养维持人类生存的人才转化为培养维护贵族统治地位的人才，这种转化就是教育生态系统的环境引发的内部的涨落，涨落的结果就是教育生态系统的演替，自然教育生态系统演化为古典学校教育生态系统。

2. 古典学校教育生态系统的发展

生态系统发育进化的总趋势是复杂性和有序性的增加。[①] 中国古典学校教育生态系统初步形成以后，至殷商时代进一步发展。

首先是教育生态系统有序性的增加，主要表现为教育要素与学校的进一步专门化发展。夏代的"序"还不是独立的、纯粹的教育机关，教育只是其重要职能之一。殷商时期的学校专门化程度进一步增强。这一时期的甲骨文，已经是比较成熟的文字，关于学校的记载更加明确。如殷墟甲骨文中已经有了"学"字，其写法有多种，但基本结构均以"爻"为主体，"加两手或只手表示持爻（算筹）以教或持爻以学，加'宀'的屋宇形，接近后来的'学'字，表示教、学的场所"[②]。说明商代已经有了专门开辟的教育场所。有一甲骨文卜辞记载："丙子卜，贞，多子其征学，版不冓大雨？"[③]其大意是通过占卜询问子弟们上学返回时是否会遇上大雨。这至少可以说明两点，一是当时的学校已经有了专门的场所，而且这个场所离居住区有一定距离；二是子弟们已经专门外出求学，成为专门化的受教育者了，与此相应，也应当有了一定程度上专门化的教师。殷商时期的学校教育内容进一步丰富化、复杂化和抽象化，但内容

① 蔡晓明：《生态系统生态学》，科学出版社 2000 年版，第 295 页。

② 王贵民：《从殷墟甲骨文论古代学校教育》，《人文杂志》1982 年第 2 期。

③ 《龟甲兽骨文字》卷二，北京富晋书社 1930 年版，第 25 页，九片。

仍以军事训练为主，再辅之以思想政治教育、宗教教育、礼乐和书数教育等内容，仍然属于古典文化。

其次是教育生态系统的日趋复杂化，主要表现为学校类型的增多和层次的增加。殷商时期，不仅有了专门化的学校，而且还能根据不同年龄，提出不同的教育要求，设立了面向不同教育阶段的学校。就类型而言，商代王都有学校，地方也设立了学校，使古典学校教育生态系统进一步呈现出多样化的特征。

中国古典学校教育生态系统的有序化与复杂化的特征在殷商时期趋于稳定，至西周时期达至成熟。

3. 古典学校教育生态系统的演化

“一个系统一旦形成，它一开始总是向趋于稳定的方向发展，随着时间的推移，这个已稳定的系统又会向不稳定变化，其结果，可以是通过对旧系统结构的逐步改造，使新结构逐步取代原结构；也可以是以突变的形式使旧结构瓦解，新结构建立。”①中国古典学校教育生态系统形成以后，历经夏、商与西周时期日趋稳定，以后又因其外部环境——社会生态系统的演化而形成涨落，涨落使系统趋向不稳定，最终使教育生态系统的要素发生质变，旧结构逐渐瓦解，新结构逐步建立，教育生态系统演化。

春秋时期以前的学校教育生态系统的基本特征为政教合一、官学一统。首先是学校由官家兴办，“学术官守”，如《周礼》称：“古者学在官府”。其次是教师由政府官吏兼任，官师合一，并无专职教师。章学诚说：“三代盛时，天下之学，无不以吏为师，《周官》三百六十，天人之学备矣。”②再次是受教育者均为贵族统治阶级子弟，所谓“国之贵游子弟学焉”③。最后是教育内容由国家规定，主要围绕政治活动而展开，而其时政治活动以祭祀与军事为主，所谓“国之大事，唯祀与戎”④。

官学一统的古典学校教育生态系统形成之后，在相当长的时间内呈现出迅猛发展的态势；当其发展到一定阶段以后，就逐步呈现出衰退的趋势，旧有的系统结构开始进入改造阶段。衰退的原因在于系统中存在着无组织力量。所谓无组织力量，是指系统结构在维系自身稳定的调节过程中所释放出来的

---

① 任凯、白燕：《教育生态学》，辽宁教育出版社 1993 年版，第 66 页。

② （清）章学诚：《文史通义》卷三《史释》。

③ 《周礼·地官司徒》。

④ 《左传·成公十三年》。

对原有结构起瓦解作用,其本身又不代表新结构的力量。官学一统的学校教育生态系统中的无组织力量就是宗法世袭制度调节能力的异化。“无组织力量是宗法一体化结构调节能力异化的结果,是这种结构本身无法克服的力量。”①宗法世袭制度使贵族统治阶层既垄断了政治经济大权,又垄断了教育大权。② 政治经济大权使贵族统治阶级可以养尊处优、永享富贵,从而滋长了学校教育生态系统中的一个重要的生物成分——受教育者——的惰性。“不学无害论”在春秋时期的学校教育生态系统中广为传播,促使趋于稳定的官学生态系统又向不稳定的方向变化,呈现出衰退的趋势。

春秋时期政治和军事的发展形势也改变了官学原有的发展环境。诸侯国之间的争霸与诸侯国内部的动乱此起彼伏造成了春秋时期的乱世局面,先是周天子失去了“共主”地位,使“礼乐征伐”难以自天子出;再是各诸侯国的内部政权为新兴地主阶级所控制,使“礼乐征伐自诸侯出”的局面也难以维持了,更谈不上维持学校教育。③ 系统环境的变化使系统内部要素与结构也相应发生变化,使得系统旧结构逐渐瓦解并向新结构演化。

系统论认为,系统的旧结构被破坏瓦解的同时,在旧结构中也逐渐形成了一个新的结构,一旦条件成熟,新的结构就会取代旧结构演化为新的系统形态。古典学校教育生态系统中的另一个重要的生物成分——教育者(文化职官)——是旧结构向新结构转化的重要因素。“天子失官,学在四夷。”④周朝后期的几百年,王室丧失了权力,政府各部门的官吏也丧失了职位,流落各地。这时候他们就转而以私人身份教授他们的专门知识。于是他们不再是“官”,而是私学的“师”。各个学派正是由这种官、师分离中产生出来的。旧有的学校教育生态系统的衰废,使官学的文化职官流落民间,成为专门的教育者(教师),推动了新的学校(私学)教育生态系统的建立。

私学教育生态系统于春秋中叶开始形成,春秋末期进一步发育增长,至

---

① 金观涛、刘青峰:《兴盛与危机——论中国封建社会的超稳定结构》,湖南人民出版社 1984 年版,第 99 页。

② 贵族统治阶层垄断了教育权与受教育权。教育权方面,上文已述,教师均由政府官吏兼任,不仅如此,世袭官制的推行,使得学官也是代代相传;受教育权方面,只有贵族子弟才有权利接受教育,而庶人与平民子弟则没有享受教育的权利。

③ 《毛诗·郑风·子衿》曰:“青青子衿,悠悠我心。纵不我往,子宁不嗣音?青青子佩,悠悠我思。纵不我往,子宁不来?挑兮达兮,在城阙兮,一日不见,如三月兮!”其序云:“《子衿》刺学校废也,乱世则学校不修焉。”

④ 《左传·昭公十七年》。

战国时期已经表现出较强的稳定性。它由官学教育生态系统发展而来,并与其一起成为中国后来学校教育生态系统中的两大分系统。在某些时段内,这两大分系统共同演绎了此消彼长的变奏曲。

春秋战国时期官学教育生态系统向私学教育生态系统的演化是政治因子非主观影响的结果。而秦朝私学教育生态系统的毁灭则是政治因子主观影响的结果,这首次显示了教育生态系统作为一种人工生态系统的脆弱性。秦始皇严禁私学的一道命令使发育了300多年的私学教育生态系统毁于顷刻之间,唯存官学教育生态系统,但这个系统的生命力并不强大,依旧退化到了官学合一、吏师合一的状态之中,而且学校教育生态系统刚刚显现的独立特征又被政治生态系统掩盖了。

古典学校教育生态系统的演变历程犹如农田里的农作物的生长一样。先是在一块土地上自然生长出一些野生农作物,后来人们发现了这些野生农作物可以用来维持自身的生活,于是开始发挥人类的智慧和力量使其成为耕种农作物,并尽力维持适合农作物生长的环境,于是,围绕农作物所形成的生态系统在人类的控制下开始发育、增长。后来,由于人们不再对农作物生长的土壤施肥,农作物的生长环境遭到破坏于是逐渐衰亡,而经济作物却由此成长起来。经济作物生长一段时间以后,又由于人力的干扰废弃而灭绝。早期学校教育中的官学发展犹如农作物的生长发展,先是逐渐增长,后由于政治的波动和军事的破坏而日益沦落。而私学发展则犹如经济作物的生长发展,先是因官学的衰落而勃兴,后由于秦始皇严禁私学而停滞。

(三)古典学校教育生态系统的特点

古典学校教育生态系统也是开放性系统,它深嵌于社会生态系统尤其是政治生态系统之中。处于这种系统形态的教育完全融于政治生活之中,伴随着政治活动的进行而展开。古典学校教育生态系统的这一特点承继于自然教育生态系统,并在此基础上进一步发展,其显著特征就是“学在官府”。“自然形态的教育及其在发展过程中所体现的可能性,显示了教育原始的存在状态。这种存在状态,无疑持续了很长的时间,乃至在中国文明已经发展到相当高度的商周时期,也没有摆脱。作为这一点的直接体现,‘学在官府’就相当明确地反映了当时教育的存在状态。”[①]在古代学校教育生态系统中,

---

① 李国钧、王炳照:《中国教育制度通史·总序》,山东教育出版社年2000年版,第9页。

教育者与受教育者已经表现出了一定的专门化和独立性的倾向，但这种倾向是伴随着政治行为的专门化而产生的。政教合一，官师不分，以吏为师，教育内容政治化，教育活动完全围绕政治而展开。实际上，所谓“学在官府”的“学”，既不特指教育，也不特指学校，它还包含着学术的内容。总之，官府垄断了所有的“学”，政治行为替代了教育的行为，教育行为混同于政治行为之中。

古典学校教育生态系统从产生起至西周表现为一种增长系统，具体体现为：系统的组成成分由少变多，系统的结构由简单到复杂，系统的功能由初步适应到逐步增强。

古典学校教育生态系统组成成分的增多主要体现为学校的增多。关于传说中五帝时代学校的具体数量难以考证，但我们可以推测其数量应当十分有限。成均是日常演奏歌唱和实施音乐教育的场所，贵族音乐作为一种专门化程度较高的知识，为部落显贵所垄断，掌握这种专门化知识的也必为极少数人。庠作为氏族部落储存粮食、聚集活动和敬老养老的重要公共场所，数量也一定不会很多，而且一个部落仅设立一两个的可能性较大。进入夏代以后，学校的数量逐渐增多。夏代仅国都的学校就分东序和西序两类[①]，而且地方也设有学校[②]。商代与夏代一样，在王都和地方也都设立了学校。西周的地方学校更有新的发展，已经根据不同的行政组织设立了不同的学校。《礼记·学记》：“古之教者，家有塾，党有庠，术有序，国有学。”这进一步反映出学校数量的增多。

古典学校教育生态系统结构的复杂性主要体现为多层次以及层次之间的联系日趋密切。夏、商、西周三代的学校不仅有王都与地方的层次之分，而且学校内容的层次性日益突出，联系更加紧密。从夏代开始有大学、小学之分。从商代开始已经能够初步按照年龄划分不同的教育阶段。到了西周，则更明确地把设在王都的学校称为国学，设在地方的学校称为乡学。国学在区分大学与小学的基础上，又按照政治等级确定入学年龄。入小学的年龄规定为：王侯太子 8 岁，公卿太子、大夫元士之适子 10 岁或 13 岁，众子及部分平民子弟 15 岁。入大学的年龄规定为：王太子 15 岁，其余人 20 岁。

---

① 《礼记·王制》：“夏后氏养国老于东序，养庶老于西序。”《古今图书集成·学校部》：“夏后氏设东序为大学，西序为小学。”

② 《史记·儒林列传》记载公孙弘和太常博士臧平等议及三代为学之道时说：“乡里有教，夏曰校。”

古典学校教育生态系统功能的增强主要表现为系统的专门化发展。学校教育生态系统作为人类社会生态系统的一个子系统，培育人才是它的特殊功能，也是它区别于其他生态系统的根本特征。萌芽状态的学校教育生态系统的育人仍以传授社会生产和生活经验为主。夏代的学校教育生态系统显示了为政治服务的功能，突出表现为旨在培养奴隶主贵族的武士，教育内容以军事训练为主。商代的学校教育生态系统强化了政治育人功能，突出表现为要培养未来的统治者，教育内容以思想政治和军事训练为主。西周的学校教育生态系统同样旨在培养未来的统治者，但其教育内容又在商代的基础上进一步发展和充实，突出了系统性和专门性，是为六艺教育。有学者指出，六艺的本质要归于古典的礼乐文化。"值得注意的是，不论是作为技艺的'六艺'，还是作为文化经典的'六经'，其中均有'礼'与'乐'，而且两相联称，地位颇为突出。""'礼乐'之外的各'艺'、各'经'，尽管其分类角度不同，所含内容各异，但从贯通于其中的文化整合作用、濡化精神与运作机制来看，它们非归于'礼'即归于'乐'，或既归于'礼'又归于'乐'。"[1]六艺是礼乐文化进一步扩大的反映，它成为教育内容，体现了学校教育逐渐走向成熟，更体现了学校教育生态系统的增长。

---

① 董健：《论礼乐精神的文化价值》，《南京大学学报》（哲学·人文·社会科学）1994 年第 2 期。

第二章　中国传统学校教育生态系统的形成与调节

春秋时期以后，经济、政治等因素的变化引发贵族社会生态系统产生激烈变动，造成古典学校教育生态系统的内部涨落和不稳定性。为了适应外部环境的变化，古典学校教育生态系统开始自我调节，调节的主要表现是教育者与受教育者的主体发生了变化，调节的结果是官学衰落与私学兴起。然而，政治上的急剧变化使得原有的社会生态系统难以为继，教育生态系统的外部环境再次产生巨涨落。外部环境的巨涨落对古典学校教育生态系统产生扰动。在应对涨落和扰动的过程中，中国教育生态系统的要素继续进行自我调节，但由于巨涨落的作用超过了系统所能承受的阈限，系统的要素与结构都发生了改变，古典学校教育生态系统逐步演化为传统学校教育生态系统。

一、官僚社会生态系统的基本结构

西周是我国贵族社会的鼎盛时期，周王作为天子，拥有着天下共主的威权。但是到了西周后期，内部暴乱此起彼伏，外部侵犯如潮似涌，社会矛盾日益激化，贵族社会面临重大危机。春秋战国时代，诸侯之间争相称霸、相互征战，四夷持续侵扰，周王已不能承担共主之责，失去了天子威仪，社会进入大动荡大变革时代，贵族社会生态系统逐渐失去了平衡。秦始皇统一六国，结束了分裂割据的旧局面,开创了前所未有的大一统新局面,建立了君主集权制和官僚体制。在以君主集权制和官僚体制为核心的社会中,官僚把持和操纵着主要资源,是地位最高、影响最大、得益最多的阶层①,官僚社会生态系统由此形成。自秦至清,各朝历代虽然经济有波动、王朝有更替、文化有兴衰、科技有发展,但都没有改变官僚社会②的基本结构,也没有改变其服务于中央集权专制大一统的根本特征。

(一)经济因子

春秋时期开始出现铁制农具和牛耕技术。战国中期,铁制农具和牛耕技术已经在黄河中下游地区普及开来。这种工具和技术的应用,使农业生产力水平大大提高,一家一户为单位的小生产成为了可能,大片荒废的土地得到开发,私田急骤增加,公田产量明显下降,井田制遭遇空前危机。公元前685年,齐国把土地分给农民,实行"相地而衰征"的税法,向农民征收地租。此后,晋国、鲁国等国相继效法改革。公元前350年,秦国商鞅变法,正式宣布"废井田,开阡陌"。井田制的废除,标志着土地国有制为土地私有制所代替,原先受封土地的宗族贵族转变成了拥有土地的地主,领主制经济发展成为地主制经济。

在地主制经济下,土地所有者没有把自己的私有土地以份地形式分给农民,而是把土地出租给农民耕种,农民根据契约交纳地租,即以实物地租形式供养地主。围绕土地所形成的地主制经济的基本结构是:以农为主,农业与家庭手工业相结合;以家庭为生产单位,男耕女织,自给自足。

地主制经济的基本结构自战国时代形成以后,历经秦、汉、魏晋南北朝等朝代,其主体地位逐步确立,至唐宋时期,已趋成熟。长期以来,中国地主制经济生态系统的基本结构没有发生根本改变,表现出长期的停滞性。我国著名经济史学家傅筑夫教授说:

---

① 王亚南对此有精辟论述,他说:"中国人传统地把做官看得重要,我们有理由说是由于儒家的伦理政治学说教了我们一套修齐治平的大道理;我们还有理由说是由于实行科举制而鼓励我们'以学干禄',热衷于仕途;但更基本的理由,却是长期的官僚政治,给予了做官的人、准备做官的人,乃至从官场退出的人,以种种社会经济的实利,或种种虽无明文确定,但却十分实在的特权。那些实利或特权,从消极意义上说,是保护财产,而从积极意义上说,则是增大财产。"见王亚南:《中国官僚政治研究》,中国社会科学出版社1981年版,第112页。

② 也有学者将秦至清的社会性质界定为"皇权官僚专制社会",参见许苏民:《自秦至清中国社会性质是"宗法地主专制社会"吗——与冯天瑜教授商榷》,《学术月刊》2007年第2期。

早在两千多年以前，社会经济的发展已经达到了的水平和已经取得了的成就——不论在组织形态上或生产技术上，到了两千年以后的近代，仍然是基本相同，或者大同小异，或者仅仅是一点量的增加。用微观的分析方法来剖视各个生产区域和各个生产部门的具体情况，无疑都是有一定程度的发展的，后代超过前代也都是比较明显的；但是用宏观的分析方法来观察社会经济的总体，从其发展演变的全过程来看，整个发展不仅是进程缓慢，而且变化不大，实际上是同一的社会经济结构在那里踏步不前。①

他把这种长期不变的社会经济结构称为"变态封建制度的社会经济结构"，其基本特征就是基于土地私有的地主制经济和货币地租形式。这种特征历经中国传统社会两千多年而绵延不变。"战国以后，直到鸦片战争为止的两千多年，是以土地私有制度为基础的地主制经济时期。在这样一个漫长的历史时期，社会经济结构长期停滞在以地主制经济为基础的变态的封建制阶段上，没有发生过质的变化，因而没有一个新的生产方式起而代兴。"②

地主制经济之所以能保持两千多年长期不变，在于它的灵活性和适应性。灵活性主要表现为地主与农民可以相互转化，"通过土地买卖，有地主沦落为农民，有农民发展为地主"；适应性主要表现为具有顽强的生命力，虽经多种冲击，但通过调节，又能恢复正常运转，"一俟一个新的封建王朝建立之后，地主制经济的发展又进入正轨"。③

（二）政治因子

中国传统社会发展有一个特别现象：历次战争所导致的政权变更仅仅是旧王朝的覆灭与新王朝的建立，新旧王朝之间并无本质区别，人们的政治生活秩序没有发生根本改变；历次政治变革也仅仅是对原有制度所作的局部调整和自我修复，新旧制度之间主要表现为中断后的重新承接，而没有构造出新的社会政治制度。学术界把这种现象称为"中国封建社会的长期停滞现象"或"中国封建社会的长期延续现象"。从生态系统角度看，这正是中国传

① 傅筑夫：《中国古代经济史概论 · 前言》，中国社会科学出版社 1981 年版，第 3 页。

② 傅筑夫：《中国封建社会经济史》（第一卷），人民出版社 1984 年版，第 1 页。

③ 李文治：《把地主制经济的发展变化作为考察某些历史问题的中心线索》，《中国经济史研究》1996 年第 2 期。

统社会生态系统所表现出的长期稳定性。早在20世纪30年代关于中国社会性质与社会史分期的讨论中，人们就提出了中国封建社会的长期停滞问题。从此以后，这个问题始终焕发出迷人的魅力，吸引了一代又一代的众多学者围绕其产生原因展开了广泛的探讨。他们或从经济、政治、意识形态，或从人口、地理、环境等角度作出了许多尝试性的解释，但都遇到了很多困难，无法就其终极原因达成共识。如果我们紧紧抓住中国传统社会即为官僚社会这一根本特征，综合运用生态系统的要素与结构不变、系统本身也不变的原理来研究这一问题，或可发现一个新思路。

中国古代社会政治发展的总体趋势是政治权力日益集中。初民社会，政治权力为氏族全体成员所有，体现了原始的全民民主原则。贵族社会，政治权力收归宗族贵族所有，体现了贵族民主原则。而秦汉以后，政治权力日益集中到君主手中，表现出的则是君主专制的大一统原则。建立在地主制经济基础之上的是官僚专制主义的国家政权。秦统一六国以后，建立了中央专制集权的大一统国家，统治权集中于一人之手。“权力的集中和统治范围的扩大形成了鲜明的对照。事实很明显，以一个权力拥有者去实际治理一个偌大的国家，无论如何是办不到的。现实的矛盾逼出了权力的分化。”[①]这种权力的分化主要是通过官僚实现的，从而促成了官僚阶层的产生。

在官僚专制主义政治结构中，专制帝王是最大的地主，同时又是国家政权的最高统治者，拥有至高无上的权威。但是专制帝王至高无上的权威是通过各级官僚行使治理权体现的，即专制帝王掌握了统治权，将实际治理权赋予各级官僚，从而实现中央专制集权的大一统。专制集权的大一统模式依靠官僚制度得以实现，官员的任免制取代了世袭制，官僚制取代了贵族制。官僚阶层登上了社会舞台后，发挥着承上启下、沟通左右的作用，形成中国传统社会结构中最鲜明的特征。日本著名的近代中国问题研究专家橘朴指出：

> 中国的官僚群在国家或者民族的整体社会里构成了一部分社会的同时，又构成了一个社会阶级，而且是作为统治阶级位于国家乃至民族的最上层。官僚指的是文武官僚或者是相当于这一层含义的人。而作为社会阶级的官僚群除了文武官僚即相当于这些人以外，他们的家族也包含在这里面。所以说这层含义的官僚社会，

---

① 孙立平：《论科举制对传统中国社会结构及其演变之影响》，《学习与探索》1992年第4期。

是只有在中国才有的现象，这也是中国的政治及社会组织和其他的所有国家乃至民族不同之处的根本原因所在。[①]

以官僚阶层为主体的中国传统政治结构保持了长期稳定，是官僚社会生态系统的重要生态因子。王亚南就明确指出，"由秦以后，直到现代化开始的清代，其间经历二千余年的长期岁月，除了有少的场合外，中国的政治形态并没有了不起的变更，换言之，即一直是受着专制政体——官僚政治的支配"[②]。余英时的看法则更加客观、深入，他认为，中国传统官僚政治虽然经常受到君尊臣卑原则的干扰，但是由于大一统帝国规模庞大，官僚制度与复杂的组织、庞大的规模相适应，构成一个较为完整的系统，因而具有了抗拒干扰的巨大潜力。[③]

(三)文化因子

美国经济学家西奥多·舒尔茨(Theodore Schultz)在研究了近三个世纪以来英国和其他西方国家经济发展的历史后发现，一个社会中各种不同政治经济制度安排的变动和确立，都是由那个时代占统治地位的社会思想诱发和塑造的。[④] 这个结论同样适用于中国传统官僚社会。在中国传统官僚社会占统治地位的思想文化是儒家思想，以儒家思想为主干、佛道思想为分支的中国传统文化结构与地主制经济、官僚专制主义政治相适应并保持动态平衡。

从经济上看，儒学是植根于以小农生产为主的地主经济的。其一，儒家重视农业，主张"以农为本"，工商为末，强调以农抑商，重本轻末。儒家认为国以民为本，民以食为天，农业能为百姓提供基本生活资料，是民生根本，也是国家根本。所以孔子说"足食，足兵，民信之矣"[⑤]。其二，儒家坚持生态主义观点，主张按自然规律进行农业生产。孟子指出："不违农时，谷不可胜食也。"[⑥]荀子也主张"务其业而勿夺其时"[⑦]。其三，儒家的经济思想是一种自给自足的小农经济思想。孟子就曾经生动地描绘了家庭自我生产、自我消

① [日]橘朴：《官僚の社会的意义》，《橘朴著作集》第1卷，劲草书房1966年版，第244—245页。

② 王亚南：《中国官僚政治研究》，中国社会科学出版社1981年版，第39页。

③ 余英时：《中国思想传统及其现代变迁》，华东师范大学出版社2004年版，第323页。

④ 卢现祥：《西方新制度经济学》，中国发展出版社1996年版，第133页。

⑤ 《论语·颜渊》。

⑥ 《孟子·梁惠王上》。

⑦ 《荀子·大略》。

费、自我满足的景象，他说："五亩之宅，树之以桑，五十者可以衣帛矣。鸡豚狗彘之畜，无失其时，七十者可以食肉也。百亩之田，勿夺其时，数口之家，可以无饥矣；谨庠序之教，申之以孝梯之义，颁白者不负戴于道路矣。七十者衣帛食肉，黎民不饥不寒，然而不王者，未之有也。"①

从政治上看，儒家学说首先是一种官僚思想。早在春秋时期，孔子就发出了"学而优则仕"的政治号召，鼓励士人"以学干禄"，跻身官僚阶层。"内圣外王"是儒家的终极目标，其具体实施途径就是"修身、齐家、治国、平天下"。修身、齐家是"内圣"，治国、平天下则是"外王"，"内圣"是为了"外王"，"外王"是各级官僚的政治追求。儒家所倡导的"三纲五常"观念，不但是中国传统社会的伦理道德规范，也是官僚阶层决策判断的政治信条和基本准则。史曰："儒之为教大矣，其利物博矣。笃父子，正君臣，尚忠节，重仁义，贵廉让，贱贪鄙，开政化之本源，凿生民之耳目，百王损益，一以贯之。"②其次，儒家学说是一种有助于维护中央专制集权大一统的官僚思想。大一统思想最早始于儒家。孔子撰《春秋》，严格书法以成褒贬，编鲁国之年，而曰"王正月"。《春秋公羊传》释曰："元年者何？君之始年也。春者何？岁之始也。王者孰谓？谓文王也。曷为先言王而后言正月？王正月也。何言乎王正月？大一统也。"董仲舒著《春秋繁露》，对"大一统"进一步发挥，视"一统"为"天统"，而"天统"是不变的，它贯穿于中国历史社会。《汉书·董仲舒传》曰："春秋大一统者，天地之常经，古今之通谊也。"汉武帝罢黜百家，独尊儒术，"完成了自春秋以来中国需要文化统一的伟大历史任务。儒家大一统文化正式成为大一统制度的文化保证，同时也是大一统制度的重要组成部分"③。魏晋以后，儒释道三教并行，实际也是儒学吸纳融合了释道学说，儒学仍占主导地位。"在中国古代大一统制度下，儒学始终是古代大一统政府维持其封建统治的根本指导思想和统一的主流文化。"④各级官僚也普遍以儒学规束自己，按照儒学精神处理各种事务，实现对全国的协调与管理，维持中央集权专制大一统。因而有学者指出："中国专制官僚统治一日没有根本变革，儒家的天道观念、大一统主义、纲常教便一日要成为配合那种统治的支配意识形

① 《孟子·梁惠王上》。
② 《隋书·儒林列传》。
③ 杨松华：《大一统制度与中国兴衰》，北京出版社 2004 年版，第 102 页。
④ 杨松华：《大一统制度与中国兴衰》，北京出版社 2004 年版，第 102 页。

态。”[①]诚哉如是。

（四）科技因子

“在任何一个社会中，科学技术结构都是与社会结构相适应的。”[②]中国传统科学技术就与中国传统的官僚社会相适应，显示出“大一统”的基本特征。金观涛等人把中国传统社会的技术成果按农业、“大一统”技术、手工业和医药技术进行分类统计，发现与大一统社会结构相联系的技术成果所占比例多在30%以上，分裂时期则在13%以下。[③] 说明中国传统科学技术结构是一种“大一统”技术结构。所谓的“大一统”技术，主要指为了适应大一统需要出现的技术。如指南针、造纸、火药和活字印刷等四大发明，就“是为社会在广阔地域上组成强大、统一的国家机构服务的”[④]。

“大一统”的技术结构是由大一统的政治结构和地主经济结构所决定的，而中国传统科学理论与实验的特点主要是与传统文化结构密切相关的。在中国传统文化中居于正统地位的儒家思想对中国传统科学理论产生了巨大的影响。金观涛等人认为，儒家认为世界的模式是以个人经验合理向外推理的，从而决定了中国传统自然科学理论直观和思辨的特点。深受儒家思想影响的科学家大多以人的行为和感受外推而解释自然现象[⑤]，这就使得中国传统科学理论在那些用日常经验和直观外推能解释的科学领域中都有精彩的论述，而“一旦越出直观外推所能把握的领域，中国古代科学理论就显得含混不清”[⑥]。

二、中国传统学校教育生态系统要素的形成

在自然教育生态系统中，教育者与受教育者的身份并不独立，他们之间

① 赵明义：《有中国特色社会主义的真谛》，山东人民出版社1999年版，第77页。

② 金观涛、樊洪业、刘青峰：《科学技术结构及其历史变迁——论十七世纪之后中国科学技术落后于西方的原因》，《大自然探索》1983年第2期。

③ 金观涛、樊洪业、刘青峰：《历史上的科学技术结构——试论十七世纪之后中国科学技术落后于西方的原因》，《自然辩证法通讯》1982年第5期。

④ 金观涛、樊洪业、刘青峰：《历史上的科学技术结构——试论十七世纪之后中国科学技术落后于西方的原因》，《自然辩证法通讯》1982年第5期。

⑤ 如王充就以“元气呼吸，随日盛衰”来解释潮汐周期。

⑥ 金观涛、樊洪业、刘青峰：《历史上的科学技术结构——试论十七世纪之后中国科学技术落后于西方的原因》，《自然辩证法通讯》1982年第5期。

的相互联系属于一种出于本能的自然联系。在古典学校教育生态系统中,教育者与受教育者的身份开始走向专门化,但并没有制度化。在漫长的人类社会进步过程中,教育者与受教育者的身份终于在汉代通过制度形式确定下来,从而为传统学校教育生态系统的形成奠定了基础。

(一)教育者与受教育者的制度化

教育者与受教育者的制度化发展与"士"阶层的形成与壮大密切相关。"士"的最基本含义是壮年男子。《诗·郑风》:"女曰鸡鸣,士早昧旦"。西周和春秋前期,"士"主要指下级贵族,地位处于大夫之下、庶人之上。《国语·晋语》:"公食贡,大夫食邑,士食田,庶人食力,工商食官。"这一时期的"士"文武不分,且与耕战结合,遇战则充当甲士,无战则归田农耕。春秋时期,随着旧社会结构的瓦解与新社会结构的建立,"士"阶层也发生了深刻的变化。有从上层贵族下降为"士"的,也有从下层平民上升为"士"的。战国时期,养士之风大盛,士的成分变得更加复杂。"起初,'士'大部分是武士,小部分是文士。后来,军事上的步兵野战居于主要地位,车战降居次要地位,武士施展的范围缩小了,武士的后裔渐渐从文士谋求出路,文士的数量有了增加。"[①]因此,林甘泉认为,春秋战国时代的"士"是中国古代知识阶层的原型。[②] 而余英时则更明确地指出:"知识阶层在中国古代的名称是'士',但'士'却不是一开始就可以被称作知识阶层。'士'之变为知识阶层,其间有一个重要的过程。"[③]这个重要的过程就是私学的兴起与发展的过程。"士"阶层的变化推动了私学的兴起,私学的兴起又进一步促进了"士"阶层的壮大,两者的相互促进使得传授文化知识成为"士"阶层活动的重要内容。教育者与受教育者是"士"阶层的重要组成部分,"士"阶层中的多数成员也都参与到教育活动中来。

春秋战国时代"士"阶层的崛起与私学的兴起,在一定程度上促进了教育者(教师)的职业化发展。由于私学是由私家设立的,学在四方,具有鲜明的分散性,因此,虽然教师从社会职业中独立出来,却没有制度化。

经历了战国的黄金发展时代以后,在秦朝大一统专制集权之下,"士"阶层遭遇到了空前的厄运。秦朝统治者一方面焚书坑儒,严禁私学,对"士"阶

---

① 孙培青:《中国教育史》,华东师范大学出版社2000年版,第27页。

② 林甘泉:《中国古代知识阶层的原型及其早期历史行程》,《中国史研究》2003年第3期。

③ 余英时:《士与中国文化》,上海人民出版社2003年版。

层给予了致命的打击;另一方面以法为教,以吏为师,取消专职教师,造成了法律之外无学、官吏之外无师的局面,消除了学校教育生态系统中最基本的要素。这是对学校教育生态系统的毁灭性破坏。

秦王朝对“士”阶层的打击,实际上是进一步壮大了自己的掘墓人。在推翻秦王朝的战争中,“士”阶层发挥了极大的作用。入汉以后,“士”阶层又逐步崛起,为新型教育者与受教育者的形成提供了条件。

西汉初期,军功重臣垄断政权,文士人才匮乏。汉武帝时,诏举贤良文学之士,郡国之众,竟然出现“对亡应书者”①的局面,这显然难以满足国家对统治人才的渴求和汉武帝实施有为政治的需要。因此,培育人才、选拔任用人才就显得十分迫切。

元光元年(公元前134年),董仲舒在应举对策中适应时代需要,阐述了求贤必先养士的道理,建议兴办太学。他说:

> 夫不素养士而欲求贤,譬犹不(琢)玉而求文采也。故养士之大者,莫大乎太学;太学者,贤士之所关也,教化之本原也。今以一郡一国之众,对亡应书者,是王道往往而绝也。臣愿陛下兴太学,置明师,以养天下之士,数考问以尽其材,则英俊宜得矣。②

汉武帝认为董仲舒的提议很有道理,但并没有立即采纳,直至十年以后,才下诏设立太学。元朔五年(公元前124年),汉武帝下诏要求兴学设教,诏曰:“盖闻导民以礼,风之以乐。今礼坏乐崩,朕甚悯焉,故详延天下方闻之士,咸荐诸朝。其令礼官劝学,讲议洽闻,举遗兴礼,以为天下先。太常其议予博士弟子,崇乡党之化,以厉贤才焉。”③于是丞相公孙弘与太常孔臧联名上奏:

> 闻三代之道,乡里有教:夏曰校,殷曰庠,周曰序。其劝善也,显之朝廷;其惩恶也,加之刑罚。故教化之行也,建首善自京师始,由内及外。今陛下昭至德,开大明,配天地,本人伦,劝学兴礼,崇化厉贤,以风四方,太平之原也。古者政教未洽,不备其礼,请因旧官而兴焉。为博士官置弟子五十人。④

① 《汉书·董仲舒传》。
② 《汉书·董仲舒传》。
③ 《汉书·武帝纪》。
④ 《汉书·儒林传序》。

公孙弘等还提出了博士弟子的考试、选拔等具体方案。汉武帝批准了这一方案，诏令置博士弟子五十人，标志着太学的正式设立[①]。从此以后，太学走上了制度化的发展轨道。

太学博士作为教师不同于以往的教育者。西周以前，由于“学术官守”“学在官府”，因此，教师都是由政府官吏兼任的，官即师，师即官，官师合一，教师没有成为独立的社会职业。这种形式以西周最为典型。西周的国学由大司乐主持，“大司乐掌成均之法，以治建国之学政，而合国之子弟焉。凡有道者有德者，使教焉”[②]。大司乐下属官员有乐师、师氏、保氏、大胥、小胥、大师、小师等。西周的乡学由大司徒主管，“大司徒之职，掌建邦之土地之图与其人民之数，以佐王安扰邦国。……而施十有二教焉”[③]。大司徒下属官员有小司徒、乡师、乡大夫、州长、党正、父师、少师等。大司乐与大司徒等首先是官，其次才是师，官是主职，师是兼职。如大司乐等主要负责宗教祭祀与国家典礼等，大司徒等主要负责地方民政事务等。春秋战国时期，官学衰废，私学兴起。私学教师也不同于西汉的太学博士。私学教育活动已经从政治活动中分离出来，成为独立的活动，私学教师也成为了独立的社会职业，但私学教师多缺乏组织，教学活动具有极强的随意性和分散性，没有制度上的保证。西汉的太学博士更不同于秦朝的博士。秦设博士，根据文献可考者达七十多人，但他们的职责主要是议政、备咨询、掌故籍，无教授之责，从事的是政治活动，而不是教育活动。秦朝以吏为师，实际又是恢复了官师合一，以官为主，以师为副。汉武帝以后，太学博士作为学官由政府设置，具有了制度上的保证。太学博士的主要职责是教授学生，参与政务为副，从而具有了专职化的特点。

太学博士弟子作为学生也不同于以往的受教育者。西周以前的学生主要来自贵族阶层，少数的贵族子弟垄断了受教育的权利，平民子弟极少能够入学，学生受教育的目的是要成长为未来的统治者。春秋战国时期，学生的来源逐渐扩大。私学的入学以自由受教为原则，平民子弟亦可入学，但是并没有明确的入学标准，学生受教育的目的具有多样性。太学博士弟子区别于以往学生之处主要表现为四个特点。一是来源广泛，涵盖社会各个阶层；二

---

① （元）马端临：《文献通考·学校考》曰：“元朔五年，置博士弟子员，前此博士虽各以经授徒，而无考察试用之法，至是，官始为置弟子员，即武帝所谓兴太学也。”

② 《周礼·春官宗伯》。

③ 《周礼·地官司徒》。

是太学博士弟子入学以做官为主要目的，董仲舒建议设立太学的宗旨就在于通过养士以"得英俊"；三是有了明确的入学标准，汉武帝时提出，入学须为"年满十八以上，仪状端正者""好文学，敬长上，肃政教，顺乡里，出入不悖所闻者"①；四是政府对太学博士弟子有着规模上的控制，这表明太学博士弟子作为受教育者也迈出了制度化的关键一步。

博士和博士弟子的设置，标志着中国古典学校教育生态系统中的两大要素——教育者与受教育者发生了根本性的变化，预示着一种新的学校教育生态系统正在形成。

（二）教育内容的确定化

在教育者与受教育者转型制度化的同时，教育内容也相应定型，即逐步由古典文化转变为以儒学为主干的传统文化。以儒学为主干的传统文化的形成是通过"独尊儒术"实现的。

"独尊儒术"的实质就是将儒家思想上升为国家政治指导思想，这是历史发展的必然选择。而以一种思想作为国家政治指导思想，在中国早有传统。经历了春秋时代长期的兼并战争以后，到战国时期，中国大地上形成了七国争霸的局面。与此同时，中国文化思想界呈现出百家争鸣的繁荣景象。诸雄争霸，需要思想上的支持，各国都在探索能够壮大自己的政治指导思想。百家争鸣，需要政治上的支撑，诸子都在寻求能够发挥自己才智的政治舞台。谁能够实现两者的最佳结合，谁就能迅速发展强大起来，在激烈的兼并战争中生存下来。在这场激烈的争夺战中，秦国采用法家思想，大力变法，提倡耕战，实力倍增，迅速兼并六国，建立了中国历史上第一个统一的封建王朝，也为法家政治的实现提供了契机，法家思想上升为国家政治指导思想。但法家思想缺乏和谐平衡的生态意识，它过于苛刻，包容性差，实质上是一种反生态的思想，因此其不但最终毁了秦朝，也毁了自身。秦始皇在统一六国以后不但继续以法家思想作为政治指导思想，而且将其作用发挥至极端，"重以贪暴之吏，刑戮妄加"，以致"赭衣半道，断狱数以千万数"。② "繁刑严诛，吏治刻深，赏罚不当，赋敛无度，天下多事，吏弗能纪，百姓困穷而主弗收恤。然后奸伪并起，而上下相遁，蒙罪者众，刑戮相望于道，而天下苦之。"③秦二世更是

---

① 《史记·儒林列传》。
② 《汉书·食货志》。
③ 《史记·秦始皇本纪》。

将法家的刑罚发展到登峰造极的地步。其时"刑者相伴于道,而死人日成积于市。杀人众者为忠臣"①。秦朝的穷兵黩武、大兴土木与严刑峻法激化了社会矛盾,终于引来了亡国之祸。

西汉初期,以道家为主的黄老学说一尊而为国家政治指导思想。同样依靠战争赢得天下的汉初统治者在谋士的劝诫下显得相当清醒,他们注意总结秦二世亡国的历史教训,认识到如果沿袭法家思想作为政治指导思想将不利于解决当时经济凋敝、政治动荡、民不聊生的重大问题,而且必然会重蹈亡国覆辙。陆贾向汉高祖刘邦进言说:"居马上得之,宁可以马上治之乎?且汤武逆取而顺守之,文武并用,长久之道也。"②贾谊认为:"牧民之道,务在安之而已矣。"③而主张清静无为、无为而治的"黄老之学"正是安民之道,而且有利于促进生产的恢复与发展,顺应了当时社会发展的需要,因此成为汉初六十余年间的政治指导思想。

法家思想对于统一力量、加强中央集权具有积极作用,但对发展民生极为不利。而黄老学说对于发展生产、改善民生具有积极作用,但不利于统一力量,建功立业。因为道家思想强调自然无为,具有极强的包容性,但这种包容性实际上是一种无节制的放任,同样缺乏生态意识。因此,黄老学说的统治思想的地位仅仅维持了六十余年就因不能适应社会发展的需要而被淘汰。

虽然法家与道家思想都在短暂发挥自身积极作用之后即遭摒弃,但其定于一尊而为国家政治指导思想的模式却为儒学的独尊奠定了坚实基础。

时代的发展为儒学的独尊提供了条件。经过几十年的休养生息,汉代经济实力日益增强,政治上安定统一。"国家无事,非遇水旱之灾,民则人给家足,都鄙廪庾皆满,而府库余货财。京师之钱累巨万,贯朽而不可校,太仓之粟陈陈相因,充溢露积于外,至腐败不可食。"④与此相对,汉朝中央统治面临内忧外患。地方割据势力日益强大,富贾豪族大肆兼并土地、掠夺百姓财产,使农民处于"常衣牛马之衣,而食犬彘之食"⑤的悲惨境地,社会矛盾日益激化,直接威胁了中央专制集权统治。而西部地区匈奴贵族贪婪无比,对西汉王朝虎视眈眈,不断侵边扰民,"暴害滋甚"。无为而治的"黄老之学"已经不

① 《史记·李斯列传》。
② 《史记·郦生陆贾列传》。
③ 《史记·秦始皇本纪》。
④ 《史记·平准书》。
⑤ 《史记·食货志》。

能适应时代发展需要。汉武帝即位后,不愿“恭俭无为”,立志要建立大一统的汉帝国,因而力求改弦更张,渴望寻求一种新的政治指导思想。主张建功立业、强调文事武备的儒家学说正好契合时代需要与统治者的愿望,能够满足汉王朝建立和加强国家中央集权的需要,因而顺理成章地登上了历史舞台,成为汉代的国家政治指导思想。

儒学能够被独尊为国家政治指导思想归根结底是由其自身特点所决定的。“理论在一个国家的实现程度,决定于理论满足这个国家需要的程度。”[①]孔子开创儒学,其意即在强调“礼治”,以仁治国,以儒干政。但儒学思想并不适用于秋战国时代生死存亡的军事斗争形势。秦朝和汉初,法家、道家思想先后占据了统治地位,但儒家思想作为一种重要的思想仍然延续发展了下来,儒家学者在社会上和朝廷中均有一定势力,使儒学已经成为影响政治的一股潜流。如汉高祖刘邦就听取了“夫儒者难以进取,可以守成”的忠告,一改以往轻视儒家的态度,并亲赴曲阜祭孔。汉惠帝“为人仁弱”,是“宽仁之主”[②]。汉文帝则“使博士诸生刺《六经》中作王制,谋议巡狩封禅之事”[③],并开始征用文学之士为官。儒学在郡国诸侯中也有一定影响,楚元王刘交、淮南王刘安、衡山王刘赐的身边都聚集了一群儒家学者,而河间献王刘德更是“修学好古”,广求图书,“其学举六艺,立《毛氏诗》《左氏春秋》博士”,一时“山东诸儒多从而游”[④]。此外,还有一大批传授儒家经典的儒生如申公、辕固生、韩生、伏生等也逐步扩大了儒学的社会影响。汉武帝本人则亲近儒学,他即位伊始,便任用窦婴为丞相、田蚡为太尉,二人及御史大夫赵绾等均“隆推儒术,贬道家言”[⑤],其任用的地方官吏也多为儒生。汉武帝的重儒政策遭到“好黄老术”的窦太后的反对与约束,窦婴、田蚡被罢免官职,赵绾下狱自杀,“诸所兴为者皆废”[⑥]。窦太后去世后,抑制儒学进一步发展的障碍去除了,汉武帝于是广泛招揽儒家学者,“延文学儒者数百人”。儒学在各种复杂的政治环境中能够长期延续和积累下来,说明儒学有着旺盛的生命力。

---

① [德]马克思、恩格斯:《马克思恩格斯选集》第1卷,人民出版社1995年版,第10页。
② 《汉书·惠帝纪》。
③ 《汉书·郊礼志》。
④ 《汉书·景十三王传》。
⑤ 《汉书·窦田灌韩传》。
⑥ 《史记·孝武本纪》。

儒学旺盛的生命力来自于它能够根据社会环境的变化不断调整自己，改造自己。汉武帝以前，儒学没有能够上升为国家政治指导思想，一方面是因为社会环境不需要儒学，另一方面也是因为儒学本身还没有将自己改造到完全适应社会环境的需要，儒家思想成为国家政治指导思想的时代还没有来到。到汉武帝时，董仲舒以《公羊春秋》为骨干，融合阴阳、黄老和法家思想，改造构建了新的儒家学说，它才适应了时代发展的需要而被尊为国家政治指导思想。

儒学独尊为国家政治指导思想是通过三个途径实现的。一是建元五年(公元前136年)置五经博士。博士之职起于战国之际，《史记・循吏列传》曰："公仪休者，鲁博士也，以高第为鲁相。"但博士作为一种官职被正式确立则始于秦朝，是一种备朝廷咨询的文化官吏。《汉书》说："秦燔书籍，而置博士之官，博者博通于艺事也。"①汉初仍置有多家博士，如公孙世是传阴阳家邹衍之说的博士。汉文帝时博士官多至七十余人，顾颉刚认为以汉文章对黄、老之崇尚程度，其中应有不少道家博士。② 而汉武帝诏立五经博士则是迈出了尊儒的重要一步。二是为博士置弟子，开设太学。太学实际上是儒学专门学校，传授的主要内容就是儒家思想。三是建立察举制度。察举考试主要以儒术取士，儒家学者受到特别的优待。此外，儒家学者受到重用也为儒学独尊起到了推波助澜的作用。元朔五年(公元前124年)，汉武帝将布衣出身的儒生公孙弘封侯拜相，迅速提高了儒学的政治地位，在社会上产生了深刻影响。史称："自孝武兴学，公孙弘以儒相，其后蔡义、韦贤、玄成、匡衡、张禹、翟方进、孔光、平当、马宫及当子晏咸以儒宗居宰相位，服儒衣冠，传先王语。"③广大士人敏锐地意识到通晓儒家经典已成为入仕捷径。名儒夏侯胜说："士病不明经术；经术苟明，其取青紫如俯拾地芥耳。学经不明，不如归耕。"④而民间谚语更是道破了儒家经典对谋取社会地位的重要性，谚云："遗子黄金满籯，不如教子一经。"⑤因而，一时之间，儒学大盛，"天下之学士靡然乡风矣"⑥。

---

① 《汉书・百官公卿表》。
② 顾颉刚：《秦汉的方士与儒生》，上海古籍出版社1998年版，第55页。
③ 《史记・马宫传赞》。
④ 《史记・夏侯胜传》。
⑤ 《史记・韦贤传》。
⑥ 《史记・儒林列传》。

儒家学说从此走上了与政治紧密结合的道路,成为维护封建统治的正统思想。自汉代以后,儒学虽经多次冲击,但都能通过改造或调整始终占据政治指导思想的宝座,取得独尊的地位,成为中国传统文化的主流。

在中国古代的诸子百家中,儒家最为重视教育,“儒家都是教育家,儒家哲学是教育家的哲学”①。因此,儒学上升为国家政治指导思想,其成为学校教育的主要内容也就成为历史发展的必然。事实上,儒学独尊与其成为学校教育的主要内容是同步实现的,两者相辅相成。儒学独尊通过其在教育领域的正统地位得以体现,同时又相应促进了儒学教育的发展。有学者认为“独尊儒术主要表现于教育领域”②,这种观点正确与否姑且不论,但有一点可以肯定,自汉代太学设立以后,中国传统学校不论官学私学,普遍均以儒学作为主要教育内容。

儒学独尊改变了中国文化的结构,使中国文化从古典阶段进入了传统阶段。教育领域的古典文化向传统文化转型的主要特点,就是“武”的成分逐渐减少,“文”的色彩与日俱增。在古典教育生态系统中,教育内容偏重于“武”的方面。夏朝“为政尚武”,所以在教育内容方面特别重视军事训练,教育的主要目的就是培养武士。《文献通考·学校考》说:“夏后氏以射造士”。商代已经有了成熟的文字作为教育手段,在教育内容上增加了礼乐、书数等“文”的因素,但军事教育仍是主要内容。如一片卜辞记载,商代统治者召集各地“小子小臣”进行“教戒”,“戒像人手持戈”,“教戒”的内容就包括武艺教育,持戈警戒。③ 而西周的六艺教育更是由“武”转向“文”的典范。顾颉刚认为:“吾国古代之士,皆武士也”,士之学“表面固为礼节,为娱乐,而其主要之作用则为战事之训练。故六艺之中,惟书与数二者乃治民之专具耳”④。顾颉刚之说有一定道理,因为“礼乐课程确有军事性质在内”⑤。这恰恰是教育内容由“武”转向“文”的最好说明,毕竟礼乐之成为礼乐,并不在于它的军事性质,而在于其文的性质。“如果士只会射御而不懂礼乐书数这些道艺,那就不成其为合格的士了。”⑥此外,阎步克进一步认为,“乡校之平民与国学之

① 张岱年:《儒家哲学是教育家的哲学》,《华东师范大学学报》(教育科学版)1989 年第 1 期。

② 俞启定:《先秦两汉儒家教育》,齐鲁书社 1987 年版,第 81 页。

③ 参见孙培青、李国钧主编:《沈灌群教育论稿》,华东师范大学出版社 1993 年版,第 403 页。

④ 顾颉刚:《武士与文士之蜕化》,见《史林杂识初编》,中华书局 1963 年版,第 85 页。

⑤ 阎步克:《士·事·师论——社会分化与中国古代知识群体的形成》,《北京大学学报》(哲学社会科学版)1990 年第 2 期。

⑥ 林甘泉:《中国古代知识阶层的原型及其早期历史行程》,《中国史研究》2003 年第 3 期。

国子,所学自然不会相同,后者'文'之色彩又当更为浓厚"[①]。六艺转向"文"的趋势到了西周后期更为明显,甚至连射、御都改变了实战的性质,演变为"礼射"了。[②] 春秋战国时代,士阶层开始崛起并日益分化,武士的作用逐渐弱化,文士的作用日见明显,且规模日益庞大起来,反映了"文"的教育内容不断增多。士阶层"大部分人皆趋重于知识、能力之获得","而惟以读书为专业,揣摩为手腕,取尊荣为目标"。[③] 及至汉武帝时期,儒学独尊而在教育中占据了正统,更是教育内容"文"化的显著特征。

三、中国传统学校教育生态系统的形成

生态系统形成的关键在于系统内部要素之间相互联系、相互作用,形成某种固定结构,发挥独特功能。结构是生态系统内各要素相互联系、相互作用的方式,是形成生态系统的重要基础,是生态系统保持稳定的关键。通常要素的差异会导致结构发生变化,从而使得生态系统作出调整或改造,形成演替或进化。不同的系统有着不同的结构,表现出不同的特征。自然教育生态系统以"教育者—自然文化—受教育者"为基本结构,教育活动主要围绕人类如何适应自然而展开,呈现出教育融于社会生产与生活之中的特征。古典学校教育生态系统以"教育者—古典文化—受教育者"为基本结构,教育活动主要围绕贵族政治而展开,呈现出政教不分、政教合一的特征。

春秋战国以后,中国社会发生激烈变动,教育的环境发生翻天覆地的变化,中国古典学校教育生态系统受到来自环境的强有力的干扰和冲击。为应对环境变化带来的干扰和冲击,古典学校教育生态系统开始自我调整,试图重新适应环境。但这种自我调整和适应,在秦朝更加猛烈的政治干扰下陷入停顿,系统要素遭到彻底破坏,系统结构完全瓦解,古典学校教育生态系统完全失去稳定而走向崩溃。入汉以后,社会日趋稳定,适宜教育发展的环境逐渐形成,并且出现了不同于古典学校教育生态系统中的教育者、受教育者与教育内容等要素,形成了"教育者—传统文化—受教育者"的新型教育结构。当然,我们要把握这种新要素和新结构所组成的新的教育生态系统,还必须

---

① 阎步克:《士·事·师论——社会分化与中国古代知识群体的形成》,《北京大学学报》(哲学社会科学版)1990 年第 2 期。

② 陈学恂:《中国教育史研究·先秦分卷》,华东师范大学出版社 1991 年版,第 29 页。

③ 顾颉刚:《武士与文士之蜕化》,见《史林杂识初编》,中华书局 1963 年版,第.85 页。

揭示新要素之间及其与环境之间相互作用的机制。

> 要认识系统的行为、功能、发展和变化，其关键就在于认识系统各组成要素的联系和相互作用。仅仅指出系统的组成要素不足以说明这个系统，只有阐明这些要素之间的相互联系才能使系统明确起来，研究一个系统，就是根据系统要素的特征以及它们相互作用的机制，阐明整个系统的行为、属性、功能以及同环境的关系等。①

教育生态系统是一个开放系统。对于开放系统，我们不仅要了解系统的要素、结构以及要素之间的相互联系，而且要了解系统与其外部更大系统之间的联系。钱学森说："我们把极其复杂的研究对象称为'系统'……而且这个'系统'本身又是它所从属的一个更大系统的组成部分。"②迈尔斯也指出："人们应该认识到，设计系统时必须把它纳入更大的系统中来考虑。"③学校教育生态系统的外部更大的系统是社会生态系统，社会生态系统的核心是政治生态系统。中国教育生态系统的形成与政治生态系统之间的联结有着十分密切的关系。

在"教育者—传统文化—受教育者"这种新的要素与结构形成的过程中，还产生了一种新的制度——选举制度。选举制度作为一种人才选拔制度，既是官僚政治的重要支柱，又是学校教育培育人才进入社会、参与政治的主要途径，是沟通教育与政治相互联结的主要环节。

汉代新选举制度的建立，同样离不开士阶层的崛起。春秋战国时期频繁的军事斗争，使"士"在中国政治舞台中的作用显得愈发重要，正所谓"入楚楚重，出齐齐轻，为赵赵完，畔魏魏伤"④，因此，士阶层日益得到统治者的高度重视，各诸侯无不以招贤纳士为增强实力的重要手段。墨子说："入国而不存其士，则亡国矣。……非士无与虑国，缓贤忘士，而能以其国存者，未曾有也。"⑤

贵族统治离不开"士"，而"士"也有着强烈的政治参与意识，力求步入仕

---

① 陈敏豪：《人类生态学——一种面向未来世界的文化》，上海交通大学出版社1988年版，第26页。

② 钱学森等：《论系统工程》（增订本），湖南科学技术出版社1988年版，第10页。

③ [美]小拉尔夫·弗·迈尔斯主编，杨志信、葛明浩译：《系统思想》，四川人民出版社1986年版，第65页。

④ （东汉）王充：《论衡》卷13《效力篇》，上海人民出版社1974年版，第204页。

⑤ 《墨子·亲士》。

途。《孟子·滕文公下》曰："士之仕也，犹农夫之耕也。"而"士"之入仕为官，主要有两大动力。一为实现政治抱负，如孔子所谓"士志于道"①，曾子所言"士不可以不弘毅，任重而道远。仁以为己任，不亦重乎？死而后已，不亦远乎？"②二为追求功名利禄，如孟子曰："士之失位也，犹诸侯之失国家也。"③秦相范雎认为"士"的追求就是"欲富贵耳"④。荀子则说："志行修，临官治，上则能顺上，下则能保其职，是士大夫之所以取田邑也。"⑤

秦始皇焚书坑儒之后，"士"为避难而走向民间隐居。西汉初期，在"黄老之学"的无为政策下，士阶层在政治上又开始活跃起来。尤其在刘氏诸王的叛乱之中，"士"起到了推波助澜的作用，至汉武帝平叛削藩前夕达至高潮。"日者，淮南、衡山修文学，招四方游士。山东儒墨咸聚于江、淮之间，讲议集论，著书数十篇。然卒于背义不臣，谋叛逆，诛及宗族。"⑥

面对士阶层内蕴的巨大政治能量，汉王朝统治者开始吸取以往放任自流的教训，注意与"士"相互合作，积极探索用"士"之策，逐步建立了一种新的选举制度——察举制。

汉高祖十一年(公元前196年)，下求贤诏：

> 盖闻王者莫高于周文，伯者莫高于齐桓，皆待贤人而成名。今天下贤者智能，岂特古之人乎？患在人主不交故也，士奚由进？今吾以天之灵，贤士大夫定有天下，以为一家。欲其长久，世世奉宗庙亡绝也。贤人已与我共平之矣，而不与吾共安利之，可乎？贤士大夫有肯从我游者，吾能尊显之。布告天下，使明知朕意。御史大夫昌下相国，相国酂侯下诸侯王，御史中执法下郡守，其有意称明德者，必身劝，为之驾，遣诣相国府，署行、义、年。有而弗言，觉，免，年老癃病，勿遣。⑦

诚然，汉高祖下诏求贤在很大程度上是受了陆贾"居马上得之，宁可马上

① 《论语·里仁》。

② 《论语·泰伯》。

③ 《孟子·滕文公下》。

④ 《战国策·秦策三》："天下之士合从相聚于赵，而欲攻秦。秦相应侯曰：'王勿忧也，请令废之。秦于天下之士非有怨也，相聚而攻秦者，以己欲富贵耳。'"

⑤ 《荀子·荣辱》。

⑥ (西汉)桓宽：《盐铁论·晁错》。

⑦ 《汉书·高帝纪下》。

治之乎"的启发，而不是着眼于防范士阶层造反闹事，但也表明他已经认识到了"士"在治理国家方面的重要作用，因此开汉代察举制的先河。

汉文帝二年（公元前178年），诏令"举贤良方正能直言极谏者，以匡朕之不逮"①。十五年（公元前165年），又诏"诸侯王、公卿、郡守，举贤良能直言极谏者，上亲策之，傅纳以言"②。因为汉文帝诏令荐举贤良，亲自策问，评定高下，授予官职，而且"举贤良能直言极谏者"一科被保留了下来，所以有学者认为这是察举制度的正式开端，并包含着科举考试制度的雏形。③ 实际上，察举制的制度化发展是在汉武帝时代。

汉武帝时，董仲舒在对策中对以往的选官方式进行了批评，认为按照旧选官方式只能选富不能选贤，他建议改革选官方式，根据个人品德和才能选举贤才。他说：

> 夫长吏多出于郎中、中郎，吏二千石子弟选郎吏，又以富訾，未必贤也。且古所谓功者，以任官称职为差，非所谓积日累久也。故小才虽累日，不离于小官；贤才虽未久，不害为辅佐。是以有司竭力尽知，务治其业而以赴功。今则不然，累日以取贵，积久以致官，是以廉耻贸乱，贤不肖浑淆，未得其真。臣愚以为使诸列侯、郡守、二千石各择其吏民之贤者，岁贡各二人以给宿卫，且以观大臣之能；所贡贤者有赏，所贡不肖者有罚。夫如是，诸侯、吏二千石皆尽心于求贤，天下之士可得而官使也。遍得天下之贤人，则三王之盛易为，而尧舜之名可及也。毋以日月为功，实试贤能为上，量材而授官，录德而定位，则廉耻殊路，贤不肖异处矣。④

董仲舒的建议得到汉武帝的赞赏，但因为窦太后不喜言儒而暂时搁置。及至窦太后殁亡，汉武帝才开始着力改革选举方式。元光元年（公元前134年），汉武帝"初令郡国举孝廉各一人"⑤。孝廉是每年固定选举的所谓常科，这意味着我国选举迈出了制度化的关键一步，"开中国选举制度数千年坚固

---

① 《汉书·文帝纪》。
② 《汉书·文帝纪》。
③ 毛礼锐、沈灌群：《中国教育通史》（第二卷），山东教育出版社1986年版，第129页。
④ 《汉书·董仲舒传》。
⑤ 《汉书·武帝纪》。

的基础”[①]。至此,中国古代社会的选举才正式成为一种制度。

太学的设立、儒学的独尊和察举制度的建立,都是汉武帝在董仲舒的对策建议下完成的。这三大措施既促进了中国传统学校教育生态系统要素的产生,又为各要素及系统内外提供了相互联系、相互作用的稳定渠道,标志着中国传统学校教育生态系统的初步形成。

儒家学说既是中国传统学校教育生态系统中的基本信息,同时也是系统中流动的重要能量。儒术独尊不仅使儒学成为中国传统社会的政治指导思想,也使其成为中国传统教育的基本内容。从汉代太学开始,《诗》《书》《礼》《易》《春秋》等儒家经典就成为了中国传统学校的主要教育内容。这“五经”中记载了中国古代的政策方针、典章制度、文献诰命等,含有历代统治者的治国理政经验教训。通过学习“五经”,可以掌握丰富的知识,具备治国理政的能力。《汉书·艺文志》言:“《诗》以正言,义之用也;《礼》以明体,明者著见,故无训也;《书》以广听,知之术也;《春秋》以断事,信之符也。五者,盖五常之道,相须而备,而《易》为之原。”由此可见,五经中包含了道德、经学、治国和断事等方面的内容,掌握了这些内容就积累了一定的能量,这种能量使长于学习“五经”者能入仕为官,治理国政。也有学者认为,儒家经学教育是包含有科学与人文知识的综合教育,它囊括了“当时社会管理(做官)所必须知道的各种知识”[②]。因此,儒家学者往往“通于世务,明习文法,以经术润饰吏事”[③],“以《禹贡》治河,以《春秋》决狱,以三百篇当谏草”[④]。如董仲舒以《公羊春秋》作为决断疑案的依据,朝廷还命人效仿。儒学经师王式曾任昌邑王之师,王式后被捕入狱。昌邑王问之以谏书,王式答“臣以诗三百五篇朝夕授王”,“以三百五篇谏,是以亡谏书”。[⑤] 史称“古称儒学家者流,本出于司徒之官,可以正君臣,明贵贱,美教化,移风俗,莫若于此焉。故前古哲王,咸用儒术之士;汉家宰相,无不精通一经。朝廷若有疑事,皆引经决定,由是人识礼教,理致升平。近代重文轻儒,或参以法律,儒道既丧,淳风大衰,故近理国多劣于前古”[⑥]。由此可见儒家学说在中国传统政治中的作用与影响,而宋朝

① 劳干:《汉代察举制度考》,《中央研究院历史语言研究所集刊》第17册,中华书局1987年版,第83页。

② 孙宏安:《中国古代科学教育史略》,辽宁教育出版社1996年版,第171、318页。

③ 《汉书·循吏传》。

④ (清)皮锡瑞:《经学历史》,中华书局1959年版,第90页。

⑤ 《汉书·儒林传》。

⑥ 《旧唐书·儒学列传上》。

宰相赵普"半部《论语》治天下"则更是儒学能量的典型概括[①]。儒学来自社会,经由教育者传授予受教育者,受教育者凭之入仕为官,作用于社会,由此构成了中国传统学校教育生态系统能量流动的主要路径。

儒家学说作为一种能量为受教育者所掌握并作用于社会,是通过选举制度实现的。先秦政治体制为贵族政治,实行世官制度,将血统作为任用官吏的主要标准,公卿、诸侯、大夫等重要官爵几乎都由王族和亲族担任,并世代相袭,即所谓世卿世禄制。俞正燮说:"太古至春秋,君所任者,与共开国之人及其子孙也……大夫以上皆世族,不在选举也。"[②]赵翼也云:"自古皆封建,诸侯各君其国,卿大夫亦世其官,成例相沿,视为固然。"[③]春秋战国时期,世卿世禄的贵族体制逐渐向官僚体制过渡,官员的选拔与任用渐渐打破了世官制度,"虽庶人之子孙也,积文学,正身行,能属于礼义,则归之卿相士大夫"[④]。秦始皇统一六国以后,建立了三公九卿的官僚制度,进一步冲击了世官制度。汉代察举制度则以选贤任能、量材授官为原则,成为汉代选官的正途,并为魏晋南北朝的九品中正制和隋唐以后的科举制度奠定了基础。

察举制度是实现儒学独尊的重要途径,也是学习儒学的受教育者踏上政治舞台的重要阶梯。汉代太学设官射策,学生参加策试,成绩合格者可直接授予官职。"一岁辄试,能通一艺以上补文学掌故;其高第可以为郎中者,太常籍奏;其有秀异等,辄以名闻;其不事学,若下材及不能通一艺,辄罢之,而请诸不称者罚。"[⑤]一些太学学生由此步入官僚阶层,如"何武、王嘉、马宫、翟方进皆以射策甲科为郎。房凤以射策乙科为太史掌故"[⑥]。除此以外,不少太学生即通过察举制入仕为官。如:程曾"受业太学,习《严氏春秋》……建初三年,举孝廉";李育"少习《公羊春秋》,沈思专精,博览书传,知名太学……建初元年,卫尉与廖举育方正,为议郎";范式"少游太学……后仕为郡功曹,有高名,举州茂才,四迁荆州刺史……后再迁庐江太守,有威名";李郃"游太学,通《五经》,善河洛风星,外质朴,人莫之识。……后举孝廉,五迁尚

---

① (宋)蔡绦:《铁围山丛谈》卷三记赵普曰:"当其为相时,每朝廷遇一大事,定大议,才归第,则亟闭户,自启一箧,取一书而读之有终日者,虽其家人莫测也。及翌日出,则是事必决矣,用是为常。故世议疑有若子房解后黄石公事,必得异书焉。及后王薨,家人始得开其箧而视之,则《论语》二十卷。"

② (清)俞正燮:《癸巳类稿》卷3《乡兴贤能论》。

③ (清)赵翼:《廿二史劄记》卷2《汉初布衣将相之局》。

④ 《荀子·王制》。

⑤ 《史记·儒林传》。

⑥ 《西汉会要·选举上》。

书令,又拜太常"。[①] 东汉时,学校与选举制度之间建立起直接而密切的联系。阳嘉元年(公元132年),规定参加察举明经下第者可补为太学博弟子,"试明经下第者补弟子,增甲、乙科员各十人"[②]。质帝时,也有相应的举措,"令郡国举明经,年五十以上、七十以下诣大学"[③]。据统计,两汉孝廉的资历以儒者为多,儒生和兼有儒、吏双重身份者合计起来,在孝廉中所占比例接近二分之一。[④] 察举制度是当时士阶层入仕从政的重要渠道,史称"汉之得人,于兹为甚"[⑤],因此,有学者认为,察举制度的建立标志着"选举社会"的形成[⑥],或者是科举考试的发端[⑦]。

生态系统的存在都有其"合目的性"。所谓"合目的性",是指生态系统通过各种要素(子系统)间的相互作用,以及各要素(子系统)对环境变化的相互调整,保持或增加有序整体中的负熵因素,从而达到系统适应环境这一目标。[⑧] 选举制度的建立,加强了教育者、受教育者、教育内容之间及其与社会环境之间的联系,在一定程度上满足了官僚社会对官僚人才的需求,适应了中国官僚社会这一整体环境,标志着中国传统学校教育生态系统的初步形成。学校作为教育者与受教育者活动的重要载体,儒学作为系统中的重要要素,察举制度作为沟通系统与社会环境的重要渠道,三者相互联系、相互作用,共同构成了中国传统学校教育生态系统的三大环节。

中国传统学校教育生态系统以"教育者—传统文化—受教育者"为基本结构,教育活动主要围绕传统文化而展开,系统的功能指向以服务于政治为主,呈现出教育与政治相分化但又密切联系的特征。传统学校教育生态系统由古典学校教育生态系统发展而来,二者的区别主要在于教育与政治关系的不同。古典学校教育生态系统融于政治生态系统之中,政治与教育相合一,教育是政治活动的一个重要方面。传统学校教育生态系统逐渐独立于政治生态系统,但教育并未与政治彻底分离,二者仍然保持着十分密切的联系,并

---

① 《后汉书·儒林列传》。

② 《后汉书·顺帝纪》。

③ 《后汉书·质帝纪》。

④ 黄留珠:《秦汉仕进制度》,西北大学出版社1985年版,第142页。

⑤ 《汉书·倪宽传》。

⑥ 何怀宏:《选举社会及其终结——秦汉至晚清历史的一种社会学阐释》,生活·读书·新知三联书店1998年版。

⑦ 余英时:《试说科举在中国历史上的功能与意义》,《二十一世纪》2005年10月号总第43期。

⑧ 丁鸿富、虞富洋、陈平:《社会生态学》,浙江教育出版社1987年版,第118页。

且深受政治的制约。

四、中国传统学校教育生态系统的调节

生态系统通常在时间上表现出一定的变化特征，这种变化既是生态系统从生长、发育、繁荣到衰亡的演变过程，也是生态系统从简单到复杂、从低级到高级的演变过程，同时也是系统不断自我调节的过程。中国传统学校教育生态系统于汉代初步形成，由于系统内部要素、环境以及要素与要素之间、要素与环境之间相互作用的方式发生了涨落，系统由动态平衡或稳定走向不稳定。中国传统学校教育生态系统是一个自组织系统，为维护系统本身的动态平衡与稳定，它不断地通过反馈进行自我调节。

（一）中国传统学校教育生态系统的失稳与调节

汉武帝时期，太学的设立和儒学的独尊，促进了传统学校教育生态系统要素的产生；察举制度的建立，加强了传统学校教育生态系统的要素之间及其与社会环境之间的联系与作用。三大举措的实施，共同促进了中国传统学校教育生态系统的初步形成。此后，中国传统学校教育生态系统进一步发展。各种教育要素的数量不断扩充，具体表现为太学规模的扩大和地方官学的拓展。教育要素及其与社会环境之间的联系密切，具体表现为察举制度的健全，如察举的科目、时间、人数、标准、方式等渐趋固定和完善。但是，初步形成以后的中国传统学校教育生态系统发展至魏晋南北朝时期，生态系统的要素遭到了严重破坏，系统要素之间的联系不够通畅，导致了系统本身失去了动态稳定，开始不断地进行自我调节。

首先，频仍的社会动乱使传统学校教育生态系统稳定的外部环境遭到破坏。东汉末年，各路军阀割据争雄，大一统帝国遭遇重大危机，中国历史从此进入大分裂大动荡的魏晋南北朝时期。这一时期，战乱不断，是中国历史上战争最多和动乱最大的时期，据统计，自东汉董卓乱后至隋统一之前，共发生农民起义和农民战争 330 次。[①] 频繁的战争造成了政治上的动荡不安和经济上的严重破坏。政治方面，政权频迭，先是三国分立，继之以魏灭蜀吴，建立西晋，但好景不长，先有“八王之乱”“永嘉之乱”，然后是南北分裂。北方地

① 朱大渭：《中国农民战争史·魏晋南北朝卷》，人民出版社 1985 年版，第 37 页。

区少数民族政权林立，四分五裂，南方地区也呈现政权嬗递与政权并立的动荡格局。总计魏晋南北朝的近四百多年中，仅有西晋时期保持了三十余年的安定局面。经济方面，人民辗转流亡，土地荒芜，人口剧减，经济萧条。以"永嘉之乱"时为例，"至于永嘉，丧乱弥甚；雍州以东，人多饥乏，更相鬻卖，奔迸流移，不可胜数；幽、并、司、冀、秦、雍六州大蝗，草木及牛马毛皆尽；又大疾疫，兼以饥馑，百姓又为寇贼所杀，流尸满河，白骨蔽野。刘曜之逼，朝廷议欲迁都仓垣，人多相食，饥疫总至，百官流亡者十八九"①。这就是所谓"大兵之后，必有凶年"，其时，天灾、疾病相交于战乱之后，人民生存尚且不保，自是无力从事生产。动荡不定的社会，错综复杂的局面，构成了中国传统学校教育生态系统外部环境的混乱状态，这对系统本身产生了极为强烈的干扰，直接导致了系统内部要素数量的减少和质量的下降。三国魏正始年间，刘靖在奏疏中描述了当时教育衰败的景象："黄初以来，崇立太学，二十余年，而成者盖寡。由博士选轻，诸生避役，高门子孙，耻非其伦。故学者虽有其名，而无其实；虽设其教，而无其功。"②

其次，作为传统学校教育生态系统三大要素之一的儒学受到了强烈冲击。汉代以来，经董仲舒改造的儒学实际上是一种神学化的谶纬之学。汉初的谶纬，其主要功用是适应当时的统治需要而为刘氏政权的合法性与神圣性制造舆论。但这种谶纬之学有着自身不可避免的局限性，它有利于夺取政权，却不利于巩固政权。因此，不少利用谶纬夺取政权者一旦掌握政权后便下令禁绝。经历了多次利用和禁绝的反复以后，神学化了的儒学逐渐丧失了在国家政治指导思想中的统治地位。东汉末期的动荡、魏晋南北朝的分裂，破坏了大一统的政治和经济发展格局，使儒学地位不断下降，日益衰微，进而造成中国传统学校教育生态系统失稳。为维持系统的稳定，中国传统文化开始自我调节，在调节过程中形成了生动活泼的多元文化发展格局。"有晋中兴，玄风独振。"③玄学是魏晋南北朝时期兴起的一种新的文化思潮，是动荡时代的产物，是对儒家文化的变异。玄学兴起之初，便"与尼父争涂"④，与儒学产生剧烈的冲突。此外，佛教与道教思想泛滥，开始冲击儒学的统治地位。玄、佛、道与儒之间相互冲突、相互整合，造成魏晋南北朝时期文化意识形态

---

① 《晋书·食货志》。

② （唐）杜佑：《通典》卷53。

③ 《宋书·谢灵运传》。

④ （南朝梁）刘勰：《文心雕龙·论说》。

结构的激烈动荡。在思想文化的激烈动荡下，以儒学为主要教育内容的中国传统学校教育生态系统受到了极大的冲击，玄学、佛教和道教等开始涉足教育领域，打破了教育领域儒学独尊的局面，从而对中国传统学校教育生态系统产生了干扰和冲击，使系统的稳定性遭到破坏。

再次，选举制度自身的缺陷使其难以有效承载传统学校教育生态系统的输出功能。察举制度仅仅是中国大一统集权社会中选举制度的初期形态，它还有许多不完善的因素，使其难以完全适应社会选举的需要，难以有效承载教育与社会之间沟通、联系、协调的职能。第一，察举制度与学校教育之间不协调。汉代的选士采用的是多元化的方式，除察举制以外，还有其他如征辟、辟除、任子、赀选等多种选士方式，特别是太学本身就具有一定的取士功能，在一定程度上降低了察举在选举中的吸引力。更为关键的是察举制度是以推荐为主的选举方式，极易为权门贵族把持或为地方少数人士操弄，所以参加察举与是否在学并无必然关联，优秀的太学学生并不一定能够参与察举，参加察举的并不一定经过学校教育。第二，察举制度与儒学之间也会产生不协调。如上所述，察举的推荐方式，使得入选者是否掌握儒学并不重要，甚至很有可能举非所选，“察孝廉，父别居”就是这种现象的生动写照，这说明察举制度使得儒家倡导的价值观念遭到严重挑战和破坏。第三，察举制度与社会环境之间不协调。从政治角度来看，选用贤才是察举的宗旨，但察举的推荐性质，决定了这种选拔方式不可能公平公正，充分发挥选才的作用，事实也是如此，汉代“选举所失，多非其人”①。察举制度的固有缺陷，使中国传统学校教育生态系统的输出机制发生问题，不得不进行调整。

魏晋南北朝时期，选举制度所进行的调整的主要表现是创立了九品中正制。九品中正制，即在州郡县设置大小中正，考察地方士人，按才能分别评定为九等，供政府选用任官。九品中正制是对察举制的改易变通，两者相较，九品中正制确定了相对稳定的评定标准，并且把选人大权从朋党化的世族手中集中到了中央手中，具有进步意义。它在推行之初，也确实选拔了不少人才，收到了强化中央集权的效果。但九品中正制也承袭了察举制的老问题，即仍以推荐方式为主。创立九品中正制的目的是纠正东汉后期察举制度的世族化倾向，但实行的结果反而是强化了选举制度的世族化程度，导致“上品无寒门，下品无世族”。两汉时代，察举制的实施，多重品德，不重门第，平民中选

---

① 《后汉纪》卷25。

者颇多；而魏晋南北朝时期，九品中正制全为世族大家所操纵，选拔人才不重才德，专重门第，官吏选用多取自门阀世家。所谓“周汉之道，以智役愚，台隶参差，用成等级；魏晋以来，以贵役贱，士庶之科，较然有辨”①。这都是因为选举仍重推荐的弊病。所以，九品中正制的实施对教育产生了重大影响，阻塞了传统学校教育生态系统中的人才输出渠道，平民子弟即使接受教育也同样很少有机会能中选为官。

（二）中国传统学校教育生态系统的调节与发展

经历了魏晋南北朝的大变动以后，中国社会在隋唐时期重新调整恢复到大一统的状态。社会环境的调整恢复，进一步引发了中国传统学校教育生态系统的调适恢复。这种调适恢复并不是简单地复原到传统学校教育生态系统失稳前汉代的状态，而是在汉代基础上的进一步发展。调整恢复发展后的传统学校教育生态系统规模更大，成分更加多样，联系更加密切，系统本身也更加稳定。

学校的调整趋向更加复杂和有序化。隋唐时期颇类似于秦汉时期。秦结束纷乱统一中国，建章立制，然因暴政二世而亡，为汉之先声。隋也同样结束纷乱统一中国，建章立制，亦因暴政三世而亡，为唐之先声。公元581年，杨坚消灭北周建立了隋朝，八年后又消灭了南朝的陈国，结束了长期的分裂局面，重新建立了大一统的封建帝国。稳定的社会政治秩序和繁荣的经济发展形势，为教育的发展提供了良好的外部环境和基础。隋文帝即位初期，对教育较为重视，从中央到地方都广泛设立了学校。他还亲临学校视察，奖励学业优异的学生，号召士人学经习礼。隋炀帝时期，学校教育进一步发展，中央和地方官员的规模都超过了隋文帝时期。唐代因袭隋制，大力发展学校教育。较之以往，唐代学校种类更加齐全，制度更加完备，管理更加严密，规模更加宏大，中国传统学校教育不但得到恢复，而且发展到了一个新的高度。

传统文化的调整仍在继续。魏晋南北朝以来，在思想文化领域存在着儒、佛、道的三教纷争，佛、道的冲击，使儒学失去了独尊的地位，传统学校教育生态系统失去了稳定的状态。隋唐实现统一以后，虽然佛道仍然盛行，但大一统的政治呼唤着大一统的思想，儒学对于维持和巩固统治的作用再次充

① 《通典》卷16《选举四》。

分显现，逐步复兴。隋文帝下诏曰："行仁蹈义，名教所先，厉俗厚风，宜见褒奖。"[1]隋炀帝"征辟儒生，远近毕至，使相与讲论得失于东都之下，纳言定其差次，一以闻奏焉"[2]。而王通则提出儒佛道"三教可一"的观点，更是推动了儒学在隋末唐初的复兴。入唐以后，儒学进一步发展。高宗永徽四年（公元653年）孔颖达所撰《五经正义》颁行天下，在版本和经义方面实现了儒学思想的统一。中唐以后，以韩愈、李翱等为代表的儒家学者重新提出以"先王之道"治国平天下，重申《大学》精神，为复兴儒学的主导地位奠定了思想理论基础。儒学的逐步复兴为中国传统学校教育生态系统的恢复发展提供了充分条件。

选举制度的调整趋于稳定。隋炀帝大业年间"始建进士科"，标志着科举制度的正式产生。科举制度重新加强了教育与社会政治之间的联系，为中国传统学校教育生态系统的人才输出建立了一个稳定的有效渠道。科举制度按照考试成绩选拔人才，不同于以品德取人的察举制度，也不同于以门第取人的九品中正制，在一定程度上体现了公平客观原则，是中国传统社会选举制度的重要进步。科举制度与察举制度、九品中正制相比，它使教育与政治之间的联系更加紧密。科举制度是士人取得官职的必由之路。广大士人经过学校教育，参加科举考试，入仕为官，实现了"学而优则仕"的目的，逐渐形成了十分稳定的读书做官的道路，因而刺激了士人学习的积极性，促进了学校教育的大力发展。科举制度自隋创立、唐确立以后，历经宋的完善，元、明、清的演变，更加完备化和定型化，与中国传统学校教育紧紧联系在一起，成为中国传统学校教育生态系统生态链中十分重要的一个环节。

（三）中国传统学校教育生态系统的调节与成熟

中国传统官僚社会常常会发生周期性振荡，由于强大的地主制经济、官僚政治和以儒学为主干的传统文化之间形成了相互调节的因果循环网，其通过调节仍然能够保持稳定的大一统社会结构。在社会环境的周期性振荡中，中国传统学校教育生态系统的要素、结构与作用机制也在相应地进行调节。经过多次调节以后，中国传统学校教育生态系统的结构渐趋稳定，并在宋代以后逐步进入了成熟发展期，至明清时期更趋稳定。

---

① 《隋书·文帝纪》。
② 《隋书·儒林列传》。

隋唐以来，科举制度的建立，解决了中国传统学校教育生态系统的输出问题。宋代以后，科举制度的调整和稳定使传统学校教育生态系统与社会环境之间的联系和作用更加通畅。宋初通过科举考试选拔了不少人才，基本上满足了官僚社会对人才的需求，初步适应了大一统中央集权的发展。但是，科举制度的大发展又带来了新的问题，即忽视了通过兴办学校培养人才，使传统学校教育生态系统的输入端产生了涨落。为解决这一问题，新的调整随之展开，这就是宋代的三次兴学运动。三次兴学以后，宋朝在中央和地方陆续建立起了完备而又配套的官学教育系统。官学内部的管理系统也日渐成熟，行政管理方面中央与地方都设立了专门的管理机构，学校内部管理方面包括学规、考试、经费、采用书籍等都形成定制，此外，学官的选拔和录用标准也已基本确定。萌芽于唐末的书院，作为一种新型的教育组织形式，也形成和兴盛于宋代。其他如私学、家学等教育形式也与官学共存互补，形成了多元发展的繁荣局面。宋代教育覆盖的范围日益扩大，接受教育的士人日益增多，崇宁二年(公元1103年)时学校生员就达到了21万余人，远远超过前代各朝。至此，中国传统学校教育生态系统的又一个重要环节——学校基本稳定下来，而且系统要素的数量稳步扩大，系统的多样性逐步显现。

儒学的尊崇地位在宋代经过调整重新得到确立，使中国传统学校教育生态系统中的能量流、信息流更趋稳定。宋王朝建立以后，就开始积极实施尊孔崇儒的政策，儒学继续成为维护统治秩序的思想工具。宋太祖赵匡胤自即位伊始就提倡儒学，重视儒臣，下令“增葺祠宇，塑绘先圣、先师之像”①。他还命令朝廷聚徒讲学，号召朝臣阅读儒家经典。宋太宗也竭力提高儒学地位，规定选拔人才“须通经义，遵周孔之礼”②，诏令国子监刻印唐代孔颖达《五经正义》颁行天下。宋真宗以后，尊孔崇儒更加突出。宋真宗先后加谥孔子为“玄圣文宣王”和“至圣文宣王”，并亲撰《至圣文宣王赞》《崇儒术论》，推崇儒学为“帝道之纲”。宋真宗还诏令国子监祭酒邢昺、孙奭等人校定《周礼》《仪礼》《公羊传》《谷梁传》《孝经》《论语》《尔雅》等七经疏义。后来，邢昺又撰《论语正义》《尔雅疏》《孝经正义》，孙奭撰《孟子正义》，合唐代《九经正义》为《十三经正义》，颁布于学校，作为法定教材。由于最高统治者的大力提倡和支持，儒学在北宋进一步得到复兴。宋代在尊孔崇儒的同时，也积

① (清)毕沅:《续资治通鉴·宋纪》。
② 《宋史·选举志》。

极提倡佛、道二教，使儒、佛、道之间不断融合渗透，最后促成了以儒为主、杂糅佛道的理学思想的诞生。理学经由周敦颐、程颐、程颢、张载的倡导与阐发，经朱熹的总结和发挥而形成较为完备的理论体系，把以儒学为主的中国传统思想文化推进到一个新的发展阶段。“宋明理学并不是对正统儒学的根本变异，而仍是属于儒学的体系。因此，宋明理学的产生也没有使传统教育发生质的变异。”[①]理学又经以后历代统治者的不断提倡，逐渐取得官方哲学地位，成为中国传统社会后期的政治统治思想。[②] 元朝皇庆二年（公元1313年），规定科举考试以朱熹所编《四书集注》取士，使《四书集注》成为科举考试的标准答案和学校教育的必备教科书，儒学也由此进一步成为学校教育的主要内容。

中国传统学校教育生态系统成熟发展的一个重要特征就是系统内部要素之间以及要素与环境之间联系更加紧密，这使得系统内一个环节的变化能很快引发其他环节的变化，表现出较强的协同性。最明显的即如学校、儒学与科举之间的密切关联。宋代出于加强中央集权的需要，在文化教育方面采取了两大重要举措，一是积极提倡儒学，二是大力发展科举。这两大举措又都极大地推动了学校教育的繁荣发展。科举制度作为中国传统学校教育生态系统沟通内外的重要环节，在宋代得到充分的发展和进一步的完善，因而有学者认为到宋代科举社会才真正形成。[③] 宋代科举考试较之唐代，放宽了身份限制，增加了录取人数，提高了及第者的地位，极大地促进了士阶层的流动，为学校教育生态系统人才的输出提供了通畅的渠道。虽然宋代曾经停罢科举，但选举人才“悉由学校升贡”，因此并未切断学校教育生态系统与社会政治之间的联系，反而通过“三舍法”将学校考试与科举考试结合起来，融养士与取士于一体，进一步促进了学校教育的发展。

中国传统学校教育生态系统形成以后，由于外部环境的变化引发系统的失稳，其后又经恢复发展，逐渐走向成熟，延续中国封建社会两千年而未发生根本性的瓦解，充分显示了系统本身旺盛的生命力。

一个事物发展至极盛之时也是其衰落的开始。中国传统学校教育生态系统自宋代开始发展成熟，此后又历经元、明、清的发展，基本保持了动态平

---

① 颜泽贤、张铁明：《教育系统论》，河南教育出版社1991年版，第186页。

② 有关理学统治地位的确立，可参见张金岭：《宋理宗与理学》，《四川大学学报》（哲学社会科学版）2001年第2期。

③ 参见刘海峰、李兵：《中国科举史》，中国出版集团、东方出版中心2004年版，第155页。

衡与稳定。鸦片战争以后，在西方列强的军事、政治、经济、文化、科技以及教育等的冲击下，学校逐步转型，儒学渐渐衰微，科举终被废除，中国传统学校教育生态系统的原有要素发生了翻天覆地的变化，原有的联系与作用方式也被彻底打破，从而发生退化，逐步演化为现代学校教育生态系统。

第三章 中国传统学校教育生态系统与社会生态系统

中国传统学校教育生态系统是官僚社会生态系统的一个分系统,既支撑着官僚社会生态系统的运行与发展,又与其诸多因子之间相互联系、相互影响、相互作用。中国官僚社会是大一统社会,自秦汉形成以后,有分有合,但"大一统"始终是人们的不懈追求,而传统学校教育生态系统则随着"大一统"的官僚社会的波动而不断调整。

一、经济与中国传统学校教育生态系统

经济是社会存在和发展的基础,也是社会生态系统中的一个分系统,是影响教育生态系统的重要生态因子。以往论及经济与教育的关系,论者多持经济本位主义观点,多关注教育服务经济增长的问题,而少有人关注经济支撑教育发展的问题。当然,不论古今中外,教育的发展离不开经济基础是客观规律。我们所要分析的则是,从教育生态系统的角度看,中国传统经济的变动究竟给中国传统学校教育生态系统带来了怎样的影响。

(一)经济投入与中国传统学校教育生态系统的发展

毋庸置疑,经济是教育发展的基础。早在春秋时期,孔子就提出庶、富、教的关系论,主张庶与富是实施教育的先决条件。元末明初文人陶安也说:

"学校之设,必先于教养;教养之具,必资于金谷。"[①]我国古代官学制度也是在经济发展形势较好、实力较强的背景下建立起来的。汉初,经济凋敝,百废待兴,国力疲弱,对于兴办教育,既无心亦无力。及至汉惠帝高后年间,社会经济才略有好转。再经文景之治,至汉武帝时,经济发展呈现繁荣景象。不论出于偶然还是必然,太学就是产生于经济繁荣时期。

就经济角度而言,教育是消费性行业而非生产性行业,因此教育事业的发展必须要有经济投入的支持。我国历代王朝政府也均对学校教育予以经济投入,投入的内容包括三个方面。

一是供应教师俸禄。自汉置太学以来,历代官学教师均为政府官吏,由政府发给俸禄。如西汉太学博士由皇帝征召或由公卿荐举社会名流充当,地位高而待遇厚,秩阶比六百石,每月官俸 60 斛[②]。至于仆射则更高,秩阶比千石,每月官俸 80 斛。唐代官员俸禄主要分为授田、赐禄、给役和俸料等,待遇也较优厚。如国子监祭酒为从三品,国子监博士为正五品上、助教为从六品上,太学与广文馆博士均为正六品上、助教为从七品上,四门馆博士为正七品上、助教为从八品上,其余如律学、书学、算学、医学等学官职衔为从八品下至从九品下不等。而据估计,唐代一名从六品京官的年俸大体和三户农民一年的收入相当。[③] 宋代以厚禄制度闻名,官学教师待遇更高。宋以后,普设地方官学,政府供养的教师日益增多,所需经济投入也不断加大。

二是供应学生廪食等。汉代太学学生分为正式生和特别生两种,正式生为公费生,享受政府俸禄。宋代给太学生发放津贴,熙宁五年(公元 1072 年),上舍生、内舍生每月津贴 1 090 文,外舍生每月津贴 850 文。后来又有所增加,崇宁三年(公元 1104 年),上舍生、内舍生每月津贴增至 1 300 文,外舍生则增至1 240 文。[④] 唐太宗"解戎衣而开学校,饰贲帛而礼儒生"[⑤],唐代宗亦提出"宜追学生在馆习业,度支给厨米"[⑥]。明代为中央和地方官学学生提供了优厚的生活条件。国子监学生的待遇主要有厚给廪饬,提供衣食并允许携带家属入学;回乡省亲,提供川资;监生结婚,提供部分费用;多加赏赐;免

---

① (明)陶安:《陶学士集》卷 15,上海古籍出版社 1987 年版,第 757 页。

② 斛是汉代量制,1 斛等于汉代 120 斤,汉代 1 斤相当于现在的 250 克。

③ 王超:《中国政治制度史》,中国政法大学出版社 1987 年版,第 531—533 页。

④ 《宋会要·职官》。

⑤ 《旧唐书·儒学列传上》。

⑥ 《新唐书·选举志上》。

除差役。[1] 对府、州、县学的廪生也免除差役，供给衣食。清朝给国子监的贡监生每月发放膏火银，冬天发烤火费，学习优秀的则给予奖励。

三是供应校舍建筑及学校日常运行等。汉以来的历代王朝多建有规模宏大的官学建筑。汉代太学建有博士宿舍和内外讲堂。汉顺帝时，太学曾大规模扩建，“凡所造构，二百四十房，千八百五十室”[2]。唐太宗时增建国学房舍至1 200间。宋代太学的规模较大，崇宁三年（公元1104年）时，太学生总数达3 800余人，校内建筑有敏求斋、时中斋、止善斋、尊贤堂等讲习场所，还有待宾吏师斋作为招待所。宋徽宗时，命人营建辟雍，外圆内方，有房屋1 872楹[3]。太学的建设规模宏大，费时很长，没有充足的经济实力难以实施。南宋太学先后经过四期扩建，历时十五年方始建成，计有20斋，规模十分宏大。明代国子监的规模更大。南京国子监“延袤十里，灯火相辉”，监内建筑有供教学用的1个正堂、6个支堂（每堂15间房，共计105间房），1座藏书楼（14间房），2 000间学生号房（宿舍），15间琉球留学生宿舍，此外，还有射圃、仓库、酱醋房、水磨房、晒麦场、菜圃和休养所等建筑。洪武十七年（公元1384年），因入学者增多，又扩建500间“外号房”，“规制之备，人文之盛，自有成均，未之尝闻也”[4]。北京国子监也占地百余亩，房屋数百间，监外还有600多间斋号。

因为政府经济投入支撑着教育的发展，所以经济投入的状况深深地影响着教育的发展状况。

经济投入充足，则教育发展较为兴盛；经济投入不足，则教育发展渐趋衰微。纵观中国历史，不乏国力强盛而兴学之举，也多有因国力颓废而导致学校凋敝的现象。汉代前期，由于统治者重视发展教育，经济投入较大，因此太学发展迅速，规模成倍增长。汉武帝时，“置弟子五十人”[5]。汉昭帝时，“增博士弟子员满百人”。至汉宣帝末年，太学学生人数已增长数倍。“元帝好儒，能通一经者皆复。数年，以用度不足，更为设员千人，郡国置‘五经’百石卒史。成帝末，或言孔子布衣养徒三千人，今天子太学弟子少；于是增弟子

① 王志民、黄新宪：《中国古代学校教育制度考略》，首都师范大学出版社1996年版，第177—178页。

② 《后汉书·儒林列传》。

③ 《说文》：“楹，柱也。”是古代房屋的计量单位，一说一列为一楹，一说一间为一楹，如“屋有三楹”。

④ （明）黄佐：《南雍志》卷1。

⑤ 《汉书·儒林传序》。

员三千人。"[1]汉平帝时，王莽建言大兴太学，其规模更为庞大。"五经博士领弟子员三百六十，六经三十博士，弟子万八百人。"[2]至东汉桓帝时，太学弟子竟达3万余人。南朝刘宋王朝国力衰败，虽振兴学校，却发展无多，继之而起的齐朝勉强维持23年，也因为国衰而两度废学。唐代贞观、开元天宝年间，国力强盛，常赐束帛给国学生徒，因之学校繁荣。然而经历安史之乱一劫，经济遭受破坏，学校教育也饱受摧残，其后虽有兴复之举，也难追兴盛之世景象。唐宪宗、懿宗时因中央财政拮据，竟列"光学钱""修学钱"等名目，抽取官僚俸禄以修造官学，教育自然难以发达。宋代兴学时，政府投入加大，官学发展迅速，特别是崇宁年间，大学生的总数达3 800人，虽不及汉代之规模，却为宋代太学的极盛时期。南宋初期，因长期战争而导致经济困难，无力兴学，直至宋金议和，方始诏建太学，但也仅置700人。明代因为经济投入充足，学生待遇优厚，中央与地方的教育规模均较大，且发展稳定。据载，明太祖洪武二十六年(公元1393年)，国子监有学生8 124人。另据《明实录》载，明神宗万历三十三年(公元1603年)，仅江西就有地方学校90余所，学生数万，童生数十万，其规模远超前代。

经济投入稳定，则教育呈现出较为稳定的发展态势；经济投入不定，则教育呈现波动起伏的发展态势。如前所述，西汉以来，历代对教育的投入多赖政府拨款或赏赐，其受制因素较多，缺乏稳定性。因此，"历代中央官学的盛衰无定，地方官学的兴废无常，大多均与办学经费的无法保证相关"[3]。汉代虽于武帝时"令天下郡国皆立学校官"[4]，平帝时令天下立官学，郡国曰学，县道邑侯国曰校，乡曰庠，聚曰序，但实际上并非常规教学学校，颇不稳定。唐自开国至天宝末的百余年间，经济发达，国力强盛，教育也呈兴旺景象，保持了持续稳定发展。然自安史之乱以后，政治混乱，"国之大事，戎马为先"，战事频繁，财政困难，官学开支难以维计，以致生徒尽散，校舍毁损。据韩愈《请复国子监生徒状》载，德宗贞元十九年(公元803年)，国学学生仅有274人。宪宗元和二年(公元807年)开始重新核定人数，东、西监总共也只有650人，仅及开元年间所定人数的四分之一。

然自学田制确立以后，教育经费保持了相对稳定，教育发展的波动起伏

---

① 《汉书·儒林传序》。

② 《太平御览》卷534《礼仪十三》引《三辅黄图》。

③ 喻本伐:《学田制:中国古代办学经费的恒定渠道》,《教育与经济》2006年第4期。

④ 《汉书·文翁传》。

较小,呈现出较为稳定的发展态势。学田之设始于南唐。朱熹《申修白鹿洞书院状》称:"南唐之时因建书院,买田以给生徒,立师以掌教导,号为国学。"①王应麟也说:"白鹿洞书院……南唐升元中,因洞建学馆,置田以给诸生,学者大集。"②此后屡置学田。北宋乾兴元年(公元1022年),"赐兖州学职田十顷以充养士费"。天圣二年(公元1024年),赐江宁府茅山书院学田。天圣七年(公元1029年),建康始建学,赐田10顷。天圣九年(公元1031年),又赐青州学州学学田30顷。景佑年间(公元1034—1037年),范仲淹奏准:凡新建州学,通常赐田5顷;凡原设州学无学田者,也均按此例补赐。由此进入普设学田时期,此间计有34所州学获赐学田。③其后,范仲淹主持庆历改革,大力兴学,旋因政治斗争而失败。王安石推行熙宁改革,奏准"朝廷选差学官州、军,发田十顷充学粮"④。由此州学普设学田。蔡京主持崇宁改革时,又为县学置学田。⑤从此,学田之设成为定制,学校获得了稳定的经费来源,教育发展亦趋于稳定。汉魏以降及至宋初,州县学校"或作或辍,不免具文"⑥。宋代三次兴学,亦有衰废,但自崇宁之后,即呈稳步发展态势。元朝也为地方儒学设置学田,"学之制小大不同,学士之版众寡不同,然莫不有土田以充储廪焉"⑦。元朝的学校体系和教育管理机构亦较为完备和稳定。明代普置学田,并建立了收支管理制度,将学田"定为三等;府学一千石,州学八百石,县学六百石,应天府学一千六百石。各设吏一人,以司出纳,师生月给廪膳米一石,教官俸如旧"⑧。形成了无地不设学、有学必有田的空前盛况,明朝地方学校的普及率也远超以往任何一个朝代。迨至清代前期,官僚政治体制虽步入暮年,但学校教育仍得到较大发展,此与学田之设不无关系。

(二)经济波动与中国传统学校教育生态系统的波动

经济投入为学校教育生态系统提供物质资料,它决定学校教育生态系统

---

① (清)毛德琦:《白鹿书院志》。

② (南宋)王应麟:《玉海》卷107。

③ 《续资治通鉴长编纪事本末》卷12。

④ 《宋会要辑稿·崇儒》。

⑤ 崇宁元年(公元1101年),《州县学敕令格式》:"乞增置田业养士。应本路常平户绝土田、物业,契勘合用数拨充。如不足,以诸色系者官田宅、物业补足。"

⑥ 《文献通考·学校考》。

⑦ 《至元嘉禾志》卷16《复学田记》。

⑧ 《钦定续文献通考》卷50。

能够容纳的教育者与受教育者的数量,直接影响着教育的规模与普及程度。对这个问题的研究是一种近观研究。如果我们进一步拉长视野,探讨经济发展的整体发展形势与教育发展之间的关联,则有助于我们深刻把握学校教育生态系统的周围环境对其存在与发展所产生的影响。

中国传统社会里,"社会经济在其整个发展过程中经历过几次巨大的经济波动,从而形成了几个盛衰起伏的自然段落。这几个段落大体上可分为:秦汉到三国时期、魏晋南北朝时期、隋唐五代时期、两宋时期、辽金元时期、明至鸦片战争时期"①。这几个阶段的经济波动曲线为:秦汉至三国经历的三次剧烈的波动,魏晋南北朝时期大破坏和大混乱,隋唐五代时期反复波动,宋代局部波动,元代大倒退,明清两代小幅波动。② 中国传统社会经济的波动曲线与中国传统学校教育生态系统的波动曲线大致相似,两者如影随形。

姜国钧认为,"在自给自足的农业社会,由灾害和战争所造成的经济波动总是带来人口的波动"。他依据中国古代人口数量统计勾勒出了人口发展势态图,并将教育名人数曲线与人口势态图相叠合,发现经济和人口增长曲线与教育名人曲线同步波动,二者有显著的正相关。③ 我们从具体的历史阶段性考察中也可以发现:经济的兴盛能够带动教育的发达,经济的衰退也会引发教育的废退。

中国传统学校教育生态系统形成于经济发展的繁荣时期。秦末汉初,经济全面崩溃。经过二三十年的休养生息,出现了文景之治的勃勃生机,再至汉武帝时呈现隆盛气象。惟有在此基础上,才有儒学独尊、察举制的建立和太学之设,以及此后的郡国学的创办。武帝以后,经济发展的繁荣态势基本维持至西汉末年。西汉学校教育之发展虽不太稳定,也无太大起伏。王莽执政之后,出现了巨大的经济波动,原有的社会经济上升曲线一落千丈,全盘陷于崩溃。"人民常苦枯旱,亡有平岁……北边及青、徐地人相食,雒阳以东米石二千。莽遣三公将军开东方诸仓振贷穷乏,又分遣大夫谒者教民煮木为酪;酪不可食,重为烦扰。流民入关者数十万人……饥死者什七八"④。此次波动延及东汉初年,直至汉明帝永平年间(公元58—75年),随着社会秩序的安定,社会经济才呈回升趋势。经济的回升也仅是在废墟上的发展,不可能

① 傅筑夫:《中国封建社会经济史》(第一卷),人民出版社1984年版,第1页。
② 傅筑夫:《中国古代经济史概论》,中国社会科学出版社1981年版,第116—146页。
③ 姜国钧:《中国教育周期论》,北京大学出版社2005年版,第147—148页。
④ 《汉书·食货志》。

再回复到兴盛时的发达水平。因此，东汉初年虽有光武帝“爱好经术”，隆幸太学，形成“诸生横巷”之盛况，汉明帝时太学达至高峰，但这也仅是一时之况。此后，学校教育生态系统即处衰微之势。《后汉书·儒林传序》载：“邓后称制，学者颇懈……自安帝览政，薄于艺文，博士依席不讲，朋徒相视怠散，学舍颓敝，鞠为园蔬，牧儿荛竖，至于薪刈其下。”

东汉末年，社会经济又开始走下坡路，各种战乱频繁发生，灾荒疾病随之而起且一次比一次严重，至汉献帝建安末年，整个社会经济破坏殆尽。这一次的经济波动至西晋初年才宣告结束，历时约半世纪之久，短暂的繁荣出现了，但也为时不过三十年，仅如昙花一现，国家又陷入了空前的大分裂、大混乱和大破坏时期。社会经济也遭遇了空前的大破坏，陷入了大混乱之中。长期的动乱和经济的混乱，影响了学校教育的正常秩序。魏晋南北朝承袭了东汉教育衰败之势，学校废置无常，官学数量减少，总体衰落，呈现出“时兴时废、若有若无”的状态。

隋亦如秦，统一中国后，对外频繁用兵，东伐高丽，西征西域；对内横征暴敛，大兴土木，修造运河。终隋一代，役烦赋重，民怨沸腾，战事又起，于是再又陷入大混乱与大破坏之中。“昔隋末丧乱，百姓凋敝，酷法淫刑，役烦赋重。农夫释耒，工女下机。征召百端，寇盗蜂起。人怀怨愤，各不聊生，水火之切，未足为喻。”[①]但隋代的教育却与经济发展的步调不一致了，隋代虽仅存37年，却有力地促进了教育的发达。究其原因，实为政治影响之结果。这说明，教育的兴衰，并不单纯取决于某一个影响因子，它是诸多因子综合影响的结果。

“唐代前期，包括自太宗贞观六、七年以后至玄宗天宝十三载以前约一百二十年左右的一段时间，在这一段长时间内，是唐代社会经济的最繁荣时期。”[②]《新唐书》载称：“贞观初，户不及三百万，绢一匹，易米一斗。至四年，米斗四五钱，外户不闭者数月，马牛被野，人行数千里不赍粮，民物蕃息，四夷降附者百二十万人。是岁，天下断狱，死罪者二十九人，号称太平。”[③]开元年间更是繁荣。“开元初，上励精理道，铲革讹弊，不六七年，天下大治，河清海晏，物殷俗阜。安西诸国，悉平为郡县。自开远门西行，亘地万余里，入河湟之赋税。左右藏库，财物山积，不可胜校。四方丰稔，百姓殷富。管户一千余

① 《全唐文》卷10《存问并州父老玺书》。

② 傅筑夫：《中国封建社会经济史》(第四卷)，人民出版社1986年版，第542页。

③ 《新唐书·食货志》。

万,米一斗三四文。丁壮之人,不识兵器。路不拾遗,行者不囊粮。……重驿麇至,人情欣欣然。”[①]经济的繁荣也促进了教育的较快发展。唐代建立了中央和地方分级管理的教育行政体制,形成了一系列教学管理制度,学校的类型多样化,分布面扩大。唐代的学校教育,整体处于繁荣发达状态,“较诸中古的任何一代,复杂而完备”[②]。

天宝十三载(公元740年),长达百余年的经济增长曲线的上升趋势达至顶峰,突然间,“渔阳鼙鼓动地来”,“安史之乱”爆发了,中国再次被推入大动荡、大混乱之中。安史之乱平定后,又逢愈演愈烈的藩镇割据和不断涌现的叛乱。随之,灾荒疾疫席卷而至,终唐之世,未曾好转。继唐而起的五代又都是短命王朝,总共历时不过53年,却是走马灯式的王朝更迭,仍是一个大分裂、大动荡的时期,“把社会经济破坏到荡然无存,连人类自身也被屠戮殆尽”[③]。在这样的背景下,学校教育焉能不败。唐代宗永泰二年(公元766年),国子祭酒萧昕建言“崇儒尚学,以正风教”后,代宗在诏书中曾描述了当时学校衰废的惨状,其曰:“顷以戎狄多虞,急于经略,太学空设,诸生盖寡;弦诵之地,寂寥无声;函丈之间,殆将不扫,上庠及此,甚用闵焉。”[④]五代十国时期学校更是衰废,仅后唐教育较有规模,有国子监生200人,但监生并不认真读书,只是挂名候选混资历。后来国子监规定补选监生时须纳束修二千钱,及第后又须纳光学钱一千以作国子监经费,因此不少人不愿就读。

由唐中后期开始的大混乱经五代十国至宋初实现统一后方才终止。北宋是经济高涨时期,国民经济始终沿着一条曲线上升发展,这是“战国以后国民经济的又一次起飞时代”。这一时代,“把全国各个经济区——包括原来不发达的经济区,密切地交织在国民经济的整体之中,使之普遍地得到了发展。尤其是组成国民经济体系的各个部门包括农业、手工业、国内商业和对外贸易等等,都在向前所未有的高峰迈进”[⑤]。但是北宋的繁荣由于金兵的南下而突然中断。金灭北宋,统治了中国的北半部,但北方却是荒草千里,烟火断绝,经济不振。与此相反,宋室南渡,却保持了经济上的繁荣和兴旺。因此说,宋代经济发展是局部波动。宋代教育承袭唐制继续发展,学校的设立更

---

① (唐)郑綮:《开天传信记》。

② 周予同:《中国学校制度》,上海商务印书馆1933年版,第56页。

③ 傅筑夫:《中国封建社会经济史》(第五卷),人民出版社1986年版,第1页。

④ 《旧唐书·代宗本纪》。

⑤ 傅筑夫:《中国封建社会经济史》(第五卷),人民出版社1989年版,第1页。

加普遍，种类更多，并兴起了三次兴学运动。而北方的辽国教育则是惨淡经营，直至后期才逐步建立起本朝教育制度，发展缓慢。金国效法唐、宋，逐步建立起较为完整的官学体系和相应的教育制度，较之南宋，则显落后。

南宋末年，江南的繁荣又因蒙古人的入侵戛然而止，南宋灭亡，元朝建立。元朝虽仅维持了162年，但其破坏力度很大，这是社会经济的大倒退时期，也是中国历史文化的一个大倒退时期。元朝的经济波动，是中国传统经济的最后一次巨大波动。就中国传统教育而言，元朝时虽呈民族融合之势，但就纵向而言则是一个低潮时期。明太祖朱元璋就曾指出："学校之教，至元其弊极矣。上下之间，波颓风靡，学校虽设，名存实亡。"①

明清时期，经济发展基本处于平缓上升趋势，虽也不断有各种灾祸，但仅引起了经济发展的微小波动和动荡，幅度不大，没有造成经济的全面崩溃。而这一时期的学校教育也基本处于稳步发展态势之中。明代教育得到了很大的发展，普及程度为"唐、宋以来所不及"，形成了比较完备的教育网络，并在前代基础上有所创新。清代前期的学校教育虽有波动，但在"兴文教，崇经术，以开太平"②的政策指导下，广泛设立各类学校，学校教育获得了较大的发展，并于乾隆年间达到鼎盛。

二、政治与中国传统学校教育生态系统

政治与教育都是社会大生态系统中的分系统，两者之间既相互联系、相互影响，又相互独立，各有其独特的活动规律和运行原则，各自承担并履行着不同的社会职责。作为中国传统社会国家政治指导思想的儒家学说十分重视教育与政治的关系，有着许多精当的论述。孔子视教育为立国、治国的三大要素之一，提出"庶、富、教"的重要思想。孟子则讲得更为明确，他说："善政，民畏之。善教，民爱之。善政得民财，善教得民心。"③荀子认为，"政教习俗，相顺而后行"④。此后，历代儒家学者论及教育多以政治为导向，以为教育的发展乃出于政治的需要。由此可见，在儒学的影响下，中国传统学校教育生态系统的发展必受政治掣肘颇多。

---

① 《明史·选举志》。
② 《清史稿·世祖本纪》。
③ 《孟子·尽心上》。
④ 《荀子·大略》。

我国自进入文明社会以来,政治始终处于不断变化的状态之中。作为社会大生态系统中的一个重要因子,政治的变化对教育生态系统形成了一定的冲击和干扰,这种冲击和干扰迫使教育生态系统不断调整自己以维持固有的稳定性。一旦教育生态系统的自我调整仍然不能适应变化了的政治,就会发生结构性的瓦解,走向新系统的建立。纵观中国历史,传统社会政治的变化对传统学校教育生态系统的发展产生了十分重要的影响,可以说决定了传统学校教育生态系统的兴与衰,但并未能使其结构发生彻底瓦解而建立起新的结构。

一般而言,政治的变化主要是指政治的稳定形态发生了变化。政治的稳定形态包括两个方面:政治生活的秩序性和政治制度的连续性。政治生活的秩序性是指国家的政治生活保持整体上的平稳有序,不存在大范围的暴力和动乱。政治制度的连续性是指国家的政治制度保持整体上的一贯性,不发生根本性的调整和转变。基于此,中国传统政治的变化也包括两个方面:一是政治生活的秩序发生改变,这种改变主要表现为由战争等暴力事件所引发的王朝更替;一是政治制度的连续性发生改变,这种改变主要表现为由统治阶层所发起的政治变革。

(一)王朝更替与中国传统学校教育生态系统

秦汉以后的中国传统社会政治史是王朝政权交替兴衰的历史,频繁的王朝更迭是历时两千多年的中国传统社会的一个基本特征。据统计,自公元前221年秦王朝实现大一统到1911年清王朝灭亡,中国历史上先后共存在过62个正式王朝,平均每个王朝的统治时间为60年左右。自西汉之后,东汉、唐、北宋、明、清等王朝统治的时代,都是大体能够实现社会稳定、创造文化辉煌的时代,存在时间分别都在200年左右,其中统治时间最长的为唐朝,为289年。[①] 相比之下,欧洲历史中的王朝更替就相对较少,一般能维持四五百年,有的甚至能延续六七百年。

引发中国传统社会王朝兴衰更替的导火索往往是战争,主要包括农民起义和农民战争、内乱以及外族入侵等。中国历史上的农民起义和农民战争次数之多、规模之大“是世界历史上所仅见的”[②]。历代王朝的中晚期总伴有较大规模的农民起义,如秦朝末年的陈胜、吴广,西汉末年的绿林、赤眉,唐之黄

① 王子今:《中国古代王朝盛衰兴亡的“周期率”》,《理论学刊》2002年第1期。

② 毛泽东:《中国革命和中国共产党》,《毛泽东选集》第二卷,人民出版社1991年版,第625页。

巢，明末的李自成、张献忠等。秦汉以后，大大小小的农民起义和农民战争可达上千次，成为一道引人注目的景观。翦伯赞曾对农民起义和农民战争的次数作了比较系统的统计：东汉从安帝时到黄巾起义，农民暴动40余次；隋朝自大业七年（公元611年）至隋亡，出现农民领袖共有130多人；南宋时农民暴动多至150余次；元初仅江南的农民暴动就有600多处；明代自洪武至崇祯，历朝都有农民暴动，据《明实录》的记载约有300至400次；清代自初期至太平天国年间，大约也有300至400次农民暴动。关于农民起义和农民战争的规模，翦伯赞认为："其人数动辄数万、数十万乃至百万以上。""例如在秦末……仅陈涉所遣周章一军，即有兵十万""东汉末，黄巾置三十六方，大方万余人，小方六七千，徒众数万，连结郡国，自青、徐、幽、冀、荆、扬、兖、豫八州之人，莫不毕应""隋末农民暴动的集团，少者数万，多者数十万，总计当有几百万人""唐末黄巢领导的农民军，当其由广州北伐，进逼江陵时，众至五十万人""元末参加暴动的农民，其数当亦百万计"，明末"李自成步兵四十万、马兵六十万，败退武昌时，尚有五十余万人"，张献忠亦拥众数十万，"太平天国的革命军曾经历十六省，占领过六百余城，历时十五年"。[①]

内乱主要指除农民起义和农民战争以外的统治阶层内部发起的战争，如晋时"八王之乱"、唐末"安史之乱"等。而据《中国历代天灾人祸表》，内乱包括农民起义和农民战争、统治阶层内部发起的战争，甚至还包括部分外族入侵的战争。[②] 虽然这与我们的认识不完全一致，却能为我们了解中国传统社会的内乱及社会政治状态提供基本情况。据该书统计，自秦至清两千多年的历史间，中国社会共发生内乱4 714次，平均每年爆发内乱2.2次（各时代内乱次数统计见表2）。[③] 若加上外患，则中国历史上所发生的战争数量更多，频度更高。

表2　中国历代内乱次数统计表

时代	秦汉	后汉三国	晋	南北朝	隋唐	五代	宋	元	明	清
次数	200	402	185	167	974	319	356	620	841	650

① 翦伯赞：《中国古代的农民战争》，《学习》1951年第3卷第10期。

② 陈高傭等编：《中国历代天灾人祸表》，上海书店1986年版。

③ 该书为统计战争频度，以10年为一个周期，故秦朝自公元前246年开始统计，清朝统计至1913年；内乱次数统计方法为双方每交锋一次为一个标准单位，因此有的战争因延续时间长、交锋次数多而被计为多次，如晋武帝咸和三年陶侃击败苏峤与咸和四年击败苏逸原是一场战事，然而实际交锋2次，故计为内乱2次。

“战争是政治的继续”。“政治是不流血的战争,战争是流血的政治。”[①]“流血的政治”对社会有着极大的破坏力。马克思说:“在亚洲……一次毁灭性的战争就既使一个国家在几百年内人烟萧条,并且使它失去自己的全部文明。”[②]大规模的“流血的政治”对中国传统学校教育生态系统产生了相当大的冲击和干扰。一方面,战争破坏了学校教育所需的宁静的社会生态环境,中国历史上的战争往往与天灾、经济凋敝纠结在一起,常常是大战之后,必有天灾,随之而产生的就是经济的急剧衰退,由此使政府无暇亦无力顾及教育。另一方面,战争之中,野蛮兵士直接冲击学校,或毁学坏舍,或干脆驻营学舍,使学校师生四处流散,学校教育生态系统规模缩小,质量下降,有时甚至处于瘫痪状态。历代于此均有很多相关记载。

西汉末年,“昔王莽、更始之际,天下散乱,礼乐分崩,典文残落。……四方学士多怀协图书,遁逃林薮”[③]。

东汉献帝兴平二年(公元195年),“冬十月戊戌,郭汜使其将伍习夜烧所幸学舍,逼胁乘舆”[④]。

“汉氏承秦燔书,大弘儒训,太学生徒,动以万数,郡国黉舍,悉皆充满。学于山泽者,至或就为列肆,其盛也如是。汉末丧乱,其道遂衰。魏正始以后,仍尚玄虚之学,为儒者盖寡。时荀抃、挚虞之徒,虽删定新礼,改官职,未能易俗移风。自是中原横溃,衣冠殄尽;江左草创,日不暇给;以迄于宋、齐。国学时或开置,而劝课未博,建之不及十年,盖取文具,废之多历世祀,其弃也忽诸。乡里莫或开馆,公卿罕通经术。朝廷大儒,独学而弗肯养众;后生孤陋,拥经而无所讲习。三德六艺,其废久矣。”[⑤]

西晋怀帝永嘉初,“(王)弥、(刘)聪以万骑至京城,焚二学”[⑥]。

东晋苏峻叛乱,使学校毁坏殆尽。丧乱之后,国子祭酒袁瑰上奏说:“畴昔皇运陵替,丧乱屡臻,儒林之教渐颓,庠序之礼有阙,国学索然,坟籍莫启,有心之徒抱志无由。”[⑦]奏请兴立国学,获准。但永和八年(公元352年)又因军兴而学废。频繁的战乱使东晋官学日渐荒废。

---

① 毛泽东:《论持久战》,《毛泽东选集》第二卷,人民出版社1991年版,第469页。

② 《不列颠在印度的统治》,《马克思恩格斯选集》第二卷,人民出版社1972年版,第64页。

③ 《后汉书·儒林列传》。

④ 《后汉书·孝献帝纪》。

⑤ 《梁书·儒林列传》。

⑥ 《晋书·王弥传》。

⑦ 《晋书·袁瑰传》。

南朝宋武帝于永初三年(公元 422 年)说:"自昔多故,戎马在郊,旌旗卷舒,日不暇给。遂令学校荒废,讲诵蔑闻,军旅日陈,俎豆藏器,训诱之风,将坠于地。"①

北魏孝庄帝、节闵帝、孝武帝时期,"海内淆乱,四方校学,所存无几"②。

隋末,"既而外事四夷,戎马不息,师徒怠散,盗贼群起,礼义不足以防君子,刑罚不足以威小人,空有建学之名,而无弘道之实。其风渐坠,以至灭亡,方领矩步之徒,亦多转死沟壑。凡有经籍,自此皆湮没于煨尘矣"③。

唐末,安史之乱后,国运转衰,"自至德后,兵革未息,国学生不能廪食,生徒尽散,堂墉颓坏,常借兵健居止"④。

五代,"多有未曾受业辄取解送者。往往乱离之际,其居学者亦皆苟贱冒滥之士耳"⑤。

宋末,"大军入城,平章阿珠占据明道书院,军士舁弃圣像野中。"句容县学"颇废于兵火"。⑥

元末,"学校之教,至元其弊极矣。上下之间,波颓风靡,学校虽设,名存实亡。兵变以来,人习战争,惟知干戈,莫识俎豆"⑦。

明末,"顺治七年,平靖两藩克复广州,驻兵城内,学宫庑舍混居兵弁,两楹之间至以牧马"⑧。

清末,太平天国运动中"……焚郴州之学宫,毁宣圣之木主,十哲两庑,狼籍满地"⑨。

战争对中国传统学校教育生态系统具有极强的破坏力,有时甚至使官学完全荒废。私学虽亦受破坏,但某种程度上却因官学之衰而渐处兴盛之势。究其原因,实为许多官学教师以及政府官吏为躲避战乱,隐居山野,设学授徒,传播文教。因此,战争始终未能将中国传统学校教育生态系统彻底瓦解。即使是官学遭到破坏甚至停废,但因其有着强大的修复能力而又能重新建立

① 《宋书·武帝本纪下》。
② 《北史·儒林传序》。
③ 《隋书·儒林列传》。
④ 《新唐书·礼仪志》。
⑤ 《文献通考·学校考》。
⑥ 《至正金陵新志》卷 9《学校志》。
⑦ 《明史·选举志》。
⑧ (清)阮元等修、陈昌齐等纂:《广东通志》卷 137《建置略·学校一》,商务印书馆 1934 年版,第 2611 页。
⑨ (清)曾国藩:《曾文正公全集·文集》卷 3《讨粤匪檄》。

并延续发展。中国传统学校教育生态系统的这种修复能力多来自战争所引发的王朝更替。

一般而言，战乱之后王朝初定，统治者出于长远统治的考虑，普遍重视文教事业。东汉光武帝于治平之后，“干戈稍戢，专事经学，自是其风世笃焉。其服儒衣，称先王，游庠序，聚横塾者，盖布之于邦域矣。若乃经生所处，不远万里之路，精庐暂建，赢粮动有千百，其耆名高义开门受徒者，编牒不下万人，皆专相传祖，莫或讹杂”[①]。“安史之乱”结束后，广德二年（公元764年），唐代宗下诏：“古者设太学，教胄子，虽年谷不登，兵革或动，而俎豆之事不废。顷年戎车屡驾，诸生辍讲，宜追学生在馆习业，度支给厨米。”[②]并采纳国子祭酒萧昕的建议，重修国子监，补充国学生。宪宗元和年间，又重振中央官学。宋初虽未大规模兴学，但实行“重文”政策，尊孔崇儒，恢复与大力发展科举，太祖临幸太学等举措均为学校教育生态系统的恢复与发展提供了良好的条件，及至以后的三次兴学运动更是促进了教育的大力发展。宋室南迁，局势甫平，即设学兴教。“建炎初，即行在置子监，立博士二员，以随幸之士三十六人为监生。”[③]并且很快就恢复了科举。明清两朝也都在建国后于很短的时间内就立学兴教。明初则“嗣世承平，文教特盛”。清初刚定都北京，就开始修建学舍。“世祖定鼎燕京，修葺明北监为太学。顺治元年，置祭酒、司业及监丞、博士、助教、学正、学录、典簿等官。设六堂为讲习之所，曰：率性、修道、诚心、正义、崇志、广业。一仍明旧。”[④]因此，中国传统学校教育生态系统往往随王朝的兴衰更替而跌宕起伏，但始终延续不辍。

中国传统社会的王朝更替更有一种特例现象，即非为汉民族内部力量起而代之，而为外民族侵入后取而代之，建国称帝。自夏建国至西晋覆亡的2 300多年里，中原乃汉族之天下，是汉文化亦即以儒学为主的中国传统文化覆盖的区域。然而自晋以后，汉族区域先后三次为外族入侵并统治。第一次是五胡十六国时期，计有匈奴、鲜卑、羯、氐、羌等民族在北方建立了政权。第二次是契丹建立的辽政权、女真建立的金政权、蒙古族建立的元政权。第三次是满族建立的清政权。就文明程度而言，这三次外族入侵建立的政权不仅仅是不同文明之间的碰撞，更是落后文明对发达文明的冲击。这种冲击能够

---

① 《后汉书·儒林列传》。

② 《新唐书·选举志》。

③ 《宋史·选举志》。

④ 《清史稿·选举志》。

毁损、取代或者同化中国传统学校教育生态系统吗？恰恰相反，冲击的结果是汉文化同化了外族文化，中国传统学校教育生态系统虽受冲击，或遭破坏，却并未中断，而且又重新恢复并逐渐扩大了其所覆盖的区域范围。

西晋灭亡以后，各少数民族仰慕中原汉族的先进文化，把推崇儒术、兴立学校作为加快自身发展的重要举措。前赵刘曜立太学于长乐宫东，立小学于未央宫西，并置国子祭酒和崇文祭酒。[①] 后赵石勒得襄国后，于其四门建立宣文、宣教、崇儒、崇训等十余所小学。前燕、后燕、南燕亦都重视教育。前秦的历代统治者均崇教设学，苻坚广修学宫，倡导儒学。后秦的教育较为发达。北朝时则以北魏教育最为兴盛。魏道武帝拓拔圭“初定中原，虽日不暇给，始建都邑，便以经术为先，立太学，置五经博士生员千有余人”[②]。北魏时期采取崇儒政策，培养儒士，建立起包括太学、国子学、四门小学、皇宗学、律学、算学等在内的中央官学教育体制，形成了学校教育生态系统的基本形态。

辽、金、元为增强本民族的实力，发展先进文化，都大力推行“汉化”的文教政策，尊孔崇儒，恢复设立各级各类学校，并建立了本民族的学校教育生态系统。因此，这一时期的学校教育基本为双轨制，一轨为本民族之教育，一轨为汉民族之教育。汉族之教育则仍以“四书”“五经”等儒家经典为教育内容。此外，辽、金、元也都建立了科举制度，不但本民族子弟逐渐参加科举考试，而且至金朝还建立了本民族的科举考试制度。如金世宗大定十一年（公元1171年），金王朝创立了女真进士科。元朝也为蒙古人、色目人单独设立了科举考试制度，建立起了相应的学校教育生态系统，这些都是中国传统学校教育生态系统的组成部分。

至于清朝，汉化色彩更为浓厚。早在汉时，辽东地区就已经接受到了汉文化的熏陶。满清入关以前，已经开始仿效汉族的文物典章。入关以后，唯恐汉族人民视他们为异族，更是加速汉化进程，在教育方面则是因袭明朝，史称：“有清学校，向沿明制。”[③]从而保证了中国传统学校教育生态系统的连续性与稳定性。

---

① 《晋书·载记》。
② 《魏书·儒林传序》。
③ 《清史稿·选举志》。

（二）政治变革与中国传统学校教育生态系统

1. 政治改革中的中国传统学校教育生态系统的发展

由战争引发的政治生活秩序的改变，是一种自下而上、由外而内引发的政治变化，这是一种被动性发生的变化。而由改革引发的政治制度连续性的改变，则是一种自上而下、由内而外的政治变化，这是一种主动性的变化。中国传统社会的改革多称变法，即变更法制。

改革是社会发展的强大动力，中国历代王朝在面对各种社会问题时，为巩固和加强统治，常常会发动改革运动。龚自珍说："自古及今，法无不改，势无不积，事例无不变迁，风气无不移易。"①中国的文明历史，其实就是一部前赴后继的改革发展史。秦汉以来的中国传统社会，有案可稽的改革即有数百次。其中一些改革也确实取得了一定的成效，如西汉文帝、景帝和武帝的改革，唐代太宗、武则天和玄宗的改革等，这些改革均为汉唐王朝维持数百年的统治奠定了基础。

总体而言，社会改革包括政治、经济和文化等方面，但归根结底均属政治现象，都是政治变革。中国传统社会的政治变革多为政治与经济方面的，文化变革相对较少，而直接影响教育的变革则更少。然而，只要这些改革涉及教育，其所产生的影响都是巨大的，对中国传统学校教育生态系统的形成与发展具有重大意义。汉武帝的改革和宋代的三次改革中，都把教育改革作为重要内容，并且都对中国传统学校教育生态系统的发展产生历史性的影响。

汉武帝的改革使中国传统教育的中央官学的发展走向制度化，标志着中国传统学校教育生态系统的初步形成（第一章已论及，此不赘述）。宋代的三次改革使中国传统教育的地方官学制度进一步完善和定型，促进了中国传统学校教育生态系统的全面协调发展。

庆历新政中的兴学是中国历史上第一次由政府主持的全国性大规模的兴学运动，其时间虽短，但开创了北宋教育变革的新时代，"诏令州县皆立学"，掀起了全国各地普遍办学的热潮，促进了宋代官学的大发展，为宋代官学教育体系的建立和完善奠定了良好的基础。袁燮说："国朝庠序之设，遍于海内自庆历始。……兴学之后，虽陋邦小邑亦弦诵相闻。"②

---

① （清）龚自珍：《上大学士书》，《龚自珍全集》，上海人民出版社 1975 年版，第 319 页。

② （清）袁燮：《絜斋集 · 四明教授厅续壁记》。

庆历兴学虽然很快就失败了，但是为其后的熙宁、崇宁兴学积累了经验，提供了范本。熙宁改革中，在中央创立太学“三舍法”；在地方“诏置京东、西，河东、北，陕西五路学，以陆佃等为诸州学官。仍令中书采访，逐路有经术行谊者各三五人，虽未仕亦给簿尉俸，使权教授他路州军。……州给田十顷为学粮，仍置小学教授”①。从师资和经费这两个最基本的办学条件方面保证了州学的发展。熙宁六年（公元1073年），又诏令诸路学官均由“中书门下选差京朝官选人或举充”②。翌年规定一切学校事务皆由学官全权负责，地方其他官员不得擅自干预，从而逐步赋予了地方教育行政的相对独立权。

崇宁兴学恢复和发展了熙宁兴学的某些措施，并进一步改进，令天下州县并置学，配给学田，保障官学的办学经费；规定县学生考选升州学，州学生每三年根据考试成绩升入太学不同的斋舍，建立了县学、州学、太学三级相联系的学制系统，使传统学校教育生态系统内部的联系更加频繁和密切，并对元、明、清产生了深远影响。此外，崇宁二年（公元1103年），在诸路置提举学事司，“掌一路州县学政，岁巡所部以察师儒之优劣、生员之勤惰，而专举刺之事”③。提举学事司的建立标志着地方专门教育行政管理机构的正式建立，进一步推进了中国传统学校教育生态系统的发展。

宋代三次兴学，虽然前两次均以失败而告终，但是揭开了宋代教育改革的大幕，唤起了人们的办学热情，将宋朝教育事业的发展向前推进了一大步。崇宁兴学则在前两次兴学的基础上进一步前行，其声势与规模更大，效果也更明显，大大地促进了宋代教育特别是地方官学的发展，从而也使中国传统学校教育生态系统更加平衡与稳定。

2. 统治者的教育态度与中国传统学校教育生态系统的发展

除政治改革以外，还有一种政治变革对传统学校教育生态系统具有决定性作用，那就是统治者对待教育的态度。从中国传统学校教育生态系统的发展过程来看，举凡社会稳定，经济发达，统治者重视教育，则学校教育生态系统保持平衡与稳定，并呈蓬勃发展之势。我国历代王朝中均不乏重视教育的国君，他们深受“国将兴，必贵师而重傅”和“建国君民，教学为先”思想的影响，从维护和巩固政治统治的基本点出发，以“人才为政事之本”，主张大力兴学，培育经邦治国之才，教化人民。

---

① 《文献通考·学校考》。

② 《宋会要辑稿·崇儒二之五》。

③ 《宋史·职官志》。

其实，中国传统学校教育生态系统就是在统治者的直接关心下建立起来的。汉武帝对教育颇为热心，他采纳了董仲舒的建议，“兴太学，置明师”，又诏令郡国效仿蜀郡太守文翁之法“皆立学校官”。此后，太学的发展同样取决于统治者的好恶态度。汉武帝初置太学，生员仅50人，历经昭帝、宣帝的发展，也仅增至200人。汉元帝对教育十分热心，史称“元帝好儒……更为设员千人”①，太学生员一下子增至1 000人；元帝还在各郡国设置五经百石卒史，管理地方官学。汉成帝又认为孔子以布衣竟培养生徒3 000人，相形之下，太学弟子数量太少，于是也增至3 000人。汉平帝时，王莽实际掌握了政权，他出于政治目的对教育十分重视，一方面起明堂、建辟雍、建太学校舍万区，另一方面诏令郡国以下的各级行政单位都要设立学校。

中国传统学校教育生态系统在西汉末年由于受到战乱的冲击而衰落。东汉甫立，光武帝与汉明帝均极重视教育。“光武中兴，爱好经术，未及下车，而先访儒雅，采求阙文，补缀漏逸”②，使四方学士云会京师。建武五年（公元29年），光武帝“乃修起太学”，从而形成了“起太学博士舍，内外讲堂，诸生横巷”③的盛况。汉明帝更加重视教育，他推崇儒术，通《春秋》与《尚书》，并多次亲临太学讲经，并且建成了明堂、辟雍和灵台，后人论及其时的教育，赞之：“济济乎，洋洋乎，盛于永平矣！”④

唐太宗时期是中国传统学校教育生态系统发展的一个高潮时期。唐太宗大力发展教育事业，加强管理和领导，令孔颖达编撰《五经正义》作为教材，加强文化交融，促进教育的繁荣发展。“是时四方儒士，多抱负典籍，云会京师。”又有四邻诸国及吐蕃贵族子弟请入国学，使内外诸生，鼓箧而升讲筵者，至8 000余人，“济济洋洋焉，儒学之盛，古昔未之有也”⑤。

宋代国力由盛而衰，但其学校制度之完善、类型之齐全、规模之宏大，都超过前代历朝，这源自其重文抑武的文教政策，更是宋代诸帝尊孔崇儒推动教育发展的结果。再如元代教育于世祖忽必烈时期开始兴盛，这与忽必烈对教育的重视不无关系。早在中统二年（公元1261年）六月，元军刚入中原，忽必烈就下令保护学校，禁止军队和官员侵扰，违者加罪。八月，即诏令：“诸路

---

① 《汉书·儒林传》。
② 《后汉书·儒林列传》。
③ 《后汉书·翟酺传》。
④ 《后汉书·儒林列传》。
⑤ 《旧唐书·儒学列传序》。

学校久废，无以作成人才，今拟选博学洽闻之士以教之，凡诸生进修者，仍选高业儒生教授，严加训诲，务使成才，以便他日选擢之用。”[①]其后，又陆续设提举学校及教授官，置京师蒙古国子学、诸路蒙古字学、回回国子学、诸路医学、诸路阴阳学等，从中央到地方建立起了较为完备的官学体系和教育管理机构。

明太祖朱元璋对学校教育特别重视，他在天下统一之前就设立了国子学，统一之后迅即诏令全国府州县皆置儒学。因此，明初不到十年间，全国各地学校林立，呈现出一派繁荣景象。史称：“盖无地而不设之学，无人而不纳之教，庠声序音，重规叠矩，无间于下邑荒徼、山陬海涯，此即明代学校之盛，唐宋以来所不及也。”[②]不仅如此，明代还大力发展科举制度，各级官员任用，多以科举出身为依据，“使中外文臣皆由科举而进，非科举者勿得与官”[③]。同时还规定“科举必由学校”，使学校、科举、政治之间的关系更为密切，使传统学校教育系统的结构更加鲜明。清代前期，统治者因袭明制，竭力提倡程朱理学，并将之定为官方哲学，同时广兴学校，建起完整的学校体系，各种类型的学校数量发展较快。

若是社会动荡不安，则经济衰退，统治者重视教育，虽然社会生态环境遭受破坏，学校教育生态系统仍能在一定程度上保持稳定。如汉末董卓乱后，天下分崩，军阀割据，几经争斗，终成三国鼎立之势。三国之中，以魏对教育最为重视。早在东汉建安八年（公元203年），曹操即发布命令兴办教育，其曰：“丧乱已来，十有五年，后生者不见仁义礼让之风，吾甚伤之。其令郡国各修文学，县满五百户置校官，选其乡之俊造而教学之，庶几先王之道不废，而有以益于天下。”[④]魏立国以后，诸帝均重兴学立教。魏文帝下令“扫除太学之灰炭，补旧石碑之阙坏；备博士之员录，依汉甲、乙以考课。申告州郡，有欲学者，皆遣诣太学”[⑤]。魏文帝时又制定了“五经课试法”，统一了学校教育与官员的选拔考试。魏明帝、齐王也都崇儒兴学，认为“尊儒贵学，王教之本也”[⑥]，并时有临幸太学、祭祀孔子，表彰教学。因此，虽然三国分立，社会动

---

① 《新元史·选举志》。
② 《明史·选举志》。
③ 《明史·选举志》。
④ 《三国志·魏书·武帝纪》。
⑤ 《三国志·魏书·王肃传》。
⑥ 《三国志·魏书·明帝纪》。

荡不安，但在曹魏统治的六十余年间，官学仍较兴旺，呈增长发达之势，其太学生员由黄初年间的数百人增至景元年间的3 000人。

如果统治者不重视教育，甚至对教育持否定态度，则不论社会是否稳定，经济是否发达，学校教育生态系统均处失衡状态。隋文帝于此堪称典范，可谓兴也由斯、衰也由斯。他早年对学校教育相当重视，“诏天下劝学行礼”①，颇有建树，不仅在中央和地方广泛建立了学校，形成了相当可观的规模，首创书学和算学，而且还在中央设置了国子寺，设国子祭酒和主簿、录事等职官掌管教育事业，统领官学，“这是我国历史上第一次由中央政府设立专门管理教育的机构和官员，标志着我国封建教育已经发展到了成为独立部门的时代”②。正是在隋文帝的扶持下，隋初的教育日渐兴盛。“四海九州强学待问之士，靡不毕集焉。……京邑达于四方，皆启黉校。齐、鲁、赵、魏，学者尤多，负笈追师，不远千里，讲诵之声，道路不绝。中州儒雅之盛，自汉、魏以来，一时而已。”③然而同样是隋文帝，至其晚年，“不悦《诗》《书》”，尤重佛教，以为“国学胄子，垂将千数，州县诸生，咸亦不少。徒有名录，空度岁时，未有德为代范，才任国用”，而令“国子学唯留学生七十人，太学、四门及州县学并废”④，从而走上了毁学兴佛之路。中国传统学校教育生态系统的脆弱性于此可见一斑。再如武则天称制以后，好佛不重儒，所任博士、助教，唯有学官之名，多非儒雅之人，且只重科举不重学校，结果学校荒芜，“因是生徒不复以经学为意，唯苟希侥幸。二十年间，学校顿时隳废矣”⑤。

三、文化与中国传统学校教育生态系统

在社会生态系统中，文化因子（文化生态系统）与学校教育生态系统的关系最为直接和密切。文化因子的变化会对学校教育生态系统产生直接冲击和干扰，引发学校教育生态系统作出相应的自我调节。

汉代以前，是儒学与先秦诸子百家论争的历史阶段。汉代以后，儒学占据中国传统文化的主体地位。在占据主体地位两千年的传统社会中，儒学又

① 《隋书·高祖纪》。
② 孙培青：《中国教育史》，华东师范大学出版社2004年版，第152页。
③ 《隋书·儒林传序》。
④ 《隋书·高祖纪》。
⑤ 《旧唐书·儒学传序》。

先后受到两波冲击，一波是魏晋南北朝时期流行的玄学冲击，一波是魏晋南北朝时期崛起、隋唐时期盛行的佛、道二教的冲击。在玄学、佛学和道学等外部文化的冲击和干扰下，儒学经过积极的自我调节总能维持原有的主体地位。这也使得中国传统学校教育生态系统的稳定态势虽几经冲击，但依靠自身的复原力与稳定力，仍然保持基本结构与功能不变，从而维持了系统的平衡与稳定。隋唐以后至鸦片战争爆发，儒学的发展以借鉴他者的自我改造为主，并未受到外部文化强有力的冲击，其主体地位亦未改变。

（一）玄学的兴起与中国传统学校教育生态系统的调适

儒与道是中国传统文化体系中最根本的两大思想流派，两者之间几番争斗，又几番糅合，构成了中国文化思想史上的重要图景。总体而言，儒道关系以此消彼长的态势为主。故《史记·老子列传》曰："世之学老子者则绌儒学，儒学亦绌老子。"汉武帝时代，儒学取代本于道家的"黄老之学"而成为国家的政治指导思想，登上了独尊的统治地位。然而时移世易，至魏晋时期，出于道家的玄学（主要是以道释儒）引发了中国古代文化思想史上的一次划时代的变革，这场变革极大地冲击了神学化的儒家经学，宣告了汉代儒家经学思潮的终结和文化思想多元时代的到来。从此，儒学开始走向衰落，"儒林之群，幽隐而不显"，时人"师商、韩而上法术，竞以儒家为迂阔，不周世用"。①

玄学由何晏、王弼开创，"何晏之徒，始盛玄论，于是聃周当路与尼父争途矣"②，中经嵇康、阮籍发展，至向秀"发明奇趣，振起玄风，读之者超然心悟，莫不自足一时也。惠帝之世，郭象又述而广之，儒、墨之迹见鄙，道家之言遂盛焉"③。玄学是魏晋时期的主要思潮，"有晋始自中朝，迄于江左，莫不崇饰华竞，祖述虚玄"④，至南北朝时期，仍然具有相当大的社会影响。闻一多说："像魔术似的，庄子突然占据了那个时代的身心，他们的生活、思想、文艺——整个文明的核心是庄子。他们说'三日不读《老》《庄》，则舌本间强。'尤其是《庄子》，竟是清谈家的灵感的泉源。"⑤

玄学的兴起也给教育以一定的影响。南朝宋文帝元嘉十六年（公元439

---

① 《三国志·魏书·杜畿传》。
② 《文心雕龙·论说》。
③ 《晋书·向秀传》。
④ 《晋书·儒林传序》。
⑤ 闻一多：《闻一多全集》，生活、读书、新知三联书店1982年版，第279—280页。

年),丹阳尹何尚之立玄学馆,与文学、史学和经学并列为四馆,开玄学教育之先河。而且玄学教育已波及大江南北,产生了较大的影响。据载,何尚之“置玄学,聚生徒,东海徐秀,庐江何晏、黄回,颍川荀子华,太原孙宗昌、王廷秀,鲁郡孔惠宜,并慕道来游,谓之南学”①。泰始六年(公元470年),宋明帝诏立总明观,设四科第科置学士10人,其中仍有道学科。南朝齐时国学中已将王弼所注《周易》列为教学内容。梁朝的玄学教育亦较盛行。颜之推说:“自于梁世,兹风复阐。庄、老、周易,总谓三玄。武皇、简文躬自讲论。周弘正奉赞大猷,化行都邑,学徒千余,实为盛美。元帝在江荆间,复所爱习,召置学士,亲为教授,废寝忘食,以夜继朝。”②

然而,玄学并没有撼动以经学为主导的儒家官学教育的地位,崇儒仍是这一时期发展教育的基本选择。魏时虽尚玄学,但仍然推重儒学,魏文帝曹丕立国不久就以孔子为“命世之大圣,亿载之师表”③,大力提倡儒家经学,并以读经的多少作为授予太学生官职高低的依据。晋时儒学在朝廷亦受重视,如晋武帝“应运登禅,崇儒兴学”④。儒教在北朝的各个朝代都居于首要地位。北朝统治者在推行汉化教育,始终把尊奉儒学置于首位。北魏道武帝时期,“初定中原,虽日不暇给,始建都邑,便以经术为先”⑤。北魏孝文帝更是热心推行儒教,他强调“营国之本,礼教为先”⑥。太和十三年(公元489年)“立孔子庙于京师”⑦。

质言之,玄学的兴起对中国传统学校教育生态系统所产生的影响主要是将自身纳入系统之中,但它并未能破坏中国传统学校教育生态系统的原有结构,更没有能够重新建立起新的结构,只是在原有的基础上作了一定的补充和调整而已。

(二)佛、道的盛行与中国传统学校教育生态系统的调适

佛教的传入与道教的诞生均始于东汉,历经三国、魏晋和南北朝时期的发展,佛与道成为影响中国社会的两大宗教。至隋唐时期,政治对佛道的利

---

① 《宋书·何尚之传》。
② (北朝齐)颜之推:《颜氏家训·勉学》。
③ 《三国志·魏书·文帝纪》。
④ 《晋书·荀崧传》。
⑤ 《北史·儒林传序》。
⑥ 《魏书·任城王云附子澄传》。
⑦ 《魏书·高祖纪下》。

用使其几度兴废，并对儒学形成了又一波冲击。

1. 佛、道的发展

佛教在东晋以前并不发达，没有形成一股社会力量。但自西晋初年开始呈现发达之势，其时译出的佛经多达上千卷。东晋以后，佛教开始盛行，并形成一股重要的社会势力，开始在中国政治社会生活中扮演重要的角色。一些名僧参与到了政治之中，如佛图澄被尊为大和尚，协助后赵的石勒处理军机政要。名僧道安则担任前秦苻坚的政治顾问。后秦姚兴迎请鸠摩罗什并将其奉为国师。东晋的元帝、明帝、哀帝等也都崇奉佛教。南朝的历代王朝也都大力提倡和利用佛教。刘宋孝武帝重用僧人慧琳，时人称之为“黑衣宰相”。梁武帝把佛教抬高到国教的地位，本人还多次舍身为寺奴。而陈朝的武帝、文帝也都曾舍身佛寺。①

隋朝是佛教的隆盛时期。隋文帝幼年曾得到尼姑智仙的养育，因此对佛教深怀感情，他声称“我兴由佛法”，即位之后开始大兴佛教。开皇元年（公元581年），应晏延之请下诏兴复佛法。开皇十年（公元590年），敕令百姓听任出家。开皇二十年（公元600年），下诏严禁毁坏佛天尊像，违者以大逆不道论处。此外，他还设置僧官，命天下诸州建造灵塔，兴佛教。隋炀帝对佛教也颇为崇奉，他早在江都任扬州总管时就曾广延名僧，迎请智顗，设千僧会，并受菩萨戒，外出巡游也都带着僧徒。经过隋朝二帝的大力倡扬，佛教大盛。据统计，隋朝37年间，“寺有三千九百八十五所，度僧尼二十三万六千二百人”②。其规模之大不但远超前代，而且也为紧随其后的唐代所不及。

隋朝大力复兴佛教，唐既取而代之，其为巩固政治则逆隋而行之，因而扬道抑佛。李唐皇室以道教的鼻祖李耳为始祖，因此对道教极为青睐。唐高祖建国不久即有沙汰佛教之举，武德元年（公元618年），诏令京城唯置三寺留千僧，其余寺庙转给王公，僧等并还桑梓；武德四年（公元621年），又敕令每州别一寺留三十僧，余者还俗。与此相应，道教备受重视。唐高祖亲临老子祀，以示尊祖之意。武德八年（公元625年），唐高祖又在国子学释奠时下诏规定国家重要典礼、公开活动时，以道为先，次儒，后佛，道教地位一时间青云直上。唐太宗也认为天下平定得力于道教的佑助，因而于贞观十一年（公元637年）再次宣布尊奉道教为皇教，并规定“道士女冠可在僧尼之前”③。乾封

---

① 方立天：《佛教与中国政治》，《社会科学战线》1987年第2期。

② （唐）法琳：《辩正论》卷2。

③ 《全唐文》卷6《令道士在僧前诏》。

元年(公元666年),唐高宗追封老子为玄元皇帝,命各州设置道观,并规定道士女冠犯法,依教规处治而不与民同罪。

武则天原也崇道,但称帝后出于政治需要,自称是弥勒佛化生,因而在全国大力崇奉佛教。天授二年(公元691年),下制云:“自今以后,释教宜在道法之上,缁服处黄冠之前”[①]。长寿二年(公元693年),又令命举子罢习《老子》,改习由她所作的《臣轨》。再则取消老子“玄元皇帝”的封号,复称“老君”。于是,佛教再次兴盛。此后,唐中宗、肃宗、代宗等都有崇佛之举。唐宪宗还派人去凤翔法门寺恭迎佛骨,崇佛达至高潮,佛教势力增强,其时全国各地盛行修建佛塔、佛寺,武宗时竟出现所谓“十分天下之财,而佛有七八”的说法。

唐中宗复位后,重振道教。神龙元年(公元705年),恢复老子的“玄元皇帝”封号,命贡举人仍习《老子》。唐睿宗则并崇佛道,于景云二年(公元711年)下制曰:“自今每缘法事集会,僧尼、道士、女冠等宜齐行并进。”[②]

唐玄宗采取抑佛崇道的政策。开元二年(公元714年),他命全国沙汰僧尼,当时僧尼“为滥还俗者二万余人”[③]。同时,严禁剃度僧尼。对于道教,唐玄宗则大唱赞歌,开元三年(公元715年),他作《玄元皇帝赞》称:“万教之祖,号曰玄元,东训尼父,西化金仙”[④]。此外,他还亲注《老子》颁行天下,要求每家必备一本。玄宗以后,肃宗、代宗、宪宗、穆宗、武宗、宣宗等诸帝仍然崇奉和扶植道教,尤其是唐武宗还亲受法箓。但因藩镇割据、社会动乱等原因,唐后期崇道规模不大,影响亦较小。

纵观唐代统治近三百年间,道教始终得到扶植和崇奉,发展势头十分强盛,道教理论、道教科仪、道教艺术以及炼养术等各个方面均得到全面的发展,道教进入空前繁荣的时期。道教宫观不仅遍布全国,且规模日益宏大,信徒众多。据杜光庭于中和四年(公元884年)的记载,唐代自开国以来,“所造宫观约1 900余(座),所度道士计15 000余人,其亲王贵主及公卿士庶,或舍宅舍庄为观,并不在其数”[⑤]。

2. 佛、道对儒学的冲击

佛、道二教的发展,对以儒学为主的中国传统学校教育生态系统产生了

① 《唐大诏令集》卷3《释教在道法之上制》。

② 《唐大诏令集》卷113《僧道齐行并进制》。

③ 《旧唐书·玄宗本纪》。

④ (南宋)谢守灏:《混元圣纪》卷8。

⑤ (唐)杜光庭:《历代崇道记》。

一定的影响。如仁寿元年(公元601年),隋文帝借口学校多而生徒不精,废太学、四门学及州县学,只具国子学生72人,使中国传统学校教育生态系统的规模急骤缩小。由于推崇佛教,隋文帝还组织支持僧徒们修佛经、译新经,以至出现了"天下之人,从风而靡,竞相景慕,民间佛经,多于六经数十百倍"①的局面。唐代虽然没有专门设立佛教学校,实际上每一座寺庙就是一所佛教学校,佛教徒的数量并不亚于儒家生徒,从某种意义上说这也是对儒学的一大冲击。

道教对传统学校教育生态系统的影响更为深刻。一是在以儒学为主的学校教育与科举考试中增加道家的内容,抬高道家的地位。唐高宗上元元年(公元674年),令王公以下内外百官皆习《老子》。翌年正式下令"加试贡士《老子》策,明经二条,进士三条"②。仪凤三年(公元678年),又诏令:"自今已后,《道德经》并为上经,贡举人皆须兼通。"③武则天临朝称制以后,停罢贡举人习《老子》,代之以她自制的《臣轨》。唐中宗复位后,于神龙元年(公元705年)诏令停习《臣轨》,依前习《老子》。开元二十一年(公元733年),唐玄宗"敕令士庶家藏《老子》一本,每年贡举人,量减《尚书》《论语》一两条策,加《老子》策"④。道学由此进一步对儒学形成冲击,渗透进入唐代的学校教育与科举考试之中,迫使传统学校教育生态系统作出相应的调整,但也只是将道家经学纳入自身体系之中而已。

二是构建以道学为主的学校教育生态系统。唐玄宗时期在中央和地方都设立了学习道家文化的崇玄学。开元二十五年(公元737年),诏令置玄学于玄元皇帝庙。⑤ 开元二十九年(公元741年),"制两京、诸州各置玄元皇帝庙并崇玄学"⑥。在设立学校的同时,唐玄宗又置道举作为科举常科。"玄宗方弘道化,至二十九年,始于京、都置崇玄馆,诸州置道学,生徒有差。京、都各百人,诸州无常员。习《老》《庄》《文》《列》,谓之四子。荫第与国子监同。谓之'道举'。举送、课试与明经同。"⑦崇玄学生经过考试选拔,合格者选送到礼部参加道举考试,中举者官秩品级与明经类同。同年,唐玄宗即开科考

① 《隋书·经籍志》。
② 《新唐书·选举志上》。
③ 《旧唐书·礼仪志四》。
④ 《唐会要》卷75《帖经条例》。
⑤ 《新唐书·百官志三》。
⑥ 《旧唐书·玄宗本纪下》。
⑦ 《通典》卷15《选举三·历代志下》。

试，应举者达五百余人，及第者有元载、姚子彦、靳能、宋少贞、冯子华等十人。[①] 此后至终唐之时，除“安史之乱”等特殊时期之外，崇玄学照常发展，道举仍有举行。[②] 由此可见，唐代在儒学之外另建了一套以道学为主的学校教育生态系统。

3. 儒学仍占主导地位

佛、道二教的发展对儒学以及以儒学为主的传统学校教育生态系统构成冲击，但这只对传统学校教育生态系统产生一定影响，如以道学为主的学校教育生态系统仅是传统学校教育生态系统的一个分系统，它并未彻底改变传统学校教育生态系统的基本结构。

第一，儒学仍受推崇。魏晋南北朝以来，由于受到玄学的冲击，儒学失去了独尊的地位，并呈现衰微之势。隋唐以来，佛道的兴起又进一步威胁着儒学的生存与发展。但儒学作为“大一统”的文化思想，对中国传统社会政治有着不可替代的价值引导作用。因此，最高统治者虽积极提倡和利用佛、道二教，但仍然坚持崇儒兴学，保证了儒学在学校教育中的主导地位。魏文帝立国不久即力倡儒家经学，制定了“五经课试法”，并以读经的多少作为授予太学生官职高低的依据。东晋明帝即位后即广征名儒硕士。南朝梁武帝虽喜佛学，仍重儒学，认为“建国君民，立教为首，砥身砺行，由乎经术”。不仅如此，北方的少数民族统治者也充分认识到儒学对于维护统治的重要作用，因而也推崇儒学。周武帝时还特别就儒、道、佛的地位进行过讨论，并确立了儒先、道次、佛后的顺序。其时，人们已经认识到儒学的重要作用，“儒者其为教也大矣，其利物也博矣，以笃父子，以正君臣，开政化之本原，凿生灵之耳目，百王损益，一以贯之”[③]。在儒学受到强力冲击的魏晋南北朝时期，人们尚有这样的认识，隋唐时代则更是如此。隋朝二帝也都崇尚儒学，以儒学为治国法宝，兴儒学，习儒典，重儒士。隋文帝令有功之臣留意文艺，家门子侄，各执一经，并命人修定五礼，劝学行礼，统一思想。唐高祖“颇好儒臣”，下诏兴仕崇儒，令有司于国子学立周公、孔子庙各一所，四时致祭，并数次亲临国子学参加释奠礼，使“学者慕向，儒教聿兴”。[④] 唐太宗更是“锐意经籍”[⑤]，早在为

---

① （清）徐松：《登科记考》卷8。

② 王永平：《论唐代道举》，《人文杂志》2000年第2期。

③ 《北史·儒林列传上》。

④ 《旧唐书·儒学传序》。

⑤ 《旧唐书·太宗本纪》。

秦王时就设立文学馆，召集名儒为学士，即皇位后又设立弘文馆，选拔儒家学者以本官兼任学士，讲经论文，他大力提拔精通儒术的官员，并征集有学识的儒生为学官。唐太宗亲著《帝范》，讲阐述儒家帝王术，他说："朕今所好者，惟在尧、舜之疲乏，周、孔之教，以为如鸟有翼，如鱼依水，失之必死，不可暂无耳。"①唐太宗还令孔颖达负责编撰《五经正义》颁行天下，以之作为科举考试的标准，重新确立了儒学的正统地位，呈现出贞观年间"洋洋儒学之盛古昔未之有也"②的景象。太宗以后诸帝亦都崇奉儒术。唐玄宗发布《求儒学诏》，要求荐举通经人才，追赠孔子为文宣王，亲临国子监观礼，命人制《大唐开元礼》，以儒学整顿礼仪。唐代宗自称"志承理体，尤重儒术……使四科咸进，六艺复兴"③。

第二，选举制度进一步发展。隋炀帝大业年间始建进士科，标志着科举制度的正式产生。科举制度在唐代取得长足发展，逐步形成了一套较为完备的人才选拔制度，对中国传统社会产生了重大的影响。中国选举制度历经汉代察举制、魏晋南北朝时期的九品中正制，至隋朝始发展为科举制，进一步适应了官僚政治体制的需要，也使传统学校教育生态系统更趋协调。察举制与九品中正制均以推荐为主，且与学校教育间的联系并不十分直接，而科举制度则使人才的培养与选拔紧密地结合在一起，使教育与政治的联系更为明确。科举考试以儒家经典为主要考察内容，使学校、儒学、选举之间的生态链更为紧密。

第三，儒家思想进一步统一。佛道文化的冲击和挑战，不但未能取代儒家文化，反而在三教的相互冲突、相互交融、相互影响中走向了三教合流，并进而推动了儒家思想的统一与发展。清代经学家皮锡瑞称，儒家经学由分立时代进入了一个统一时代。汉代独尊儒术，促进了儒家经学的繁荣发展，但也产生了今古文经学之争。东汉郑玄注释儒经，打破了经学学派林立、门户森严的局面，实现了今古文经学的大融合。魏晋南北朝以来，儒、佛、道三种思想文化之间的斗争，成为中国思想文化领域斗争的主线。三教在斗争的过程中又始终存在着融合统一的思索与追求。早在南朝梁时，颜之推就认为儒佛"内外两教，本为一体，渐积为异，深浅不同"④，并主张以儒证佛，融佛入

① 《贞观政要》卷6《慎所好》。
② 《旧唐书·儒学传序》。
③ 《旧唐书·代宗本纪》。
④ 《颜氏家训·归心》。

儒。经历了魏晋南北朝时期的分裂之后,隋唐统治者深深地意识到国家统一的重要性,而思想文化的统一对于国家政治的统一尤为重要,所以他们基本上均坚持了三教并用、紧抓儒学、相互抑制、推进融通的政策。唐代统治者更是致力于复兴儒学。贞观四年,"太宗以经籍去圣久远,文字讹谬,诏前中书侍郎颜师古于秘书省考定五经"①,从而改正了儒家经典中的文字错讹现象,使之成为儒生的学习范本。其后,太宗又以"文学多门,章句繁杂,诏师古与国子祭酒孔颖达等诸儒,撰定五经疏义,凡一百八十卷,名曰《五经正义》,付国学实行"②。《五经正义》融合了汉代以来的今古文经学之争和南北朝以来的南学、北学之争,解决了儒学内部的门派纷争问题,而且还糅合了佛道学说,是三教合流之著。从此以后,"由于儒学的统治地位的逐渐恢复和巩固,儒家思想成为社会政治思想的主干。在某种意义上说,唐代儒学的复兴,决定了以后相当长的历史时期内政治思想发展的方向和进程"③。

四、科技与中国传统学校教育生态系统

以往关于科技与教育关系的研究,多将重点放在教育促进科技发展的作用方面,对于科技促进教育发展的作用则论之甚少。事实上,无论是教育规模的扩大还是教育质量的提高,都从科学技术的进步中获益良多。中国古代的科学技术犹如一颗光彩夺目的明珠,独步中天,居于世界领先地位。李约瑟在他的《中国科学技术史》中写道:"从秦汉到宋元的千余年间,中国的科学技术曾长期处于世界的领先地位,在人类文明发展的过程中做出了巨大贡献"。中国古代科学技术的辉煌成就,极大地推动了整个人类社会的进步,也深深地影响了中国传统学校教育生态系统两千年的发展历程。

(一)古代科技与中国传统学校教育生态系统的增长

造纸术与印刷术是中国古代科技中的杰出成果,这两种技术的发明与使用改进了中国传统学校教育生态系统中教育者与受教育者两大要素相互联系、相互作用的方式,促进了中国传统学校教育生态系统的增长。

造纸术发明以前,人们多用简牍和缣帛记载文字,这种方式多有不便。

① 《贞观政要·崇儒学》。

② 《贞观政要·崇儒学》。

③ 曹德本:《中国政治思想史》,高等教育出版社1999年版,第136页。

简牍十分笨重，刻写不易，移动和阅读均极为困难。据《汉书》载，秦始皇“昼断狱，夜理书，自程决事，日县石之一”①。他每天批阅的简牍公文的重量相当于现在的30公斤②。西汉时，东方朔写了一篇奏章给汉武帝，共用了3 000根竹简，两名身强力壮的大汉抬进宫去还相当吃力。③ 缣帛比简牍要方便得多，不仅柔软平滑，而且可以随意裁剪，相对灵活。④ 但缣帛系蚕丝制成，生产成本太高，因此价格昂贵、数量有限，令一般读书人望而却步，亦无法普及。东汉蔡伦总结以往用植物纤维制造粗糙纸的生产经验，改进技术，以树皮、破布、皮麻为料，于汉和帝元兴元年（公元105年）造出了价廉耐用、体质轻薄的纸张，是为造纸技术的突破。《后汉书·蔡伦传》曰：“自古书契多编以竹简，其用缣帛者谓之纸。缣贵而简重，并不便于人。伦乃造意，用树肤、麻头及敝布、鱼网以为纸。元兴元年奏上之，帝善其能，自是莫不从用焉，故天下咸称‘蔡侯纸’。”

虽然早在蔡伦改进造纸术之前，我国就已经出现了“纸”，但其时的“纸”并不是真正意义上的用于书写的植物纤维纸。其一，20世纪30年代以后陆续发现的含有植物纤维的“西汉纸”⑤均质地松弛、表面粗糙、厚薄不均，不宜用作书写材料，也没有发现书写痕迹。其二，各种文献中所称的“纸”多为动物纤维纸，如缣帛。《后汉书·蔡伦传》就明确指称“其用缣帛者谓之纸”。⑥用动物纤维制造的纸在当时的教育学术活动中已经有所应用。如汉章帝建初元年（公元75年），大学士贾逵应诏入宫讲学，就给20名学生分别发放了用简牍或帛纸书写的《左传》。史载：“令逵自选公羊、严、颜诸高材者二十人，数以左氏，与简纸经传各一通。”⑦

蔡伦造纸术解决了“缣贵简重”的问题，在书写方面具有十分明显的先进

---

① 《汉书·刑法志》。

② 按秦制规定，1石=4钧，1钧=30斤，1斤=16两。与现代国际单位制比较，秦代1斤约合0.256公斤。

③ 《史记·滑稽列传》载：“朔（东方朔）初入长安，至公车上书，凡用三千奏牍。公车令两人共持举其书，仅然能胜之。人主从上方读之，止，辄乙其处，读之二月乃尽。”

④ （三国·魏）张揖《古今字诂》云：“古之素帛，依书长短，随事裁绢，枚数重沓，即名幡纸。”

⑤ 此类西汉纸主要有：1933年在新疆罗布淖尔发现的“罗布淖尔纸”，1957年在陕西西安东郊灞桥发展的“灞桥纸”，1973年在甘肃居延金关烽火台遗址发现的“金关纸”，1978年在陕西扶风中颜村发现的“中颜村纸”，1979年在甘肃敦煌发现的“马圈湾纸”，1986年在甘肃天水放马滩发现的“放马滩纸”等。

⑥ 可参看毕青：《何谓纸？中国造纸史上的“古纸”与“今帋”》，《中国造纸》1983年第1期。

⑦ 《后汉书·贾逵传》。

性和实用性，开辟了文字书写和文化传播的新纪元。但纸并未立即取代简牍和缣帛，直至晋代，纸才完全取代简牍，两者并存了300年；而缣帛至唐代仍在使用，两者并用至少有500年。

纸的发明使抄书这一职业应运而生。在印刷术广泛应用之前，抄书十分普遍，有不少人依靠抄书维持生计。如东汉班超早年"家贫，常为官佣书以供养"[①]。据说南北朝时期陶弘景的父亲也曾抄书出售，每页售价四十文。唐著名女书法家吴彩鸾曾以其秀丽的书法抄写韵书出售给应试举人，并以此维持生计。[②] 抄书出售可以营生，也是获得书籍的一种手段，还是一种较好的学习方式。因为与听讲和读书相比，抄写是一种更有效的记忆手段。如唐代张参就认为读书的收获不如抄书，他本人就经常抄写九部经典。[③] 南朝梁时的王僧孺被雇用抄书，他竟能背诵他抄写过的所有文章。[④]

公元2世纪中叶以后，纸已经被普遍运用于抄写书籍，我国文字的展现开始由刀刻时代向抄写时代过渡。但依靠手工誊抄书籍，文化知识信息的传播速度极为缓慢，于是出现了机械的方法，即用印章印于封泥、帛、纸上，在金属上铸字或在石板上刻字，再用刻字的金石用墨拓印到纸上。[⑤] 在印章和金石刻字的启迪下，公元7世纪出现了雕版印刷。[⑥] 雕版印刷比手工誊抄前进了一大步，但仍然极为麻烦，其印书时必须一页一版，有了错字也难以纠正，于人力、物力上都耗费很大，而且费时极多。宋太祖开宝四年(公元971年)，宋朝官府主持刻印《大藏经》，全书共1 076部5 048卷，历时12年才雕印完工，光雕版就达13万块之多。

北宋庆历年间(公元1041—1048年)，毕昇在总结雕版印刷经验的基础上，经过反复试验，发明了活字印刷术。他用胶泥做成规格一致的小方块毛坯，刻上阳文反手单字，然后用火烧硬，成为单个胶泥活字。这样把刻板改为活字，实行排版印刷，错了可以掉换，书印好后，字还可以再用。活字印刷术与雕版印刷相比，节约了大量的人力物力，加快了印刷速度，提高了印刷质量，是印刷技术领域的巨大变革。

---

① 《后汉书·班超传》。

② (清)叶德辉:《书林清话》，北京古籍出版社1957年版，第285—288页。

③ (唐)李肇:《唐国史补》下卷。

④ 《梁书·王僧孺传》。

⑤ 钱存训:《中国纸和印刷文化史》，广西师范大学出版社2004年版，第123页。

⑥ 关于雕版印刷的出现时间有诸多争论，详见钱存训:《中国纸和印刷文化史》，广西师范大学出版社2004年版，第133—134页。

但毕昇发明的活字印刷术并没有立即推广开来，在13世纪以前，雕版印刷仍然占据主要地位。直至元代王桢发明了木活字和转轮排字盘后，活字印刷才迅速发展起来。明清时代，木活字印刷十分流行。清乾隆三十八年（公元1773年），清朝政府曾经下令刻成大小枣木字253 500个，先后印成《武英殿聚珍版丛书》134种，计2 300多卷。这是我国历史上规模最大的一次木活字印书。

纸的发明奠定了印刷术发明的基础，印刷术的发明进一步彰显了纸的意义与价值。造纸术与印刷术同为中国古代四大发明之一，在人类文化发展史上有着举足轻重的地位。李约瑟认为，“古代世界的所有产品之中，论意义很少有比得上中国发明的纸张和印刷术的。两者都对世界文明的形成起过深刻的作用，对各处广大人民的精神和日常生活产生过久远的影响。纸张被证明是表达人类思想的最令人满意的书写材料。而如果再加上印刷术，一个人的思想就能飞越时空的鸿沟传播给大众。总之，印刷出来的信息使人类思想的知识模式产生了变革，而纸张又为传播思想提供了最经济最方便的手段”①。

造纸术与印刷术的发明、应用进一步提高了书籍的印刷速度和质量，增加了书籍的印刷数量，降低了印刷成本，这也提高了文化知识的传播速度，增强人类的学习能力，有利于大规模教育教学活动的开展，促进了文化教育的普及，被称为“人类学习方式演变发展中的第二个里程碑”②。

造纸术和印刷术对中国传统学校教育生态系统中的重要纽带——儒学的发展产生了深刻影响。儒学在汉代发展为经学，由于受交流手段的限制，经学的传授大多依靠师生之间的口耳相传，从而形成重视师法、家法的经学教育特点。纸的应用扩大了经书的受阅面，求学者可以直接阅读经书而不必通过教师的讲解就可学习儒家经典，这成为汉代经学衰落的技术原因。印刷术的发明则又推动了儒学的复兴，其重要标志就是儒家经典的大量出版。五代时期后唐明宗长兴三年（公元932年），中书冯道奏请并主持刻印“九经”，历时22年才雕印完毕，这是儒家经典的第一次大规模印刷，一方面校订了经典中的文字，另一方面还规范了经学教科书。在冯道的倡议下，国子监成为

① 李约瑟：《中国科学技术史》第五卷“化学及相关技术”，第一分册“纸和印刷”，科学出版社1979年版，第1页。

② 桑新民：《从印刷时代到信息时代——人类学习方式与教育模式的历史性变革》，《职业技术教育》2001年第12期。

印刷、发行儒家经典等书籍的官方机构。《宋史》中的文献记载说明了印刷术对于儒学传播的推动作用。景德二年(公元1005年)夏，真宗幸国子监阅库书，问邢昺存有多少经版，邢昺答曰："国初不及四千，今十余万，经、传、正文皆具。臣少从师业儒时。经具有疏者百无一二，盖力不能传写，今版本大备，士庶家皆有之，斯乃儒者逢辰之幸也。"①据统计，"有宋一代，仅国子监刻印的书籍即不下250种，各地学校所刻则超过300种(国子监所刻印的256种书籍中，有108种经书、61种史书、83种子书、4种文集；各地学院及其他机构刻印的324种书籍中，有83种经书、81种史书、87种子书、73种文集；私学刻书17种；书坊所刻128种)②。

造纸术和印刷术也推动了科举考试的发展和中国传统学校教育生态系统规模的扩大。宋代是科举制度大发展的时期，报考与录取人数均较唐代大大增加，政府官员中进士出身者几为唐代的两倍。据钱存训统计，宋季进士的数量为宋初的四倍。而整个12世纪，举人即有20万人，到13世纪更是增至40万人。科举考试与录取人数的增加，间接反映了教育者和受教育者队伍的壮大，以及学校教育生态系统规模的扩大。关于造纸术、印刷术与科举考试之间的相关性，何炳棣通过数据统计试图说明三者相互促进的关系。据统计，宋代进士中姓名可考者约29 000余人，其中两浙(今江苏、浙江)、福建、成都(今四川)、江南西(今江西)、江南东(今安徽)等五路就有24 000余人，约占总数的82%。与此相应，宋代所印书籍有记载的约有1 500种，上述五路所印书1 200种，约占总数的80%；反之，西部的夔州路仅有进士103人，而其所印之书亦只有2种。③ 这也说明印刷术对中国传统学校教育生态系统的区域分布产生了重要影响。

印刷术为一种新兴教育组织形式——书院的产生提供了条件。书院，顾名思义，为书之院。清人袁枚说："书院之名，起唐玄宗时丽正书院、集贤书院，皆建于朝省，为修书之地，非士子肄业之所也。"④早期书院并不具备教学功能，仅为修书、校书和藏书的场所，后来又逐渐增加了印书、著书、读书等功

---

① 《宋史·邢昺传》。

② 李约瑟：《中国科学技术史》第五卷"化学及相关技术"，第一分册"纸和印刷"，科学出版社1979年版，第338—339页。

③ 转引自钱存训：《中国古代书籍纸墨及印刷术》，北京图书馆出版社2002年版，第267—268页。

④ (清)袁枚：《随园随笔》卷14。

能，成为藏书、教育和研究的重要机构。因此，书院的产生，首先在于书尤其是藏书。我国古代的书院一般都有大量的藏书。“乐林书院在德安县，唐义门陈衮建，聚书千卷，以资学者。”[①]鹤山书院“堂之后为阁，家故有藏书，又得秘书之副而传录焉，与寻访于公私所板行者，凡得十万卷”[②]。能够有大量的书得到收藏，前提就在于印刷技术的发明与应用。书院产生于唐末，正是因为那是雕版技术广泛应用的时代。

印刷术的发明与广泛应用也改变了人们的读书方式。此前，人们在学习时十分重视记忆，不少学有成就者都是记忆能手。如王充“家贫无书，常游洛阳书肆，阅所卖书，一见辄能诵记”[③]，从而博通了“众流百家之言”。东汉蔡文姬博学多才，竟能凭着记忆默写出毁于战乱的家中藏书中的400多篇文章，而且没有遗漏和错误。书籍的大量印刷使人们不再像以往那样重视记忆了，因为印刷书籍远比手抄本低廉，而且使书籍大量增多，普通人都可以收藏，所以许多读书人变得懒散，不再重视读书，认识也因此流于肤浅。司马光就曾批评很少有学生能够把书从头至尾全部读完。[④] 苏轼也指出由于书籍变多了，大家反而不读书了：“而书益多，世莫不有，然学者益以苟简何哉？余犹及见老儒先生，自言其少时，欲求《史记》《汉书》而不可得，幸而得之，皆手自书，日夜诵读，惟恐不及。近岁市人转相摹刻诸子百家之书，日传万纸，学者之于书多且易致如此，其文词学术当倍蓰于昔人，而后生科举之士皆束书不观，游谈无根，此又何也？”[⑤]叶梦得也对这种现象提出批评，他说：“唐以前，凡书籍皆写本，未有模印之法，人以藏书为贵，不多有，而藏者精于雠对，故往往皆有善本，学者多以传录之难，故其诵读亦精详。五代时，冯道奏请，始官镂六经板印行；国朝淳化中，复以史记前后汉付有司摹印。自是书籍刊镂者益多，士大夫不复以藏书为意，学者易于得书，其诵读亦因灭裂。”[⑥]这实际上是由于印刷术的发明使人们失去了以往对书籍的那种崇敬之情，学风亦受影响。当然这只是印刷术对教育生态系统产生的影响的一个方面，还有另一个方面，即“得书的方便使读书行为发生了变化，读书人因容易得到文章而不像

① 《光绪江西通志》卷82。
② (南宋)魏了翁：《鹤山书院始末记》。
③ 《后汉书·王充传》。
④ (北宋)张耒：《明道杂志》，上海辞书出版社2000年版，第9页。
⑤ (北宋)苏轼：《苏轼文集·李氏山房藏书记》，中华书局1986年版，第359页。
⑥ (南宋)叶梦得：《石林燕语》卷8，中华书局1984年点校本，第116页。

过去那样重视记忆”。[①]

（二）古代科技与中国传统学校教育生态系统的结构多样性

关于我国古代科技与儒学的关系，主要有两种不同的观点。一种观点认为儒学排斥科技，认为“以儒学为代表的中国传统思想，是中国科技发展的死敌”[②]。一种观点认为儒学推动了科技的发展，指出“中国古代科技的许多方面都与儒家文化有着密切的关系，中国古代科技中的数学、天文学、地理学、医学和农学五大学科都具有显著的儒学特征，中国古代的科学是儒学化的科学”[③]。而从教育角度来看，一方面，古代科技促进了儒学的发展，如前所述，造纸术与印刷术的发明、应用扩大了儒学的传播范围，加快了儒学的传播速度，有利于儒学的积累与保存；另一方面，古代科技又突破了儒学的垄断，如天文学、算学、医学的发展推动了相应教育的发展，造纸术与印刷术又推动了书法教育与绘画教育的发展，由此促进了天文学、算学、医学、书法和绘画等多种形式的专门学校的设立，体现了中国传统学校教育生态系统多样性的结构特征。正是这种多样性的结构特征，使中国传统学校教育生态系统与传统社会生态环境相互适应，从而保持了长期的平衡和稳定。

1. 天文学的发展与天文教育的兴起

天文学起源于农业生产的需要，天象观测与历法的进步，始终伴随着农业的发展。我国古代长期进行天文观测，积累了极为丰富的天文资料，发展了先进的观测手段，建立了天文学体系，创造了优秀的古代历法，取得了辉煌的成就，主要表现在古代历法、天文仪器、天象记录和宇宙理论等四个方面。

我国历法发源很早，从西周武王初年（公元前 841 年）至今都有确切时日可考，此前虽无确切的时日记录，但通过考古等其他方法仍可大体确定某些重大历史事件的年代，这种延续不断的历法时日记录在全世界是绝无仅有的。我国创制的阴阳历和二十四节气，恰当地反映了自然界变化的规律，有效地指导了农业生产，体现出了独创性。我国对于年月日的历法编算不但诞

---

① ［法］让-皮埃尔·戴仁：《中国的读书写字和木板印刷》，见《法国汉学》第 2 辑，清华大学出版社 1997 年版，第 302 页。

② 华大明：《中国传统思想对科学的阻力作用》，《上海大学学报》（社会科学版）1988 年第 6 期；《中国教育通史》也认为儒家经学教育“成为自然科学发展的阻力”，见毛礼锐、沈灌群：《中国教育通史》（第二卷），山东教育出版社 1986 年版，第 71 页。

③ 乐爱国：《儒家文化与中国古代科技》，中华书局 2002 年版，第 306 页。

生早而且相当精确。春秋末年“四分历”的年长为365.25日，比希腊伽利泼斯历早了一百多年。南宋的“统天历”回归年长365.242 5日，比欧洲早400年。明末邢云路测得年长365.242 190日，比现代精确推算出的当时的数值只小0.000 27，远远超出了当时欧洲的精度水平。中国古代历法对周边国家和地区产生了深远的影响，有的国家甚至长期使用中国历法。

历法与天文学密切相关，“历之验，本在于天”①，制历必先测天，测天必有仪器。“我国古代天文仪器种类多、制作精、构思巧、用途广、装饰美、规模大，在世界天文仪器发展史上有重要地位。”②东汉张衡发明的水运浑天仪，唐代一行（公元683—727年）与梁令瓒研制的黄道游仪和浑天铜仪都领先西方。宋代苏颂（公元1020—1101年）建造的“水运仪象台”，把观测仪器、表演仪器、计时仪器结合起来，被国外研究者称赞为很可能是后来欧洲中世纪天文钟的直接祖先。元代郭守敬（公元1231—1316年）创制的简仪的设计和制造水平在世界上领先三百多年。元初建造的大都天文台拥有十几件一套的大型天文仪器，是当时世界上规模最大、仪器最齐全、技术最先进的天文台。

我国是世界历史上天文观测记录最系统、最完整的国家，有约1 000次日食、900多次月食和100多次太阳黑子记录。《诗经》中记载的周幽王六年（公元前776年）的日食、《汉书·五行志》中记载的河平元年（公元前28年）三月发现的太阳黑子都是世界上最早的记载。《春秋》中关于鲁文公十四年（公元前613年）出现的彗星的记载，是世界上最早的对哈雷彗星的记录，公元1682年哈雷发现这个彗星的周期时，我国已经观察到这个彗星20多次，并且都有准确的记载。我国古代天文学家绘制的星图、星表在世界上也居领先地位。战国时期石申所著《天文》一书记录有121颗恒星的位置，是世界上最早的星表。三国时吴太史令陈卓所绘星团，共有星1 464颗，而西方在望远镜发明以前绘制的星图从未超过1 022颗。

在理论研究方面，公元1世纪出现的“盖天说”是最古老的宇宙学说之一，虽然已为现代科学所证明是不科学的，但却在当时对自然现象作出了巧妙的解释。公元2世纪则有“浑天说”和“宣夜说”，在当时的历史条件下，这些学说较近似地说明了天体的运行，是当时世界上先进的理论。

---

① 《后汉书·律历志》。

② 刘金沂、赵澄秋：《中国古代天文学史略》，河北科学技术出版社1990年版，第9页。

古代天文学之所以受到重视，一方面是农业发展与“敬授人时”①的需要，另一方面也是出于维护政治统治的需要。“天文者，序二十八宿，步五星日月，以纪吉凶之象，圣王所以参政也。”②我国古代统治者维护统治的文化基础是天人感应。君臣等级与天地日月相对应，君王权位“受命于天”，是秉天命主宰人世，因此君主称为天子。天体与人间社会相互感应，天象的变化是对人间祸福的示警。通过对天象的观测能够把握天运国命，基于此，我国古代天文学都具有官办的垄断性质，历代也都禁止民间私自传习天文历法，甚至对违禁者处以极刑。如：

魏，永平四年“夏……五月……诏禁天文之学”③。

隋，“开皇十三年春……二月……丁酉，制私家不得隐藏纬候图谶”④。

唐，“诸玄象器物、天文图书、谶书、兵书、七曜历、太乙、雷公式，私家不得有。违者徒二年。私习天文者亦同”⑤。

宋，宋太宗太平兴国二年（公元977年）十月诏令：“自今后除二宅及易筮外，其天文、相数、六壬、遁甲、三命及他阴阳书，民间并不得私习，先有蓄者，限诏到一月悉以送官。限外不送及违诏私习者，悉斩。”⑥

元，“诸阴阳家天文图谶应禁之书，敢私藏者罪之”⑦。

明，“国初学天文有历禁，习历者遣戍，造历者殊死”⑧。

清，“凡私家收藏天象器物、天文、图谶应禁之书……不首官者杖一百，私习者罪亦如之，并于犯人名下追银十两给付告人充费，器物等项追入官。私习天文之人术业已成，决讫，进钦天监充天文生”⑨。

既禁私自习传天文之学，而欲“观乎天文，以察时变”，则必需人才。为此，在天文学兴盛发展的推动下，天文教育应运而生。早在三代时期，天文历法的传授是以“畴人之学”的形式进行的。“家业世世相传为畴”⑩，所谓“畴人之学”即指父子相继、世代相袭的世官传习。秦汉的天文教育推行“宦学事

① 《尚书·尧典》。
② 《汉书·艺文志》。
③ 《魏书·世宗纪》。
④ 《隋书·文帝本纪》。
⑤ 《唐律疏议》卷9。
⑥ 《宋大诏令集》卷198《禁天文相数六壬遁甲三命及阴阳书诏》。
⑦ 《元史·刑法志四》。
⑧ （明）沈德符：《万历野获编》卷20。
⑨ 《清律》。
⑩ （南朝宋）裴骃：《史记集解》引如淳注。

师”制度，求学即入仕，边仕边学，实际上是一种职业教育。隋时曾置天文博士2人、漏刻博士20人，但未见有关学生的记载。唐高祖四年（公元621年）改太史监为太史局，置天文博士2人为正八品下，历博士1人为从八品上，另置天文观生90人、天文生50人、历生55人，标志着我国传统天文专门学校的设立。武则天光宅元年（公元700年），改天文博士为灵台郎，掌教习天文气色①；改历博士为保正章，“掌教”。其后又置漏刻博士9人，漏刻生360人。唐玄宗天宝元年（公元742年），又改太史局为太史监。唐肃宗乾元元年（公元758年），改太史监为司天台，增漏刻博士至20人，漏生减为40人。

宋代加强了专制主义，对天文历法限制较多，天文教育的规模也较唐代为小。在司天监招收天文生，分监生、正名学生和额外学生。“监生无定员，学生三十人”，“额外学生熙丰旧法以五十人为额，绍兴三年十一月以权十人为额”。② 元代司天监设提学2人、教授2人，置天文生75人，并明确规定“学校之设隶台”③。此外，元代太史院亦设有学校，设教授1人、学正1人，置星历生44人，亦属天文历法教育之类别。元代中央天文历法学校学生多来自地方官学中的阴阳学。“世祖至元二十八年夏六月始置诸路阴阳学，其在腹里、江南，若有通晓阴阳之人，各路官司详加取勘……其有术数精通者，每岁录呈省府，赴都试验，果有异能，则于司天台内许令近侍。”④

明代亦设天文专门学校隶属钦天监，于穆宗隆庆四年（公元1570年）核定历科75人、天文科80人、漏刻科35人，但其时教育已属低潮阶段，生源稀少且质量低劣。清代对天文历法教育比较重视，于顺治元年（公元1644年）设钦天监，分时宪、天文、漏刻和回回四科施教，后又取消了回回改为三科施教。清代天文学校不但招收满族学生，而且最高统治者也对天文历法教育眷顾有加。康熙还亲视钦天监，诏见师生，并安排天文学生聆听自然科学的讲课。因此，清代特别是清前期的天文历法教育取得了较好的成效，培养了一批天文历法人才。

2. 算学的进步与算学教育的发展

算学是中国传统学校教育生态系统的一个重要组成部分，它既指一种学校类型，也指一种教育内容（传统学校教育生态系统交流的信息的一部分）。

---

① 《新唐书·百官志二》。
② 《宋会要辑稿·职官》。
③ 《元史·百官志六》。
④ 《元史·选举志》。

我国古代算学的发展源于天文学发展的需要，因为“天文学只有借助于数学才能发展，因此也就不得不从事于数学的研究”[①]。天文历法的推算需要用到大量的数学知识。而我国最早的数学典籍《周髀算经》同时也是最早的天文学著作。宋本《数术记遗》后附“算学流源”说：“历算即算前一季五星昏晓宿度，或日月交食，仍算定时刻早晚，及所食分数。三式即射覆及豫占三日阴阳风雨。天文即豫定一月或一季分野灾祥，并以依经备草合问为通。”因此，天文历法科技的发展不但推动了天文历法教育的产生与发展，还推动了算学教育的兴起。此外，土地测量、财政管理、工程水利等的发展也促进了算学及其教育的发展。

先秦时代，算学已经作为教育内容的一部分传授给学生，如“六艺”中的“数”。但此后算学始终不显，仅有部分私学传授算学内容。魏晋南北朝时期，北魏已置算学博士，如殷绍“世祖时为算生博士”[②]，招收了算学生，如“范绍，太和初，充太学生，转算生”[③]。但未见有关明确记载。

隋唐以后，历代王朝多设有算学。隋代于国子寺中设立了算学，“算学博士二人，算助教二人，学生八十人”[④]。唐代的算学教育体系则较为完备。其一，在国子监下专设算学，置博士 2 人、助教 1 人、典学 2 人，学生 30 人，取自“文武官八品以下，及庶人之子”[⑤]。唐代算学学制 7 年，分为两科教学，一科习《九章》《海岛》《孙子》等，一科习《缀术》《缉古》等。其二，算学生出路纳入了科举考试序列。唐代科举中设明算科为常科，明算科及第，可由吏部授官从九品下。

北宋初期即设算学博士，但未正式兴办算学教育，其正式建学则始于宋徽宗崇宁三年（公元 1104 年），“生员以二百一十人为额，许命官及庶人为之”[⑥]。并设博士和学正为官属，学录、学谕、司计、直学、司书等为职事人，分工较为明确，管理也相当严格。大观四年（公元 1110 年），算学由国子监改入太史局，进一步促进了算学与天文学的融合。宋代算学生出路较优，虽然科举未设明算科，但经由“三舍法”，其上舍毕业生可直接授官，此外还曾多次

---

① ［德］恩格斯：《自然辩证法》，参见《马克思恩格斯选集》第三卷，人民出版社 1972 年版，第 512 页。

② 《魏书·术艺传》。

③ 《魏书·范绍传》。

④ 《隋书·百官志》。

⑤ 《旧唐书·职官志》。

⑥ 《宋史·选举志》。

"诏选命官通算学者，许于吏部就试，其合格者上等除博士，中次为学谕"①。

元代官学中未设算学，实将其与天文历学归入阴阳学之中。明代亦未曾设立算学，但仍作为学校教育与科举考试的基本内容。如国子监教授内容中即规定"所习自四子本经外兼及刘向《仪苑》及律令、书、数、《御制大诰》"。府州县学亦有算学要求，规定"生员专治一经，以礼乐身御书数设科分教"。明代科举也规定要考算学，"初设科举时，初场试经义二道、四书义一道，二场论一道，三场策一道。中式后十日，复以骑射书算律五事试之"。② 明宣德、嘉靖以后，科举不再试算。

清初鉴于无人精通历算，遂于康熙五十二年(公元1713年)设置算学馆，"选八旗世家子弟，学习算法。以大臣官员，精于数学者司其事。特命皇子亲王董之"。规定有教习16人，学生30余人。乾隆三年(公元1738年)停办八旗官学中的算学馆，于"钦天监附近地方专立算学一所"。翌年又"奏准算学隶国子监管辖，应称国子监算学"。③ 学生数额为满、汉各12人，蒙古、汉军各6人，后又增设汉族肄业生24人。其后，又多次将算学拨交钦天监兼管。

3. 医学的发达与医学教育的繁荣

巴甫洛夫说，有人类便有医疗的活动。原始社会，人们在患病的痛苦中就开始寻找医疗的方法，由此产生了原始的医疗活动。《淮南子·修务篇》载："神农乃始教民尝百草之滋味，当此一日而遇七十毒，由此医方兴焉。"

我国医学发源较早，成就卓著。在殷商的甲骨文中已经有了疥、疟、耳病、眼病等诸多疾病的名称，并有了按体表部位对疾病进行初步分类的概念。西周时期，医巫开始分离，并且将医分为食医、疾医、疡医和兽医。

战国时期医生的医疗技术与水平已经较高。名医扁鹊注重科学实践，继承和发展了前人的医学理论和经验，总结出了望、闻、问、切四种基本的诊断方法。他精通内、儿、妇产、五官等科的医疗技术，能运用针灸、按摩、汤药等治疗方法，治愈了许多生命垂危的病人，被誉为"医学祖师"。

秦汉时期是我国医学发展的一个重要时期，基础理论、临床医学和药学的中医体系基本形成。在此前后完成的《黄帝内经》是我国现存最早、内容较完整的一部医学理论和临床实践相结合的古典医学著作，标志着我国医学理论体系的初步建立。《神农本草经》载药365种，概述了当时药物学的基本理

① 《宋史·职官志》。
② 《明史·选举志》。
③ 席裕福:《皇朝政典类纂》卷217。

论，是世界上第一部药物学专著。东汉张仲景的《伤寒杂病论》确立了我国医学有关辩证的理论、治疗法则、处方和用药原则。这些经典著作为中国医学发展奠定了基础。这一时期的医疗外科手术水平也达到了相当的高度。名医华佗在世界上最早使用麻醉剂（麻沸散）施行全身麻醉，进行了外科手术。

魏晋时期是我国医学发展史上一个承上启下的阶段。这一时期，前人的医学理论著作得到了系统的整理和总结，并在此基础上进一步充实发挥，对《黄帝内经》和《伤寒论》等进行整理和注释，阐发其理论，使中国传统医学理论达到一个新的高度。在诊疗方面，王叔和的《脉经》、皇甫谧的《针灸甲乙经》、雷教的《炮灸论》、葛洪的《肘后方》等著作对多种疾病的诊治进行了详细描述。药物学进一步发展，陶弘景的《本草经集注》所载药物增加到730种。

魏晋时期医学的全面发展，为医学教育的兴起奠定了坚实的基础。魏晋以前，政府选用医生，多由民间选送，医学教育多为家世相传或师徒相授。魏晋时期，医学教育初露端倪。“晋代以上手医子弟代习者，令助教部教之。”[①]这说明晋代已经出现医学教育活动，但还没有正式的医学校。南朝宋文帝元嘉二十年（公元443年），太医令秦承祖奏置医学，以广教生徒，得到准允，此为我国医学校设立之始。元嘉三十年（公元453年）宋文帝驾崩后医学校遭遣散。宋明帝泰始五年（公元469年），周朗奏请恢复医学，但因其时政局动荡不安而未能获准设立。同一时期，北魏设有太医博士和太医助教，说明北魏也有可能开展了官方医学教育活动。

隋文帝统一全国后，于太常寺下属的太医署设置了医博士、助教、按摩博士和咒禁博士，发展医学教育。太医署医学教育分为医学和药学两部分，设医师、按摩、咒禁和药学四科。医学科有博士2人、助教2人，医学生120人。按摩科有博士2人，按摩生100人。咒禁科有博士2人，按摩生若干。药科有主药2人、药园师2人，药学生若干。

唐代医学教育承袭隋制，在太医署下设医学。医学分四科一园，即医科、针科、按摩、咒禁科、药园。医科之下又“分而为业，一曰体疗，二曰疮肿，三曰少小，四曰耳目口齿，五曰角法”[②]。医科设博士1人、助教1人，学生40人。针科设博士1人、助教1人，学生20人。按摩科设博士1人，学生30人。咒

① 《唐六典》卷14。
② 《唐六典》卷14。

禁科设博士1人，学生10人。除中央官学外，唐代还在州(府)一级设立医学，规定京都府学(包括京兆、河南、太原)设博士1人、助教2人，学生20人；大、中都督府学均设博士1人、助教1人，学生15人；下都督府学设博士1人、助教1人，学生12人；上、中州均设博士、助教各1人，学生分别为15、12人；而下州则仅设博士1人，学生10人。唐代医学规模较大，制度完备，在医学教育史上地位突出，影响深远。

宋初未有正式的官立医学教育，直至宋仁宗庆历年间，范仲淹推行新政，奏请设立医学，于庆历四年(公元1044年)设太医局隶属太常寺招生讲学。宋神宗时在太医局设提举1人、判局2人。宋代医学计分九科：大方脉、风科、小儿科、眼科、疡肿、产科、口齿兼咽喉科、针灸科、金镞兼噤科。“每科置教授一员，选翰林医官以下及上等学生为之，亦许本局察举在外医人素有名实者以闻。”[1]后改设方脉科、针科和疡科三科。医学实行“三舍法”，上舍生40人，中舍生60人，下舍生200人，总计医学生300人。医学凡考试合格成绩优等者，则任尚药局医师以下职，其余“各以等补官，为本学博士、正、录及外州医学教授”。宋代地方也设有医学，如宋神宗元丰六年(公元1083年)，“准诸县设医学，不及万户者补医学一人，万户以上者二人，每及万户者可增一人，至五人止”[2]。南宋初仍设医学教育，但规模已经大为缩小，至宋孝宗乾道三年(公元1167年)因经费困难乃废太医局。乾道七年(公元1171年)，大臣虞充文上奏指出废除太医局使学医者考试入仕之路断绝，“恐庶民习医者无进取之望，不复读医书”，于医学发展不利，医官的补充也缺乏来源，而且所省费用也很有限。第二年，孝宗诏准“更不置局，依旧存留医学科，逐举许令赴试”[3]。光宗绍熙二年(公元1191年)，重新设置太医局，此后虽有兴衰，但官立医学机构始终存在。

元代中央不设医学，但在大都、上都、和林及各路、州、县均设立了医学校，“会到儒学例，诸(路)教授、学录、学正各一员，上州、中州各设教授一员，下州设学正一员，诸县设教谕一员。军司今议：拟诸路医学教授一员，只受敕牒，外学正一员，上州、中州、下州各设一员，俱系尚医劄付。各县设学谕一员，受本路医学教授劄付”[4]。元世祖至元九年(公元1272年)，在太医院下

① 《皇宋通鉴长编纪事本末》卷81。
② 《续资治通鉴长编》卷35。
③ 《增入名儒讲义皇宋中兴两朝圣政》卷51。
④ 《元典章·吏部三》。

设了医学教育专职管理部门——医学提举司。“医学提举司,秩从五品。至元九年始置。十三年罢,十四年复置。掌考校诸路医生课义,试验太医教官,校勘名医撰述文字,辨验药材,训诲太医子弟,领各处医学。提举一员,副提举一员。”①

明代太医院实行医学教育,分为大方脉、小方脉、妇人、疮疡、针灸、眼、口齿、接骨、伤寒、咽喉、金镞、按摩、祝由等十三科。明代实行“世医制度”,医学生取自医家子弟。“凡医家子弟,择师而教之。三年五年,一试再试,乃黜陟之。”②明代亦在地方设立医学。明孝宗弘治十七年(公元1505年),规定各府、州、县均设医学,掌管地方医学教育。

清代在太医院中设内教习和外教习,分别从御医和吏目中分别选择学识渊博者担任教师。内教习教授御药房的太监习医。外教习主要教授医官子弟。清代亦在府、州、县分别设立地方医学,但总体形势是趋向衰落,复归世代家传和师徒相授模式。

五、中国传统学校教育生态系统与社会生态系统的适应性

中国传统学校教育生态系统能够在经济、政治、文化和科技等生态因子发生变化的过程中维持两千余年,根本原因就在于其通过不断的自我调节而与所处的社会生态系统大环境保持了生态适应。

著名社会学家艾森斯塔德发现中国传统社会结构中的一个重要特点,即政治秩序与文化秩序是高度交织在一起的,甚至几乎成为一体。他指出,“虽然从原则上来看,占统治地位的儒家意识形态中的许多普遍主义伦理因素是超越于特定的边界或社区的,但在实际上,这种意识形态是与中华帝国特殊的政治框架紧密联系在一起的。这个帝国是由儒家象征合法化的,但儒家象征和儒家伦理取向也在帝国内部找到了自己的‘自然’位置与框架,以及主要‘对象’”③。在中国传统社会,以儒学为核心的统一信仰和国家指导思想是意识形态结构中的组织力量,以掌握儒学的“士”(儒生)为骨干组织起来的官僚机构是政治结构中的组织力量,这两种组织力量使政治与文化两种组织

① 《元史·百官志四》。

② 《明史·食货志》。

③ [以]S. 艾森斯塔德:《传统、变革与现代化——对中国经验的反思》,参见谢立中、孙立平主编:《二十世纪西方现代化理论文选》,上海三联书店2002年版,第1097页。

能力结合起来，形成中国封建社会的超级组织力量，实现一体化结构。一体化结构具有把小农经济的封建社会组成稳定大国的组织能力。①

中国传统社会的一体化结构与中国传统学校教育生态系统的结构有着紧密的内在关联。金观涛、刘青峰在比较中国与欧洲的封建社会后认为，在中国传统社会里，农民占总人口的大多数，但不能成为封建大国的组织力量，因为他们组成的是一个个分散的宗法村社。商人的活动也很重要，但也不能成为封建大国的组织力量，因为他们受到种种限制，力量弱小。皇室、贵族和地主是统治阶级的主导力量，若仅如此也不能形成封建大国，因为单纯由农民、商人、地主、贵族和皇室组成的社会一般是封建小国。所以在一体化的结构中起着承上启下的关键作用的是"士"。士阶层的存在和发展与中国封建大国的建立和延续有着密切关系。因为"士"能够摆脱土地的束缚，超越小农经济的分散性，处于流动之中，实行全国性的广泛交往，发挥着社会联络的主要功能。"士"之所以能够横贯左右，沟通南北，就在于"士"不是依靠土地而是依靠自己所受的教育入仕为官，服务社会。② 这说明中国传统学校教育生态系统对于地主制经济也表现出较强的生态适应性。

在中国传统社会的政治与意识形态一体化结构中，儒学占据核心地位，发挥着主导作用。而在中国传统学校教育生态系统结构中，儒学既是传递的信息，又是流动的能量，因而也是其中的关键性因素。所以，儒学在政治与意识形态一体化结构和中国传统学校教育生态系统的结构之间发挥着桥梁与纽带作用。从根本上讲，儒学不仅将政治与教育相互结合起来，而且因为政治在社会中的主导地位，政治对教育的发展起着决定性作用。中国传统政治以儒学为大一统的思想基础，以掌握儒学的"士"为大一统的官僚基础，决定了中国传统教育要以儒学为主要教育内容，培养兼具儒家文化知识和儒学精神的"士"。所以，只要这种以儒学为核心的政治与意识形态结构不变，中国封建统一大国就不会改变，中国传统学校教育生态系统也就不会改变。

中国传统社会结构的建立，促成了中国封建统一帝国的形成，但也随之带来了它所特有的社会问题，即官僚机构膨胀与腐化、土地兼并、思想混乱等。这些社会问题都是社会基本结构在维系自身稳定的调节过程中释放出

① 金观涛、刘青峰：《兴盛与危机：论中国社会的超稳定结构》，湖南人民出版社 1984 年版，第 28 页。

② 金观涛、刘青峰：《兴盛与危机：论中国社会的超稳定结构》，湖南人民出版社 1984 年版，第 23—27 页。

来的对原有结构起瓦解作用,但又不代表新结构的一种力量,称为无组织力量。在长期的发展过程中,无组织力量的不断增长和无限膨胀威胁着社会系统的平衡与稳定。在封建王朝的初期,通过变法改革通常就可以调节和遏制无组织力量的增长。而在封建王朝的末期,变法改革往往失效,于是就会爆发改朝换代的战争,从而出现了周期性的王朝更替与兴衰。社会生态系统就是通过王朝更替兴衰这种周期性的振荡来使整个系统回到原有的适应状态。

王朝更替兴衰的周期性振荡与中国传统学校教育生态系统的盛衰之间的关系如同潮汐一般。王朝的兴盛往往会促成教育的发达,王朝的衰败通常也引发教育的衰退。如前所述,引发王朝更替的“流血的政治”均对社会产生极大的破坏力,也对学校教育生态系统产生了极强的冲击和干扰。而据姜国钧研究,教育与王朝的关系表现为“依存紧密则两兴,反之则两衰”,“教育兴盛则政治清明,国泰民安;教育衰落则政治黑暗,民不聊生”。更重要的是,他认为,王朝更替有修复教育结构的功能。当旧王朝衰落之时,教育规模就存在不同程度的收缩。当新王朝建立之后,教育规模又再次发展。① 虽然他所说的教育结构与我们所指称的中国传统学校教育生态系统的结构并不完全相同,但也基本相通,可以为中国传统学校教育生态系统在传统社会虽屡经政治上的冲击和干扰却始终能够保持系统自身不瓦解而提供佐证。究其原因,仍然在于中国传统社会系统的基本结构不变,从而使得中国传统学校教育生态系统的结构也不会发生改变,这正如布鲁巴克所言,中国的教育与“政治生活是高度协调的”②。杨贤江则更是一语中的,他说:“中国别自汉武帝(两千一百年前)黜百家,崇儒术,又制定选举制以来,便一直施行隶属于政治的教育,未尝有所间断。”③这种隶属于政治的教育便是官僚教育,中国传统学校实际就是“官僚养成所”。

① 姜国钧:《中国教育周期论》,北京大学出版社 2005 年版,第 133—145 页。

② [美]布鲁巴克著、张家祥译:《政治与教育》,参见瞿葆奎主编:《教育学文集:教育与社会发展》,人民教育出版社 1989 年版,第 336 页。

③ 杨贤江:《新教育大纲》,人民教育出版社 1961 年版,第 120 页。

第四章 中国传统学校教育生态系统的亚系统

鸦片战争以前,中国传统学校教育生态系统的基本结构没有发生根本性的变化,这与其子系统和分系统的发展和调节不无关系。各子系统和分系统的形成与发展经历了一个较长的历史过程,总体上反映了中国传统学校教育生态系统内部由简单到复杂、由无序到有序的走向。

一、教育层次生态系统

生态系统是由若干有一定秩序的层级组成的。生态系统具有许多不同的角色,体现了系统本身的多样性和复杂性,也使其能够适应不同的生态环境,有助于保持生态系统的平衡与稳定。教育生态系统内部不同层次系统的存在与发展,反映了教育生态系统的多样性和复杂性,为大系统的平衡与稳定延续做出贡献。

中国古典学校教育生态已经体现出不同层次的区分。早在商代,就已经根据学生年龄的不同,提出不同的教育要求,划分了不同的教育层次。《礼记·明堂位》:“殷人设右学为大学,左学为小学,而作乐于瞽宗。”这表明商代已经有了大学与小学之分。西周的教育层次更为明确,不仅有大学与小学之分,而且还规定了不同教育层次学生的入学年龄。小学就学年限为7年,大学就学年限为9年。

中国传统学校教育生态系统的层次性，就行政角度而言，分中央学校与地方学校；就教育程度角度而言，分高等教育学校和基础教育学校。由于传统教育中，中央与地方，高等教育、基础教育又和官学、私学相互纠结在一起，兹将其一并列入论述。

（一）官学教育层次生态系统

出于养士的目的，中国传统社会历代王朝均更重视高等教育。纵观中国官学教育，各层次之间的演化呈现出两大特征。一是官学教育层次生态系统的形成是下延式的，即由高层次教育学校向低层次教育学校下延而形成。二是官学教育层次生态系统之间的联系由松散型走向紧密型，即高层次教育官学与低层次官学之间由初期的松散联系向后期的紧密联系发展。官学教育层次生态系统演化的这两大特征，反映了中国传统学校教育生态系统逐渐由简单向复杂、由无序向有序的状态发展的过程。

1. 缺乏衔接的官学教育层次生态系统

这一阶段的官学教育生态系统，已经形成了不同层次的初步形态，构建了中国传统学校教育生态系统层次结构的基本架构，但是不同层次相互之间处于分立状态，基本为互不联系的两条线。

元朔五年（公元前124年），汉武帝下诏为博士置弟子，标志着太学的正式设立。太学是实行高等教育的学校，这可以从三个方面得到印证。从入学年龄看，太学学生入学年龄在18岁以上，当为成人；从教育程度看，太学教学内容主要是《诗》《书》《礼》《易》《春秋》等五经内容，学习难度较高，并非简单的启蒙教育；从毕业去向看，太学学生毕业后经过考试，合格者可授予一定官职，更说明了太学的高等教育性质。

“九层之台，起于垒土。”太学既为高等教育学校，其所收学生必有一定程度的文化基础，也必有实施基础教育的机构。汉代太学学生并非直接来自某一层次的学校，而是或由太常择选“仪状端正者”，或由郡国道县邑推荐“好文学，敬长上，肃政教，顺乡里，出入不悖者”[①]，这两个来源也都未明确学生的教育程度要求。考之学生入太学前的教育，不外私学和郡国学两个途径。私学途径将于下文专论，此就郡国学稍作探讨。

汉代郡国学之萌芽早于太学。汉景帝后元三年（公元前141年），蜀郡太

① 《史记·儒林列传》。

守文翁深感蜀地偏僻，文化蒙昧，有“蛮夷之风”，“乃选郡县小吏开敏有才者张叔等十余人，亲自饬厉，遣诣京师受业博士……数岁，蜀生皆成就还归，文翁以为右职，用次察举，有官至郡守刺史者。又修起学宫于成都市中，招下县子弟，以为学官弟子，为除更徭，高者以补郡县吏，次为孝第力田……县邑吏民，见而荣之”。[①] 汉武帝即位后，对文翁兴学极为赞赏，“乃令天下郡国皆立学校官”。然而我们并不可以据此认为郡国学设立于太学之前，因为文翁兴学实为个人行为，并非政府行为。而且，汉武帝诏令郡国设立的是“学校官”，并非学校，也未明言为学校官招收弟子等，所以汉武帝时设立郡国学之说也当存疑。严格意义上的汉代地方官学最迟创办于汉平帝元始三年（公元3年）。是年，安汉公王莽奏立地方学校，“郡国曰学，县、道、邑、侯国曰校。校、学置经师一人。乡曰庠，聚曰序。序、庠置《孝经》师一人”[②]。由此汉代从中央至地方均设立了官学，表明了行政角度上教育层次的初步形成，但是中央官学与地方官学之间并无制度上的衔接。

界定汉代地方官学的教育程度颇为困难，只有《中国教育制度通史》提及有人认为郡国学就教学程度而言大致属于中学[③]，当然这是比附于近现代学制的划分法，并不太科学。汉代对地方官学并无统一的规划，也没有教育程度上的要求，考之以史籍，则多以“五经”为主要教育内容。如寇恂为汝南太守，“乃修乡校，教生徒，聘能为《左氏春秋》者，亲授学焉”[④]。所以，郡国学等地方官学与太学在教育内容的难度上并无明显的差别，其主要差别在于教学水平方面。再看郡国学学生的出路，一是担任本郡属吏，二是为地方推行教化，均可谋职。也有不少学者认为郡国学学生也可升入太学深造，然而史无明文可考，只能说有此种可能。因为地方负有举送太学学生的职责，如倪宽“治《尚书》，事欧阳生，以郡国选，诣博士，受业孔安国”[⑤]。郡国可以举荐太学学生，也就不排除从郡国学中选择优秀俊才的可能。因此，我们可以判断汉代郡国学等地方官学在教育程度上低于太学，但无法推断二者的差距有多大。

两汉以后的魏晋南北朝时期，中央官学时兴时废，似断似续；地方官学亦

① 《汉书·循吏传》。
② 《汉书·平帝纪》。
③ 毛礼锐、沈灌群主编：《中国教育通史》（第二卷），山东教育出版社1986年版，第93页。
④ 《汉书·寇恂传》。
⑤ 《汉书·倪宽传》。

随着官员的办学热情的高低而此起彼伏，兴衰无常，也就谈不上不同层次之间的沟通与衔接了。

2. 初步衔接的官学教育层次生态系统

隋唐以后，官学教育生态系统的层次划分更趋明朗化，同一层次的学校教育日益呈现多样化，不同层次的学校教育之间开始建立了初步的衔接关系。

隋朝初立，就在中央设立了国子学、太学、四门学、书学和算学，这些都是实施高等教育的高等学校。隋炀帝大业三年（公元607年），改国子学为国子监。国子监既是中央政府的最高学府，又是中央政府的教育行政机关。国子监设祭酒作为领导全国教育的行政长官，“统领学事”。隋朝也曾在州县两级设置了学校，并得到一定的发展，但其后或因推崇佛教，或因政治腐败，州县学很快衰落下去。但是隋代的教育制度及教育层次的构架为唐代所继承，并进一步发展。

唐代中央官学与地方官学的两个层次划分基本确立。中央官学设有国子学、太学、四门学、律学、书学、算学、弘文馆、崇文馆、广文馆、医学、天文学等。唐代地方行政体制因袭隋制，为州、县二级，县之下有乡，乡之下有里，各级地方均有官学设置。武德元年（公元618年），汉高祖诏令“上郡学置生六十员，中郡五十员，下郡四十员。上县学并四十员，中县三十员，下县二十员”①。诏令虽下，但囿于政治经济条件并未能真正实施。武德七年（公元624年），又诏令“州县及乡皆置学”②。由此形成唐代地方官学州、县、乡的三个层次。唐玄宗时期又规定将学校设置里，开元二十六年（公元738年），“令天下州县，里别置学”③。

唐代官学不仅形成了中央与地方两个层次，而且还各有其教育管理官员，更加彰显了两类官学的层次性区别。中央设国子监管理国子学、太学、四门学、律学、书学、算学和广文馆等，其余医学和天文学等各有其对口管理部门。地方官学由各州长史统辖，“州县学生，州县长官补，长史主焉”④。分别具体负责州学与县学的官员为司功参军、司功佐，其职责均为：“掌考课、假

---

① 《旧唐书·儒学列传上》。

② 《通鉴·高祖武德七年二月》。

③ 《通鉴·玄宗开元二十六年正月》。

④ 《新唐书·选举志》。

使、祭祀、礼乐、学校、表疏、书启、禄食、祥异、医药、卜筮、陈设、丧葬。”①

唐代官学行政意义上的层次划分较为清晰，但教育程度意义上的层次划分仍显模糊。首先，就入学资格而言，唐代中央官学均依官员的品级高下入学。如文武三品以上官员子孙入国子学，文武五品以上官员子孙入太学，文武七品以上官员之子入四门学，八品以下入律学、书学和算学等。就教育内容程度言，国子学、太学与四门学所习内容相同，均以“五经”为主，各学之间并无教育程度上的差异，实质区别为品级地位的不同。就入学年龄言，并无统一规定，但一般为 14～19 岁，律学为 18～25 岁。就毕业出路而言，中央官学就学年限普遍为 9 年，毕业后可参加科举考试入仕为官。综上所述，唐代中央官学包括律学、书学、算学等学基本均属高等学校。当然，唐代中央也曾设立过小学，如武德元年（公元618 年）十一月，诏“皇族子孙及功臣子弟于秘书外省别立小学”②，代宗宝应二年（公元 763 年），给事中李栖筠等在广开学校的奏折中提到唐代小学的广泛设立，“虽京师州县皆有小学，兵革之后，生徒流离……”③但关于小学的具体情况目前尚无可考证。再就地方官学而言，其所习内容亦与中央官学无大异，大概只有教学的要求较低一些，而且州县学生均与中央官学学生一样可以参加科举考试，“每岁仲冬，州、县、馆、监举其成者，送之尚书省”④。因此，同样难以明确区别其教育程度。

唐代官学教育生态系统内部的联系明显加强，并初步形成了一定的衔接关系。首先是州县学生可以升入中央官学。开元二十五年（公元 737 年）五月，唐玄宗下敕：“诸州县学生，年二十五以下，八品九品子若庶人生年二十一以下，通一经以上及未通经，精神通悟有文词史学者，每年铨量举选，所习简试，听入四门学充俊士。”⑤这是中国传统学校教育生态系统内部首次明确学校教育之间的联系，为教育层次生态系统的正式形成奠定了基础。其次，中央官学之间也加强了衔接。通过毕业考试，已经及第而仍愿就学的，四门学学生可补入太学，太学学生可补入国子学。由此，唐代官学之间初步形成了“州县学—四门学—太学—国子学”的升级衔接关系。虽然州县学而至国子学并无教育程度上的明显提高，但却宣告了中国传统社会官学之间相互联系

① 《新唐书·百官志》。
② 《唐会要·学校》。
③ 《新唐书·选举志》。
④ 《新唐书·选举志》。
⑤ 《唐会要·学校》。

的开始，标志着中国传统学校教育生态系统逐步由松散无序的状态向紧密有序的状态过渡。

3. 断续不定的官学教育层次生态系统

经历了五代十国的纷乱，原先初步衔接起来的教育层次生态系统再次被割裂。宋代初期，百废待兴，教育亦然，中央官学除国子监外只有广文馆和宗室学校，地方官学也是一片荒芜。经历了三次兴学改革之后，宋代教育逐步发展起来，并在官学的不同教育层次之间建立起比以往更加紧密的联系，然而伴随着改革的失败，这种紧密联系也随之烟消云散。

宋代教育的分层意识更加明显，中央与地方均建立了相应的教育层次，表明宋代官学开始重视基础教育。中央官学中既有高等教育性质的国子监、太学、四门学，也有初等教育性质的小学。《宋史·选举志三》记载："哲宗时，初置在京小学，曰就傅、初筮，凡两斋。"[①]地方官学则分为两级，一级为府、州、军、监学，一级为县学。最值得注意的是，宋代州县也设置了小学，这是中国传统教育中最早在地方官学中明确设置的初等教育性质的学校。

北宋官学中，不同层次教育之间曾经有过十分紧密的联系。熙宁兴学中，王安石改革太学，创设了"三舍法"，将太学分为外舍、内舍、上舍，实行平时学行考核，在外舍、内舍与上舍之间定期升降，上舍生考试合格后可直接授官。太学"三舍法"在崇宁兴学改革中得到继承和延伸，被推广至各级学校。崇宁元年（公元 1102 年），"蔡京等言，乞州县学并置小学，十岁以上皆听入学"[②]。政和四年（公元 1114 年），规定在国子监小学和州县小学实行"三舍法"，并建立了考核升学制度。国子监小学上舍生上等生可参加太学外舍生季考，合格者升入太学内舍。州县小学上舍上等生可参加州县学外舍生的季考，合格者升入州学内舍。县学也普设于崇宁元年（公元 1102 年），县学不行"三舍法"。崇宁五年（公元 1106 年），规定未违反一、二等学规的县学学生可参加州学内舍升上舍的岁升试，合格者入州学外舍。州学实行"三舍法"，元符二年（公元 1099 年），规定州学学生可以经过考试升学太学。崇宁元年（公元 1102 年），规定每三年从州学中选拔上舍生升学太学。由此，北宋通过实施"三舍法"，在不同层次的学校之间实行严格的升级制度，这是自学校创立以来最紧密的教育层次之间的衔接。然后此法行年不久，宣和三年（公元

---

① 《宋会要辑稿·崇儒二》载：政和四年（公元 1114 年）二月，中书省上奏："小学生见近一千人，入学者尚未已。"

② 《宋会要辑稿·崇儒二之九》。

1121 年),宋朝正式废除州县学"三舍法",惟留太学仍以三舍考选,从此也逐渐中断了各级教育层次之间的联系。而至南宋时期,这种"小学—县学—州学—太学"的衔接联系已经不复存在,小学也大量萎缩,只有国子监和少数州县勉强维护。至于州县学,则"使州之士以学于州,县之士以学于县"①。

及至元朝,中央官学仅设国子学、蒙古国子学和回回国子学,但地方官学相对发达,按照路、府、州、县的行政级别分别建立了路学、府学、州学、县学,此外还在江南诸路学和各县学内附设了小学。元朝还在农村地区利用农闲空隙时间设置了社学。至元二十三年(公元 1286 年)规定:"诸县所属村疃,五十家为社,择高年晓农事者立为社长。……每社立学校一,择通晓经书者为学师,农隙使子弟入学。如学文有成者,申复官司照验。"②社学是元朝最低层次的学校教育,对明清官学教育层次生态系统产生了深远的影响。虽然元朝地方行政层次的官学设置较为齐全,但未能在不同层次之间建立起较为紧密的衔接关系。各路学、府学、州学和县学肄业生,经举荐考核,或用为教官,或取为吏属。

4. 紧密衔接的官学教育层次生态系统

断断续续、时紧时松的官学教育层次生态系统在明清时期开始走向了紧密衔接。虽然在教育程度上的层次划分并不十分清晰,但也已经基本定型,而行政意义上的层次划分则更加明确,教育层次之间的衔接意识也更加清醒,相互联系、相互衔接维持的时间也较以往任何一个阶段更长,前后维持了五百多年,标志着中国传统学校教育生态系统进入了成熟的稳定期。

明代行政区划上的官学层次划分十分清晰,也分为中央与地方两大层次,而且地方官学较以往历朝更受重视。中央官学相当简明,主要是国子监③、宗学和武学等。中央官学数量之少,为中国传统社会大一统时代之最,其规模并不宏大,学生最多时也仅为永乐二十年(公元 1422 年)的 9 972 人④。地方官学则十分发达,主要分为两级:儒学和社学。儒学包括府学、州学、县学,以及按军队编制设立的都司儒学、行都司儒学、卫儒学、都转运司儒

① (南宋)朱熹:《朱文公文集·与李教授书》。

② 《新元史·食货志》。

③ 早在元顺帝至正二十五年(公元 1365 年),尚未登基的朱元璋初定金陵,就将元朝的集庆路儒学改为国子学。明洪武十五年(公元 1382 年),国子学改称国子监。明成祖永乐元年(公元 1403 年),又在北京设立了国子监。永乐十九年(公元 1421 年)迁都北京,将北京国子监改为京师国子监,将在南京设立的京师国子监改称南京国子监。

④ (明)黄佐:《南雍志·储养考》。

学、宣慰司儒学、按抚司儒学等。明代府州县学的设立十分普遍。据统计,至明太祖洪武末年,全国 1 400 多个府州县,设立年份可考的儒学就有 1 015 所,加上元代已建的 39 所,当时计有府州县儒学 1 054 所,约有 73% 的府州县设立了儒学。[①] 若按最低标准数每学 20 人计算[②],当时府州县学至少有学生 2 万多人,实际数目当远超此数。明宣德七年(公元 1432 年),南京礼部尚书张瑛称全国府州县学仅廪膳生员“通计三万有奇”[③]。社学[④]设置更为普遍,自洪武八年(公元 1375 年)太祖“诏天下立社学”始,全国各地纷纷设立社学。据《姑苏志》载:“洪武八年,府州县每五十家设社学一所。本府城市乡村共建七百三十所。”明代社学之盛由此可见一斑,而明代地方官学之盛更是前所未有。史称:“盖无地而不设之学,无人而不纳之教。庠声序音,重规叠矩,无间于下足下邑荒缴,山陬海涯。此明代学校之盛,唐宋以来所不及也。”[⑤]

明代官学在教育程度上的层次划分也初步显现。国子监等承前制为高等教育层次。社学以《三字经》《百家姓》《千字文》等蒙学知识为主要教育内容,渐加经、史、历、算等知识及冠、婚、丧、祭等礼仪,当属初等教育层次。至于介于国子监与社学之间的府州县学,有人认为属于中等学校[⑥],也有人不同意这种说法[⑦],本书倾向于后者。

“社学—府州县学—国子监”三个层次中,同一层次内部建立了流动机制,高低相邻层次之间的衔接进一步向制度化发展,联系更加紧密。第一,国子监内部实行积分法,分国子监为六堂三级,正义、崇志、广业三堂为初级,修道、诚心二堂为中级,率性一堂为高级,国子监生按照学习程度进入各堂学习,肄业后按积分逐级递升。第二,国子监与府州县学之间的衔接日益制度

---

① 吴宣德:《中国教育制度通史》(第四卷),山东出版社 2000 年版,第 172 页。

② 明代地方官学学生名额,据《明史·选举志》载,府学 40 人,州学 30 人,县学 20 人,另设附学生员没有名额限制。

③ 《明宣宗实录》卷 96。

④ 关于社学是否为官学,学界历有争论,详见吕达:《元、明、清三代社学的考略》,《上海师范大学学报》1986 年第 3 期;陈剩勇:《清代社学与中国古代官办初等教育体制》,《历史研究》1995 年第 6 期;王日根:《“社学即官办初等教育”说质疑》,《历史研究》1996 年第 6 期;赵毅、刘晓东:《明代“社学”之社会属性辨析——兼及“乡村教化”与社会软性控制》,《东北师范大学学报》(哲学社会科学版)2007 年第 1 期。本书在此视其为官学。

⑤ 《明史·选举志一》。

⑥ 孙培青:《中国教育史》,华东师范大学出版社 2000 年版,第 234 页。

⑦ 吴宣德:《中国教育制度通史》(第四卷),山东出版社 2000 年版,第 183 页。

化。明代国子监学生来源有四类：举监、贡监、荫监、例监。其中贡监即府州县儒学贡举。洪武初年规定，凡天下府州县各学，每年贡举1名学生入国子监，其后贡举数目又屡有调整。史载：

> 贡生入监，初由生员选择，既命各学岁贡一人，故谓之岁贡。其例亦屡更。洪武二十一年，定府、州、县学以一、二、三年为差。二十五年，定府学岁二人，州学二岁三人，县学岁一人。永乐八年，定州县户不及五里者，州岁一人，县间岁一人。十九年，令岁贡照洪武二十一年例。宣德七年，复照洪武二十五年例。正统六年，更定府学岁一人，州学三岁二人，县学间岁一人。弘治、嘉靖间，仍定府学岁二人，州学二岁三人，县学岁一人，遂为永制。后孔、颜、孟三氏，及京学、卫学、都司、土官，川、云、贵诸远省，其按年充贡之法，亦间有增减云。岁贡之始，必考学行端庄、文理优长者以充之。其后但取食廪年深者。①

此外，明成祖也曾经指出，欲在国学有成，必先于乡学有成。他说："盖学者先立根本于乡学，然后进而光广大学者，若在乡学全未有成，而望有成于国学，焉有此理？"②第三，府州县学内部的层次流动形成。明初，府州县学学生为廪膳生员，在学期间享受政府提供的伙食，"月廪食米，人六斗，有司给以鱼肉"③。后来，由于要求入学者日益增多，于是扩充人数，史为增广生员。再后来，在增广生员外招收附学生员，从而形成了附学生员、增广生员、廪膳生三个层次。凡初入学者为附学生员，经过岁、科两试，成绩优秀者，可逐级递补为增广生员和廪膳生员。廪膳生员可以贡举为国子监生。第四，社学与府州县学相互衔接。正统元年（公元1436年），明英宗诏"令各地提学官及司府州县官，严督社学，不许废弛，其有俊秀者，许补儒学生员"④。第五，明代官学之间的衔接还表现在教师方面。明代规定，国子监的教师往往自府州县儒学中选拔。"凡国子监监丞、博士、助教、学正、学录……令于教官内升用。"⑤

① 《明史·选举志一》。
② 《明仁宗实录》卷4。
③ 《明史·选举志一》。
④ 《大明会典》卷78。
⑤ 《大明会典》卷5。

这些都是在法令制度上为不同层次之间的衔接提供了保障。

应当指出的是，明代官学与科举之间也已经建立了极为密切的关系，《明史·选举志一》云："科举必由学校，而学校起家可不由科举。"只有接受学校教育有成者才有参加科举考试的资格。明太祖洪武十七年规定："国子学生、府州县学生员之学成者，儒之未仕者，官之未入流而无钱粮等项黏带者，皆由有司保举性质敦厚、文行可称者，各具年甲、籍贯、三代、本经，县州申府、府申布政司乡试。"[①]所以，明代学校教育的目的十分明确，就是参加科举考试。史称："明制，科目为盛，卿相皆由此出，学校则储才以应科目者也。"[②]

教育层次之间衔接之紧密，不仅体现在多层的联系，更体现在衔接联系维持时间之长。北宋不同教育层次之间的衔接程度不亚于明代，但其衔接时间十分短暂，前后不过20年左右，而这一阶段的衔接不仅贯穿于明代，而且也为清朝所赓续。清代前期，同样形成了"社学—府、州、县学—国子监"之间相互衔接、紧密联系的教育生态系统，反映中国传统官学教育生态系统开始进入了成熟状态。盛是衰的起点，中国传统官学教育生态系统的成熟，也正宣告了它开始进入了衰败期。

（二）私学教育层次生态系统

私学是中国古典学校教育生态系统向传统学校教育生态系统过渡阶段的产物，并由此而延续下来发展成为中国传统学校教育生态系统的重要组成部分。由于私学为民间私家主办或主持，没有全国统一的学制，虽然包含了中国传统学校教育的全部层次，但是不同层次的私学之间缺乏长期的、规范化的联系与衔接。这种状况在中国传统学校教育生态系统的成熟阶段逐渐得到改观，私学开始向制度化、官学化的方向发展，并与官学之间交互衔接。

1. 私学教育生态系统的内部层次

中国私学教育生态系统中的基础教育学校与高等教育学校出现较早。西周末期，"天子失官，学在四夷"，官学衰废，私学兴起，形成了诸子峰起、百家争鸣的学术教育繁盛局面。其时兴起的私学之中，即包含了基础教育学校与高等教育学校。

关于中国传统学校教育生态系统中教育程度上的层次划分，以开始出现

---

① 《大明会典》卷77。

② 《明史·选举志一》。

较为明显的教育程度划分的汉代为代表，主要有两种观点。

一种观点认为，汉代私学可划分为三种基本类型或三种不同层次，有低、中、高三种程度，相当于今天的小学、中学和大学。低层次的是以书馆为主要形式的蒙学教育，中层次的是以“乡塾”为主要形式的一般经书学习，高层次的是以“精庐”或“精舍”为主要形式的专经教育。[①] 也有人认为这三个层次可以笼统地分为两个阶段，即蒙学阶段和专经阶段[②]，这实际上也就是第二种观点。第二种观点认为，汉代私学按其程度可分为书馆与经馆两类。[③]

两种观点虽有分歧，实际指的都是同样的史实，且都是根据相同的两则材料作出的不同判断。一为王充自述：

> 建武三年，充生。为小儿，与侪伦遨戏，不好狎侮；侪伦好掩雀捕蝉，戏钱林熙，充独不肯。诵奇之。六岁教书，恭愿仁顺，礼敬具备，矜庄寂寥，有巨人之志。父未尝笞，母未尝非，闾里未尝让。八岁出于书馆，书馆小僮百人以上、皆以过失袒谪，或以书丑得鞭，充书日进，又无过失。手书既成，辞师受《论语》《尚书》，日讽千字。经明德就，谢师而专门，援笔而众奇。所读文书，亦日博多。[④]

这则材料或许较为含糊，我们能够从中把握的是书馆为启蒙教育之私学，但难以辨清汉代私学为二层次或三层次。而王国维在《汉魏博士考》中则明确宣称汉代私学分三个层次，其曰：

> 刘向父子作《七略》，六艺一百三家，于《易》《书》《诗》《礼》《乐》《春秋》之后，附以《论语》《孝经》、“小学”三目；“六艺”与此三者，皆汉时学校诵习之书。以后世之制明之：“小学”诸书者，汉小学之科目；《论语》《孝经》者，汉中学之科目；而“六艺”则大学之科目也。武帝罢传记博士立《五经》，乃除中学科目于大学之中，非遂废中小学也。汉时教初学之所名曰书馆，其师名曰书师，其书用《仓颉》《凡将》《急就》《元尚》诸篇，其旨在使学童识字习字。……汉人

---

① 参见毛礼锐、沈灌群主编：《中国教育通史》（第二卷），山东教育出版社 1986 年版，第 109—110 页；王志民、黄新宪：《中国古代学校教育制度考略》，首都师范大学出版社 1996 年版，第 54—56 页。

② 金忠明、李若驰、王冠：《中国民办教育史》，中国社会科学出版社 2003 年版，第 25 页。

③ 孙培青：《中国教育史》，华东师范大学出版社 2000 年版，第 108 页。

④ 《论衡·自纪》。

> 就学，首学书法，其业成者，得试为吏，此一级也；其进则授《尔雅》《孝经》《论语》，有以一师专授者，亦有由经师兼授者。①

王国维说得也很明白，汉代私学分小学、中学、大学三个层次是用“后世之制”类比，然而中国传统教育与现代教育层次之间实不可以此类比。一方面，考之以史料，至今未见独设之从事一般经书教育的“乡塾”，而书馆（舍）、精舍（庐）之名于史书可考。关于书馆（舍），除王充自述外，还有史料可证。如《三国志·魏书·邴原传》载：“原十一而丧父，家贫早孤。邻有书舍，原过其傍而泣。”关于精舍（庐）则记述更多，如：

> 自光武中年以后，干戈稍戢，专事经其风世笃焉。……若乃经生所处，不远万里之路，精庐暂建，赢粮动有千百。②
>
> （刘）淑少学明五经，遂隐居，立精舍讲授，诸生常数百人。州郡礼请，五府连辟，并不就。③
>
> 少为诸生，受业长安，师事博士右师细君，习鲁诗、《论语》。王莽末，去归乡里，于东海界为赤眉贼所得……因住东海，立精舍讲授。④

另一方面，不仅未见独设之从事一般经书教育的“乡塾”，而且即使如王国维所说中学之科目《孝经》《论语》的教学也往往见诸书馆之类的小学中，如：

> 正月，农事未起，命成童已上入大学，学“五经”，师法求备，勿读书传。砚冻释，命幼童入小学，学书篇章。……十一月，砚冰冻，命幼童读《孝经》《论语》《篇章》《小学》。⑤
>
> 原十一而丧父，家贫早孤，邻有书舍，原过其傍而泣。师问曰：“童子何悲？”……师亦哀原之言而为之泣曰：“欲书可耳。”答曰：“无钱资。”师曰：“童子苟有志，我徒相教，不求资也。”于是遂就书。一冬之间，诵《孝经》《论语》，自在童龀之中，嶷然有异。⑥

---

① 王国维：《王国维遗书》，上海古籍出版社1983年版。
② 《后汉书·儒林列传》。
③ 《后汉书·党锢列传·刘淑传》。
④ 《后汉书·包咸传》。
⑤ （东汉）崔实：《四民月令》。
⑥ 《三国志·魏书·邴原传》。

事实上,中国传统私学本身所具有的民间性和分散性就决定了难以就其层次进行明确区分,而且有的私学涵盖了教育的全部阶段也是很有可能的。因此,我们不必一味牵强附会地按照现代学制去类比传统教育的阶段或层次,如果粗略地将其划分为基础教育与高等教育两个层次则较为合适。[①] 因为这不但为我们的史实描述提供了便利,也与中国传统教育的本原较为贴切,并且这种层次结构可一直沿用分析至清代前期。如南宋时期,朱熹就提出把教育划分为“小学”和“大学”两个阶段,小学是打基础的阶段,主要任务是培养“圣贤坯璞”;大学是深化和发展的阶段,主要任务是“加光饰”,“使之知所以修身、齐家、治国、平天下之道,而待朝廷之用也”。[②] 朱熹的提法不仅仅体现了他的理解,也包含了其深厚的历史基础。再如,曾经提出汉代私学三层次观点的学者也认为明代私学大体可以分为两类:“一类是以识字和学习基本知识为主的‘蒙学’,相当于‘小学’;一类是在蒙学的基础上,学习儒家经典和理学著作,准备参加科举考试的‘经馆’等,相当于‘大学’”[③]。

基础教育层次的私学自汉代以后不断发展,但总不外乎个体办学与公众办学两类。所谓个体办学是指家塾和教馆两种形式。家塾是由个人居家办学招收生徒或仅传授自家子弟。教馆是由富裕家庭自行设馆,聘请教师专教自家子弟及亲友子弟。所谓公众办学则具有一定的公共性质,主要有村塾与族塾两种形式。村塾由村民自发设馆延师教授村中子弟。族塾是由宗族设馆聘请教师教授族中子弟。明清时代,又出现了义学或义塾。义学面向清贫家庭子弟,带有免费教育性质。

高等教育层次的私学在中国传统社会最受重视,有关史料记载也以此为最多。唐末以后,高等教育层次的私学发展出一种新的组织形式——书院。陈谷嘉、邓洪波依据书院所在地行政级别的不同将书院划分为县级、州级、府级、道级和省级。他们认为这些书院以家族和乡村书院为起点,不同书院之间有着某种程式上的级差,同一书院内部也有高低层次的区分。[④] 虽然这主要是从行政角度出发所作的层次划分,但也带有一定的教育程度上的意味。如 1901 年新政期间,就命令各地一律将各省府厅州县之大小书院改为新式

① 关于中学的产生与发展,可参见王伦信:《清末民国时期中学教育研究》,华东师范大学 2001 年版;冯丽:《清末中学教育研究》,河北大学硕士学位论文,2005 年。

② (南宋)朱熹:《朱文公文集》卷 75。

③ 王志民、黄新宪:《中国古代学校教育制度考略》,首都师范大学出版社 1996 年版,第 192 页。

④ 陈谷嘉、邓洪波:《中国书院制度研究》,浙江教育出版社 1997 年版,第 55—103 页。

学堂,并明令省会大书院改为高等学堂,郡城书院改为中学堂,州县书院改为小堂,这就将教育程度与行政层次联系了起来。

2. 私学与官学教育生态系统间的交互衔接

从教育形式看,官学与私学是中国传统学校教育生态系统的两大分系统,二者既相对独立,又密切联系、交互衔接,并都与选举制度相沟通、相互补充、相互影响,共同构成完整而又复杂的中国传统学校教育生态系统。

吴霓认为,私学几乎承担了中国传统社会蒙养教育的全部任务,蒙养教育进一步向前发展,面对的便是成体系的官学系统和散乱的私学支系,进而开始分流,一部分学生进入高层次教育阶段的官学,一部分学生进入高层次教育阶段的私学,经过官学和私学高层次阶段的教育再选拔出来的人才就汇入到入仕的洪流中去。[①] 这十分明确地指出了中国传统学校教育生态系统中,私学与官学的不同层次之间交互衔接的一个重要方面:高层次教育的官学学生中有一部分来源于私学。如汉代初设太学时,尚无实施启蒙教育的官学,其学生全来自私学。再如明代国子监的学生入学有举监、贡监、荫监、例监等,除举监与贡监外,荫监与例监极有可能为私学学生,特别是例监为通过纳粟纳等捐资入监,必定曾经受业于私学。

私学与官学不同层次之间交互衔接的另一个重要方面是:私学的学生中也有一部分来源于官学。每逢战乱,官学衰废,私学兴起,学子改学于私学往往成为一种普遍现象。而对于发展到高级形态的书院而言,招收官学学生则有制度化的趋势。有学者指出,"县立书院的学生……主要有生员、童生两大类,二者习惯上合称生童。生员,在唐宋时期是指通过州县考试合格,进入州、县学学习的学生,在明清则是指通过郡试合格取得秀才身份的县、州、府学学生"[②]。当然,他们所指的书院实际上已经是官学化的书院了,但也从另一个侧面反映了私学与官学之间的紧密联系。

二、教育类别生态系统

民国时期教育史家王凤喈把自汉至清中叶这一时段称作"大民族习惯时代",并将这一时代的教育分为三种类型:"一种教育是预备做官的,所学的是

---

① 吴霓:《中国古代私学在教育史上所发挥的作用》,《教育研究》1997 年第 3 期。

② 陈谷嘉、邓洪波:《中国书院制度研究》,浙江教育出版社 1997 年版,第 58 页。

做好文章,预备考试;一种是预备生活的,只要晓得写字算数,此种乃是真的平民教育;一种是专为研究学术的,专为传道的,此种多系私人传授,对于中国学术贡献最大。”①这种划分准确而又较完整地概括了蕴含于中国传统社会的三种类型的教育目的。以此为标准,可以将中国传统学校教育生态系统划分为入仕教育生态系统、生活教育生态系统和学术教育生态系统等三个亚系统。这三个亚系统分别以不完全相同的教育内容为中心形成不同的结构,通过发挥教育生态系统独特的育人功能,满足了中国传统社会不同层面的需要。其中,入仕教育生态系统占据主体地位,以官学和绝大多数的私学为依托;生活教育生态系统和学术教育生态系统是中国传统学校教育生态系统的重要组成部分,多以私学为依托。

(一)入仕教育生态系统

在传统中国人的眼里,“官”代表着神圣和尊贵,受到人们的热烈追捧。韩非子《五蠹》说:“今之县令,一日身死,子孙累世絜驾,故人重之。”先秦儒士阶层普遍将经邦治国视为自身不可推卸的政治道义,将入仕做官视为实现个人政治理想的重要途径。《论语·微子》曰:“不仕无义”“君子之仕也,行其义也”。而今人葛承雍的分析则更加深刻:“成功者,被信任者,必委以官职,事业成功却无官职的人,则往往会感到脸面无光。人们追求和向往的,就是入仕做官。官的特权,官的等级,官的待遇实在太具有诱惑力了,某些人无法不趋之若鹜。”②一语道破古人欲求入仕为官之秘密所在,“官”成为中国传统社会十分重要的价值尺度和衡量系数。

1. 入仕教育生态系统的形成与发展

春秋战国以后,官僚政治体制逐渐取代了贵族政治体制,选贤任能逐渐取代了血统世袭,为士阶层读书做官道路的形成奠定了政治制度基础。我国传统社会读书做官的思想出现较早。《尚书·周官》就提出“学古入官,议事以制,政乃不迷”,主张先学古训,然后仕官治国。春秋末期,“学而优则仕”的道路日渐为士人所明确。战国时期,已经出现了读书做官、荣身显耀的现象。史载:

子张,鲁之鄙家也;颜涿聚,梁父之大盗也,学于孔子。段干木,

① 王凤喈:《中国教育史大纲》,上海商务印书馆 1928 年版,第 4 页。
② 葛承雍:《中国古代等级社会》,陕西人民出版社 1992 年版,第 316 页。

晋国之大驵也，学于子夏。高何、县子石，齐国之暴者也，指于乡曲，学于子墨子。索卢参，东方之巨狡也，学于禽滑黎。此六人者，刑戮死辱之人也。今非徒免于刑戮死辱也，由此为天下名士显人，以终其寿，王公大人从而礼之。此得之于学也。①

宁越，中牟之鄙人也，苦耕稼之劳。谓其友曰："何为而可以免此苦也？"其友曰："莫如学。学，三十岁则可以达矣。"宁越曰："请以十岁。人将休，吾将不敢休；人将卧，吾将不敢卧。"十五岁而周威公事之。②

汉代以后，围绕读书做官的入仕教育生态系统逐渐形成。汉武帝时，董仲舒建议设立太学的一个重要缘由即"养士"训练官吏，以解决"对亡应书者"的问题。而且汉初太学博士弟子受业一年后便可通过考试选拔获得官职。而察举制度的建立更是为士人入仕开辟了新渠道。因此，汉代教育之发达，盖受入仕为官的目的驱使而然。史称："自武帝立五经博士，开弟子员，设科射策，劝以官禄，讫于元始，百有余年，传业者浸盛，支叶蕃滋。一经说至百余万言，大师众至千余人，盖禄利之路然也。"③正是官僚政治体制的进一步确立和选举制度的初步建立，促进了入仕教育目的进一步明确，促进了入仕教育生态系统的形成。魏晋以后，崇尚文词，竞骋文华，"世俗以此相高，朝廷据兹擢士。禄利之路既开，爱尚之情愈笃。于是闾里童昏，贵游总丱，未窥六甲，先制五言"④。教育目的仍然指向入仕为官。

隋唐时代，科举制度成为入仕为官的首选正途，更是促进了入仕教育生态系统的发展，并使学校教育演变为预备科举考试的教育。唐代官学与科举实现全面对接，几乎每一类学校都有其对应的科举考试科目。如国子学、太学与四门学所应科目主要是进士与明经，而书学则有明书科，律学有明法科，算学有明算科，道学则有道举。地方官学亦有相对应的科目。至于私学，则可经由乡贡参加科举考试。科举制度的产生，进一步刺激了士人的学习积极性，对入仕教育生态系统的稳定发挥了巩固作用。盛唐时期，科举制度已经发展成为一种相当完备的选举制度，士人无不以应举入仕为荣。"开元以后，

① 《吕氏春秋·尊师》。
② 《吕氏春秋·博志》。
③ 《汉书·儒林列传》。
④ 《隋书·李谔传》。

四海晏清，士无贤不肖，不以文章达，其应诏而举者，多则二千人，少犹不减千人。”①唐玄宗还曾调整科举制度，加强学校教育，“敕天下罢乡贡，举人不由国子及郡、县学者，勿举送”②。规定参加科举考试必须经过学校学习。唐开元、天宝时期，“君子唯门调户选，征文射策，以取禄位，此行已立身之美者也。父教其子，兄教其弟，无所易业。大者登台阁，小者任郡县，资身奉家，各得其足。五尺童子，耻不言文墨焉”③。教育之盛皆因追求科举入仕之荣耀。

2. 入仕教育生态系统的结构与功能

入仕教育生态系统的形成，在于系统结构的组成指向入仕为官的教育目的，发挥了培养官僚的独特功能。

自唐以后，中国传统社会兴办教育的目的无不承袭取用人才之意，这是入仕教育生态系统形成的基础之所在。汉武帝采纳董仲舒的建议设立太学，意在崇乡党之化，以厉贤才。科举制度确立以后，统治者更是通过科举考试网罗人才，巩固自己的统治地位。唐太宗“尝私幸端门，见新进士缀行而出，喜曰：‘天下英雄，入吾彀中矣’”④。宋代实行崇文抑武的文教政策，进一步完善了科举考试制度，使科举制度进入了大发展的时代。宋代统治者大力鼓励士人读书应举，宋真宗则是典型代表，他亲撰《劝学诗》激励士人，诗曰：

富家不用买良田，书中自有千钟粟。
安居不用架高堂，书中自有黄金屋。
出门莫恨无人随，书中车马多如簇。
娶妻莫恨无良媒，书中自有颜如玉。
男儿若遂平生志，六经勤向窗前读。

明清时代，更重科举。明洪武三年（公元1370年），诏令：“自今年八月始，特设科举，务取经明行修、博通古今、名实相称者。朕将亲策于廷，第其高下而任之以官。使中外文臣皆由科举而进，非科举毋得与官。”⑤科举成为明朝最主要的选举制度。明代不仅曾经规定非科举不得入仕，而且规定“科举必由学校”，只有接受学校教育的学生才有参加科举考试的资格，接受学校教育的

① 《通典·选举典》。
② 《新唐书·选举志上》。
③ 《通典·选举典》。
④ （唐）王定保：《唐摭言》卷1《述进士上篇》。
⑤ 《明史·选举志二》。

目的就是参加科举考试。清朝则明确提出学校教育要为朝廷选才提供服务，顺治九年(公元 1652 年)，训令学校“全要养成贤才，以供朝廷之用”①。乾隆四年(公元 1740 年)颁谕：“朝廷之所以优待士子者，以其读书明理，立品修身，足为庶民之坊表，且备登进之选，为国家有用之材也。”②

举办教育以为国家储材之用，而教育者本人更是以此为崇高目的，最典型者莫若明代。明洪武二十六年(公元 1393 年)，订立学官考课法，“专以科举为殿最。九年任满，核其中式举人，府九人、州六人、县三人者为最。其教官又考通经，即与升迁。举人少者为平等，即考通经亦不迁。举人至少及全无者为殿，又不考通经，即黜降”③。将学官的职务升降与科举中举率相挂钩，由此，学校教师无不精心钻研科举之学，培育应举士人。而不少学校亦以其中举人数之多为荣耀。如清代嘉庆年间，陈文骏知甘肃徽县，捐廉俸修复凤山书院，徽县的科举及第率由此提高，他高兴地说：“邑久无科目，岁甲子有砥行立品如程生显德遂举于乡，士益争自濯磨，则书院之成效可睹矣。”④

在统治者的提倡与鼓励下，读书应举的风气日见其盛，家庭或家族教育子弟无不以入仕为官为鹄的，接受教育的目的亦完全围绕应举而定。应举入仕对个人而言，自是旨在获取无上的名利，真所谓“既登第，遂食禄；既食禄，必登朝，谁不欲也”⑤。应举入仕，对整个家庭乃至家族都具有十分重要的意义。《唐摭言》曰：“三百年来，科第之设，草泽望之起家，簪绂望之继世。孤寒失之，其族馁矣；世禄失之，其族绝矣。”⑥因此读书做官的意愿在家庭、家族教育中十分普遍而强烈。如唐代杨收七岁丧父，其母即以登进士激励他认真读书，以应科举。“收七岁丧父……而长孙夫人知书，亲自教授。十三，略通诸经义，善于文咏，吴人呼为‘神童’。……收以母奉佛，幼不食肉，母亦勖之曰：‘俟尔登进士第，可肉食也。’”⑦因此，广大士人无不刻苦攻读，潜心向学，皆赖科举入仕指引之功。邓嗣禹说：

---

① 《钦定大清会典·学校典》。
② 《皇朝掌故汇编》内编卷 41《学校四》。
③ 《明史·选举志一》。
④ 《徽县志》卷 8《凤山书院记》。
⑤ 《唐国史补》卷下。
⑥ 《唐摭言》卷 9《好及第恶登科》。
⑦ 《旧唐书·杨收传》。

启蒙以后，家资虽贫，必茹苦含辛，送子学成；天资虽鲁，父师必严厉挞责，谆谆告戒，俾戒可造之材。贫苦子弟，类旨廉谨自勉，埋首窗下，冀求一第。即纨绔子弟，亦知苦读，以获科第，否则虽富不荣。倘肄业之时，一曝十寒，遇大比之年，名落孙山，则不拘富贫，皆垂头丧气，无面见人。……因此之故，前清时代，无分冬夏，几于书声遍野，夜静三更，钻研制义。是皆科举鼓励之功，有甚于今日十万督学之力也！[①]

至于入仕教育生态系统的教育内容，亦围绕入仕考试内容而定。[②] 科举时代，科举考试犹如一根指挥棒，指引着学校教育的走向。科举考试的内容决定着士人的学习内容。选举考试重经学，于是经学大盛；进士考试重诗赋，于是士人普遍重视学习诗赋而偏废经义；科举考试重策试，于是士人便偏重策论。明清以后，以八股取士，于是“上之所以教，下之所以学，惟科举之文而已”[③]。

（二）生活教育生态系统

所谓生活教育生态系统，顾名思义，即指为未来生活做准备的教育所形成的生态系统。这种教育生态系统的目的指向不在应举入仕，而在能为日后谋生打下一定程度的文化基础。教育目的直接指向生活，这早在自然教育生态系统中就已经存在。初民社会，教育与生活融为一体，教育蕴含于生活之中，生活就是教育的内容，教育的目的主要就是维持人类的生活。在古典学校教育生态系统阶段，教育逐渐从生活中分离出来，发展为相对独立的生态系统，教育目的也逐渐与生活相分离，而转向将贵族子弟培养为未来的政治统治者。在传统学校教育生态系统中，读书应举入仕自是系统内部最主要的也是最具导向性的亚系统，因为这是传统学校教育生态系统形成的重要基础，但除此之外，尚有一种教育生态亚系统结构的功能指向未来生活。

就教育形式而言，生活教育生态系统主要存在于私学之中。私学为民间举办，办学灵活，可以满足不同层面人士特别是农工商阶层的需要。所谓士

---

① 邓嗣禹：《中国考试制度史》，考选委员会1936年版，第398页。

② 关于学校教育内容与科举考试内容的关联性，参见王炳照、徐勇主编：《中国科举制度研究》（第六章“科举制度与官学教育”），河北人民出版社2002年版。

③ （清）孙鼎臣：《论治》，《经世文续编》卷66《礼政六·贡举》。

之子恒为士，农之子恒为农，工之子恒为工，商之子恒为商，农工商子弟入学接受教育，不排除有为日后或农、或工、或商的生活做准备的可能。而官学为政府所操纵，其办学目的即为政府储才，“量材而授官，录德而定位”。而且，官学与入仕的关联十分紧密，竞争十分激烈，士人就读多为入仕从政。再则，在中国传统社会，自官学应举多有身份上的限制，如唐代官学入学资格等级森严，更有“工商之家不得预于士”①的规定。宋代亦曾规定九类人士不得入学，“凡隐匿丧服，或尝犯刑，或亏孝弟有状，或两犯法经赎，或为乡里害，或假户籍，或父祖犯十恶，或工商杂类，或尝为僧及道士，皆不得与士齿”②。

就教育层次而言，生活教育生态系统主要覆盖于蒙学教育层次。在中国传统社会，“学而优则仕”的思想深入人心，许多家庭都期望自家子弟能走通读书做官的道路，因而送子开蒙，盼望家中子弟能“朝为田舍郎，暮登天子堂”。即便如此，传统蒙学教育本质上就是一种生活教育。蒙学的教育内容多包含日常生活、道德教育和基本文化知识，如教之以洒扫庭除、孝悌诚敬、识字习字等，这些都是日常社会生活中所需要的内容。完成蒙养教育以后，可以继续走读书做官的道路，也可以退学谋生。

诚然，读书做官乃是人们入学接受教育的头等要义，但若此路不通，明智之人即转而以谋生为主要目的。南宋诗人官场失意，便教育子弟读书不以应举求仕为目的。陆游说：“吾家本农也，复能为农，策之上也。杜门穷经，不应举，不求仕，策之中也。安于小官，不慕荣达，策之下也。舍此三者，则无策矣。”三策之中，无论何种，他都认为子弟都不可不读书，则其目的在于生活而已。“子孙才分有限，无如之何，然不可不使读书。贫则教训童稚以给衣食，但书总不绝足矣。若能布衣草屦，从事农圃，足迹不至城市，弥是佳事。……仕宦不可常，不仕则农，无可憾也。”③而袁采的说法则反映了传统社会士人读书预备生活的普遍心态，他说：

> 士大夫之子弟，苟无世禄可守，无常产可依，而欲为仰事俯育之计，莫如为儒。其才质之美，能习进士业者，上可以取科第、致富贵，次可以开门教授，以受束修之奉。其不能习进士业者，上可以事书札，代笺简之役；次可以习点读，为童蒙之师。如不能为儒，则巫医、

① 《唐六典·户部郎中员外郎》。

② 《嘉泰会稽志》卷1《学》。

③ (明)叶盛:《水东日记》卷15《陆放翁家训》。

僧道、农圃、商贾、伎术,凡可以养生而不至于辱先者,皆可为也。子弟之流荡,至于为乞丐、盗窃,此最辱先之甚。[①]

这充分说明,人们对于读书预备生活已经有了充分的思考:进可以取科第致富贵,退可以谋职业。

根据可考材料,生活教育生态系统中所做预备以商业生活为最多,且以明清时期为最盛。余英时认为:

商人是士以下教育水平最高的一个社会阶层。不但明清以来"弃儒就贾"的普遍趋势造成了大批士人沉滞在商人阶层的现象,而且,更重要的是商业本身必须要求一定程度的知识水平。商业经营的规模愈大则对知识水平的要求也愈高。即以一般的商人而言,明清时代便出现了大批的所谓"商业书",为他们提供了必要的知识。[②]

教育内容反映教育目的。传统蒙学中即有许多为商业生活预备的内容。蒙学教育,除《三字经》《百家姓》《千字文》外,还会根据实际需要增加预备生活的内容,如《杂字》等。王尔敏认为,《杂字》的应用不晚于南北朝,《隋书·经籍志》《敦煌掇琐》和《敦煌杂录》等于此均有列载。穷苦家庭往往无法承担家中子弟长期的学费,送其入学不为做官求功名,为能于蒙学识数千字以外出就傅,投身商贩工徒,自谋衣食而不须依赖父母。至于能读两三月书,已经属于父母特别器重,期望能为将来做掌柜打下一定的基础。[③] 因此,蒙学多会针对儿童未来的生活需要进行识字教育。如《常用杂字》[④]中教之以市井小商人子弟或学徒习字的内容有:

人生世间,耕读当先。生意买卖,图赚利钱。学会写账,再打算盘。天平戥子,纸墨笔砚。升合斗桶,一称两端。明斤明两,不哄不瞒。冷热蒸卖,现吃现端。芝麻打油,苏子一般。密食果子,又香又甜。高粱煎饼,绿豆稀饭。小米粘粥,麦子细面。麸子喂马,豆腐沾蒜。豇豆黍稷,荞麦稻田。扁豆豌豆,谷子碾凿。耢耙拖车,绠索鞦

① (南宋)袁采:《袁氏世范》卷2《处己·子弟当习儒业》。
② 余英时:《中国近世宗教伦理与商人精神》,联经出版事业公司1987年版,第122页。
③ 王尔敏:《近代文化生态及其变迁》,百花洲文艺出版社2002年版,第107—109页。
④ 详见赵洪林编:《蒙学全书》,吉林文史出版社1991年版,第64—71页。

犟。梭头笼嘴，缰绳鼻牵。嚼子辔头，沾水夹板。鞍鞯屟子，金镫藤鞭。

除预备商业生活之外，亦有预备农业生活之教育。陆游在《秋日郊居》一诗下自注曰："农家十月乃遣子入学，谓之冬学。所读《杂字》《百家姓》之类，谓之村书。"此类学校多为农闲时入学，春季农忙之际即止。在教育内容方面，即应农业需要进行教育，其教材有《山西杂字必读》《山东庄农日用杂字》等。这类教材尽量将农业用字收入其中，如《山东庄农日用杂字》开篇即说："人生天地间，庄农最为先。要记日用账，先把杂字观。"具体杂字则如：

开冻就出粪，制下镢合锨。
扁担槐木解，牛筐草绳拴。
明日把场打，麸料牲口食。
套上骡合马，不禁碌辘颠。
迎风摔簸箕，扬的蛾眉弯。
若遇风不顺，再加扇车扇。

（三）学术教育生态系统

在中国传统学校教育生态系统中，还存在这样一种亚系统，它的独特结构所发挥出来的功能取向既不是为了读书应举，也不是为了谋取生活衣食，而是孜孜以求于学术的传承与发展，这种亚系统就是学术教育生态系统。学术是社会文化的重要组成部分，学术研究在中国传统社会具有较高的社会地位和较大的社会影响。因此，士阶层中的一部分人往往无意于仕途功名，不屑于工商谋利，而潜心于学术研究，反映了一种独特的人生观和价值观，此正如清人钱大昕所言："书有一卷传，亦抵公卿贵。"①

中国自进入文明社会以来，学校之中，学术研究多以私学为依托，所以，学术教育生态系统也以私学为主体。春秋战国时代是我国学术事业蓬勃发展的第一个高潮时期，学派林立，思想繁荣，形成了"百家争鸣"的兴旺景象。这一时期，也是私学大发展的重要时期，而且，几乎每一个私学就是一个学派，每一个学派就至少有一个私学，如孔子开创儒学，收徒教学，建立了春秋

---

① （清）钱大昕：《潜研堂文集》卷26《瓯北集序》。

时期规模最大、最有影响的私学。除儒学之外，尚有墨学、道学、法学、阴阳学、名学、农学、纵横学等学派和私学，可谓学术繁荣，私学昌盛。这也为由学入仕、“以学干政”道路的形成提供了充分条件，诸学之中许多士人都以此为个人奋斗目标。但也有一些士人甘于清贫，潜心向学，如孔子弟子颜回终身好学，“一箪食，一瓢饮，在陋巷，人不堪其忧，回也不改其乐”①。再如道学本为出世之学，道家学者如庄子等人更是绝意于仕途。

秦始皇焚书坑儒，严禁私学，使中国学术事业与教育事业发展在秦代都陷入停滞。进入汉代，中国传统学校教育生态系统初步形成，学术事业发展开始恢复并日趋繁荣，学术教育生态系统也随之形成、发展。汉代学术的核心是儒家经学，研习儒家经学尤其是古文经学者之中，也有一些士人不愿仕进，惟愿致力于经学的传承与发展，学成之后，即便官府征辟礼请皆不就，而是多立“精舍”，聚徒讲学，隐居山林。如东汉刘淑学明“五经”之后辄立精舍，不应官府之诏。“淑少学明五经，遂隐居，立精舍讲授，诸生常数百人。州郡礼请，五府连辟，并不就。”②檀敷也是如此，“少为诸生，家贫而志清，不受乡里施惠。举孝廉，连辟公府，皆不就。立精舍教授，远方至者常数百人”③。

魏晋南北朝时期，时局动荡不安，官学时兴时废，私学绵延不绝。九品中正制逐渐取代了察举制，选举重门第不重才学，由此使得传统学校教育生态系统整体日趋废坏，学术教育生态系统虽同受影响，但比入仕教育生态系统较为发达，许多士人因种种原因而无心于仕途发展，专心于学术传承。如王裒“隐居教授，三征七辟皆不就”④。宋纤“隐居酒泉南山，明究经纬，弟子受业三千余人”⑤。

隋唐以后，科举制度的建立与发展使入仕教育生态系统获得了极大的发展，士人纷纷以读书中举为晋身之阶。至于学术教育生态系统，则在入仕教育生态系统的极度膨胀之下日趋萎缩。及至唐末书院产生，才为学术教育生态系统的发展提供了良好的载体。而书院的产生本身就有打破科举制度对学术事业发展的束缚、造成自由讲学的风气之意，是对入仕教育生态系统的

① 《论语·雍也》。
② 《后汉书·党锢列传·刘淑传》。
③ 《后汉书·党锢列传·檀敷传》。
④ 《晋书·孝友列传·王裒传》。
⑤ 《晋书·隐逸列传·宋纤传》。

一种反动。[①]

对读书士人而言，执著于学术传承本就有别于应举入仕，甚至是对科举制度的批评或否定，这一点则与以讲学为主要目的的书院相一致。所以，许多创办学术型书院者多对科举制度表示不满。朱熹说："熹窃观古昔圣贤所以教人为学之意，莫非使之讲明义理以修其身，然后推己及人；非徒欲务记览、为词章，以钓声名取利禄而已。……圣贤所以教人之法，具存于经，有志之士，固当熟读深思而问辨之。"[②]因此，他热心兴复书院，拟订书院学规，宣讲修身养性之道。再如，明代黄宗羲也说："而所谓学校者，科举嚣争，富贵熏心，亦遂以朝廷之势利，一变其本领。而士之有才能学术者，且往往自拔于草野之间，于学校初无与也。究竟养士一事，亦失之矣，于是学校变而为书院"[③]。与此相应，一些求学者也对科举与仕途毫无兴趣。如朱熹高足蔡元定[④]，自幼随父学《程氏语录》《邵氏经世》《张氏正蒙》等，后又拜朱熹为师，朱熹以其学识渊博，不愿称师而愿为友，说"此吾老友也，不当在弟子之列"[⑤]。蔡元定一生不涉仕途，不干利禄，尤袤、杨万里等人多次推荐他为官，他均托病推辞，潜心著书立说，先后撰有《大衍详说》《律吕新书》《燕乐》《原辨》《皇极经世指要》《太玄潜虚指要》《洪范解》《八阵图说》等，并协助朱熹撰成《近思录》《易学启蒙》《太极图说解》《资治通鉴纲目》《周易参同契考异》等重要著作，是朱熹理学的主要创建者之一，被誉为"朱门领袖""闽学干城"。

书院虽起于唐代，但作为一种制度形成和兴盛则在宋代。"宋初士病无所于学，趋于书院；官病无所于养，取之书院，殊途而同归，经过官民双方的共同努力，书院得以蔚然而兴。"[⑥]宋初的书院仅为教育、藏书机构，还未能达到传承、研究与发扬学术的高度。加上科举制度的大发展，入仕教育生态系统相当发达，学术教育生态系统则相对衰落。到南宋以后，由于理学的兴起及

---

① 陈元晖、王炳照指出："一般说来，书院是反对科举的，但也常常受到科举制度的强烈影响，同样变成科举的附庸。而当书院作为独立的教育机关，与官学相对存在时，书院的特点就明显地体现出来；反之，当书院官学化加强时，书院的特点也就不太明显了。同样，当书院摆脱科举的影响时，书院的特点就表现得非常突出；而当书院变成科举的附庸时，书院的特点也不见了。"参见陈元晖、王炳照：《书院制度简论》，《北京师范大学学报》（社会科学版）1980年第5期。

② 《朱子文集·白鹿洞书院揭示》。

③ （明）黄宗羲：《明夷待访录·学校篇》。

④ 蔡元定（公元1135—1198年），字季通，人称西山先生，建宁府建阳县（今属福建）人，南宋著名理学家、律吕学家、堪舆学家。

⑤ 《宋史·蔡元定传》。

⑥ 邓洪波：《中国书院史》，东方出版中心2004年版，第77页。

理学家讲学于书院，书院与学术的关联方密切起来。自宋至清，中国学术研究的主体在书院，书院成为中国学术发展的重要阵地。吴康对于书院与学术之间的关系有着较为准确的描述，他说：

> 中国故制书院制度，集文史研究之长，为专门讲习之业，与希腊"亚加登美"(Academia)、"利凯央"(Lykeon)相类似，自宋迄清九百余载，书院庠序遍于郡邑，为国家教育之所，与今之学校同也。有时大师硕彦，讲学其中，如宋之白鹿、岳麓，明之东林，清之南菁、尊经、学海、万木，皆教育英才，主持风会，则柏拉图之'亚加登美'，亚里士多德之'利凯央'，不得专美于希腊二千年前往史矣。①

书院也培训出了许多优秀的学术人才，为各学派的传承与发展做出重要贡献。宋代以后的学术发展特别是学术流派的传承，几乎都以特定的书院作为依托：

> 像起始的濂洛关闽四大学术流派，及其以后的程朱学派、湖湘学派、陆王学派、泰州学派、东林学派、蕺山学派、浙东学派、颜李学派、桐城学派、乾嘉学派等等，几乎都是在书院这块学术阵地上形成和发展起来的，他们的学术观点都是靠他们自己创办书院进行传播。②

因此可以说，宋代以前，学术教育生态系统多存于私学。自宋以后，学术教育生态系统多存于书院。

三、教育区域生态系统

生态系统总是处于一定的空间范围内，由此形成生态系统的空间分布。生态系统的空间分布，是生态系统研究中的一个重要内容。"任何生态系统类型，离开了它所处的空间格局，其他诸如环境与生物诸要素相互作用的问题，生态系统的发展与演进的问题等等，统统失去了讨论的基础。"③教育生态系统中的空间分布，通常表现为区域分布，各个不同区域的教育生态系统

① 刘伯骥：《广东书院制度·序》，上海商务印书馆 1939 年版。
② 杨布生：《中国书院与传统文化》，湖南教育出版社 1992 年版，第 80 页。
③ 牛文元：《生态系统的空间分布》，《生态学报》1984 年第 4 期。

(简称教育区域生态系统)是大教育生态系统的亚系统。研究教育区域生态系统,对于了解大教育生态系统的演进与平衡具有十分重要的意义。中国传统学校教育生态系统的区域分布,表现出逐步拓展、重心转移两大特征。

(一)教育区域生态系统的逐步拓展

要想完全弄清楚中国传统社会的教育区域分布情况,是十分困难的。但是透过十分有限的文献资料,我们还是可以把握其基本脉络与趋势。同样,要想弄清楚私学的区域分布情况,更加困难。因此,在分析中国传统学校教育生态系统的区域分布时,我们以书院的产生为界,书院产生以前,以地方官学为主要研究对象;书院产生以后,以书院为主要研究对象。虽然这样的界定显得不伦不类,却也能说明一些问题。因为书院产生以前,是地方官学的拓展阶段;书院产生以后特别是明清时代,地方官学的发展趋于定型,书院反而成为一种十分重要的教育组织形式。

汉代地方行政区域,以郡和国为单位,地方官学设置也以此为基础。汉代地方官学之创始于景帝时文翁兴学,其后汉武帝诏令"天下郡国皆立学官",但实际上地方官学仍不普遍。一般认为,汉代普遍设置地方学官始于汉平帝元始三年(公元3年),地方学官从此走向逐步拓展之路。东汉以后,郡国学校更加发达,班固《东都赋》称"四海之内,学校如林,庠序如林"。事实果真如此吗?西汉有郡国103个,东汉顺帝时有郡国105个,是否每个郡或国都设置学官、兴立学校?史无明文可考。范正娥认为,根据考证两汉设立的郡国学校有39个,而且大多数建立于东汉时期。[①] 范正娥的考证未有更多的文献可资佐证,然而卜然然根据史籍和出土文物的记载考证,东汉时期设立文学[②]的郡国数量与此也相差不大,计有34个,分别是:蜀郡、平原郡、弘农郡、巴郡、左冯翊、广汉郡、鲁国、武陵郡、常山郡、汝南郡、东郡、武威郡、丹阳郡、桂阳郡、山阳郡、南阳郡、九江郡、东海郡、河南尹、河内郡、魏郡、琅邪郡、涿郡、渤海郡、济阴国(郡)、燕(国)、赵(国)、陈留郡、河东郡、会稽郡、颍川郡、辽东郡、九真郡、交趾郡。[③] 若以此为基础作判断,可知汉代地方官学的区域分布由西汉向东汉逐步拓展,但并未全面展开:从绝对数量看,仅有30多个;从相对数量看,仅有32%的郡国设立了学校。以今日视野来看,东汉时的

---

① 范正娥:《论两汉太学与郡国学、私学之关系》,《科教文汇》2007年8月下旬刊。

② 汉代设置的地方学官,称文学掾或文学史,可统称为文学官,也可简称为文学。

③ 卜然然:《汉代地方官学的教师设置》,《教育学报》2007年第5期。

郡国学校已经分布于今天的陕西、甘肃、四川、重庆、河南、河北、山西、山东、湖南、北京、辽宁、安徽、浙江等13个省市，约占今日省份总数的38%[①]。另外，还在今越南地区设置了两个郡国学校。

魏晋南北朝时期，官学时兴时废，地方官学较之汉代并无明显拓展。隋朝结束了长期的社会纷乱，重新建立了统一的国家政权，虽然国祚不长，但它所开创的各项事业为唐王朝的兴盛奠定了坚实基础。隋文帝开国之初，重视教育，设立了州县学，要求天下州县普遍设置博士，"京邑达于四方，皆启黉校"。此后，又因文帝崇佛而废除了州县学。隋炀帝即位后，重振教育，"复开庠序，国子、郡县之学，盛于开皇之初"[②]。隋代地方官学是否真正"达于四方"以及如何兴盛，难于详考，但其迅速衰败则十分显然，不久就因"戎马不息"而"师徒怠散"，"空有建学之名，而无弘道之实"，"方领矩步之徒，亦转死沟壑"。[③]

唐代的教育普及程度较高，教育生态系统覆盖的区域较广，为以前任何朝代所不及。早在武德元年(公元618年)，唐高祖李渊就敕令"上郡学置生六十员，中郡五十员，下郡四十员。上县学生四十员，中县三十员，下县二十员"[④]。但由于势力范围所限，其敕仅及长安、并州、汾州、河东等地。武德七年(公元624年)，高祖再次诏令"州县及乡里并置学"[⑤]。但这一诏令未被完全实施，因为至高宗时，"诸州县孔子庙堂及学馆破坏并先来未造者，遂使生徒无肄业之所，先师阙奠祭之仪，久致飘零"[⑥]。武则天时，学校教育又遭停滞。唐玄宗对教育极为重视，开元二十六年(公元738年)，"令天下州县里别置学"[⑦]。唐玄宗开元年间，还具体规定了各州县学生员名额：京都学生80人，大、中都督府和上州各60人，下都督府和中州各50人，下州40人；京县50人；畿县、上县各40人；中县、中下县各35人；下县25人。因此，唐代的地方官学不仅在广度上拓展，而且在深度上下延，显示了教育区域生态系统在唐代发展的新气象。史称："唐取人之路盖多矣，方其盛时，著于令者，纳课品

---

① 以今天的行政区域比附过去的行政区域确实不妥，但在史料阙如的情况下，作这种比附也不失为一种方法。

② 《隋书·儒林传序》。

③ 《隋书·儒林传序》。

④ 《旧唐书·儒学列传》。

⑤ 《唐大诏令集》卷105《崇儒·置学官备释奠礼诏》。

⑥ 《旧唐书·高宗本纪》。

⑦ 《通鉴》卷214《玄宗开元二十六年正月》。

子万人,诸馆及州县学六万三千七十人。"[1]这一数字并不包括医学、太史历生、天文生以及私学生员,因此足可证明唐代学校教育之盛。不仅如此,我们还可依此粗略推测唐代州县学的普及区域亦较广。《旧唐书·地理志》载:"开元二十八年,户部计帐,凡郡府三百二十有八,县千五百七十有三。羁縻州郡,不在此数。"我们以此为基数,可以大致测算出唐代州县学应有之规模,具体如下:

州、郡、府共 328 个,其中,上州 109 个,每州州学生员 60 人,计 6 540 人;中州 30 个,每州州学生员 50 人,计 1 500 人;下州 189 个,每州州学生员 40 人,计 7 560 人。

县 1 573 个,因上中下县具体数目难于详考,故以中县县学 35 人计算,计有生员 55 055 人。

另加:国子学 300 人,太学 500 人,四门学 1 300 人,律学 50 人,书学 30 人,算学 30 人,广文馆无定额,以元和时 70 人计。[2]

粗略总计,唐代中央及地方官学应有生员 72 865 人。

此数与开元时 63 070 人相差约 10 000 人,这说明,一方面唐代并非所有州县都设立了学校,史实于此确有明证,如开元十七年(公元 729 年),韦景骏任房州刺史,却发现盛世时的房州却是"俗参蛮夷,好淫祀而不修学校"[3]。其他区域也有不兴学校的同样情况。另一方面,这一数据也说明唐代的教育生态系统确实已经覆盖到了多数区域,以唐兴盛之时的生员数 63 070 比之于我们所粗略测算的应有生数 72 865 人,可以推测,唐代约有 87% 的区域设立了州县学,较之于汉代,有了较大程度的拓展。尽管这一数据并不十分准确,但也可为我们了解唐代学校教育生态系统的区域分布情况提供参考。

宋代是地方官学大发展的时代,无论是教育的普及程度还是发展规模都胜过前代。宋初特重科举,因而学校不兴,"在从 960—1021 年的 60 多年间,全国只有 16 个州学和 32 个县学"[4]。直至庆历四年(公元 1044 年),才开始诏令诸路、州、军、监立学,学者 200 人以上的县设置县学,由此开始了大规模

---

① 《新唐书·选举志下》。

② 关于唐代中央官学的生员数目,开元年间,国子祭酒杨玚称有"学徒三千",见《全唐文》卷 294《谏限约明经进士疏》。

③ 《旧唐书·韦景骏传》。

④ 包弼德:《斯文:唐宋思想的转型》,江苏人民出版社 2001 年版,第 174 页。

的州县兴学运动,"自是州郡不置学者鲜矣"[①]。欧阳修称赞说:"(庆历四年)三月,诏天下皆立学,置学官之员。然后,海隅徼塞,四方万里之外莫不有学。宋兴盖八十有四年,而天下之学始克大立"[②]。宋神宗时,熙宁、元丰兴学,进一步促进了地方官学的发展,"自京师至郡县皆有学"。至元丰年间,全国已有18路53个州、府、军、监任命了学官教授。崇宁兴学则使宋代地方官学空前兴盛,"天下皆置学,郡小或应书人少,即合二三州共置一学,学悉置教授二员,县亦置学"[③]。崇宁三年(公元1104年),诏"天下取士,悉由学校升贡,其州郡发解,凡试礼部法并罢"[④]。更加突显了学校在入仕从政中的地位与作用。大观二年(公元1108年),提举京西南路学事路瑗称其所辖计8州30余县,为最小的路,但已有"学舍乃至三千三百余区,教养生徒三千三百余人,赡学田业等岁收钱斛六成三千余贯石"[⑤]。由此可见宋代地方官学之盛况。据统计,宋代学校生员在崇宁二年(公元1103年)时就已经达到了21万余人,远远超过了唐代最盛之时的6万余人。一个时代的文化的普及程度反映了教育的普及程度,文化的发展水平反映了教育的发展水平。宋代文化的普及与发达程度均为世人所称颂。张邦炜认为,"宋代文化最为明显的特征,恐怕莫过于相对普及",相对普及的主要表现不仅在于神童多、才女多、儒将多,"还在于文化从先进地区推广到落后地区、从通都大邑推广到穷乡僻壤,特别是从士阶层推广到农工商各阶层,极少数世家大族再也不能完全垄断文化,整个社会的文化水平提高"。[⑥] 至于宋代文化的发达程度,陈寅恪有言:"华夏民族之文化,历数千年之演进,造极于赵宋之世。"[⑦]邓广铭说:"宋代文化的发展,在中国封建社会历史时期内达于顶峰,不但超越了前代,也为其后的元明之所不及。"[⑧]充分说明了宋代文化的高度发达,也反映了宋代教育前所未有的普及程度。

宋代以后历朝,教育发展虽屡有起伏,但均保持了较高的普及程度。元

① 《宋会要辑稿·崇儒二之四》。

② 欧阳修:《欧阳修全集·吉州兴学记》。

③ 《文献通考·学校考七》。

④ 《续资治通鉴》卷89。

⑤ 《续资治通鉴》卷90。

⑥ 张邦炜:《宋代文化的相对普及》,见北京大学古文献研究所、四川大学古籍整理研究所编:《国际宋代文化研讨会论文集》,四川大学出版社1991年版。

⑦ 陈寅恪:《金明馆丛稿二编》,上海古籍出版社1980年版,第245页。

⑧ 邓广铭:《宋代文化的高度发展与宋王朝的文化政策》,《历史研究》1990年第1期。

代虽然总体教育水平较低，但自世祖初期就开始注意兴办教育。据《元史·世祖本纪》记载，至元二十三年（公元1286年），“大司农司上诸路学校凡二万一百六十六所”，此后进一步发展。至元二十八年（公元1291年），“司农司上诸路所设学校二万一千三百余”。按当时人口5 984多万人统计，这一时期，平均每2 800余人就拥有一所学校，其学校设置与发展规模相当可观。① 元代还创立了社学，诸县所属村庄，五十家为一社，每社立一所学校，这样进一点扩大了教育的覆盖区域。

明代的地方官学也得到了空前发展，不仅按照地方行政区域设立学校，也按照军队编制设立学校，还在全国谷物财货集散地和土著民族聚居地设立学校，传统学校教育生态系统覆盖的区域相当广泛。据《中国教育制度史》统计，至明洪武末年，全国有府州县学1 015所，说明约有73%的府州县设立了儒学；而到万历年间，全国府州县学增至1 435所，意味着约有94%的府州县设立了儒学。② 堪称“无地而不设之学，无人而不纳之教”。

清代地方官学的发展也因袭明制，《清史稿》载：“府、州、县、卫儒学，明制具备，清因之。”③在继承明朝的基础上，清代教育也有很大的发展，从京畿、直省到边疆地区，各府、州、县、卫都建立了儒学，并且特别在东北、西南等边远地区加强了学校的设立，“至乾、嘉时期，清朝已基本形成遍及全国，覆盖面远超过前代的地方官学教育网”④。而据记载，嘉庆八年（公元1803年），“查各省府厅州县共一千七百余学”⑤，很显然，这一数字超过了明代的学校数量。

由上文分析可知，汉代学校区域覆盖率约为38%，唐代为87%，明代为94%，宋与清代虽未作数据分析，但可判断，其区域覆盖率也都超过前代，中国传统学校教育生态系统的区域分布确实呈现出逐步拓展的态势。当然，我们这里主要是以官学为例进行分析，私学的发展也基本如此，我们再以书院为例。

邓洪波的研究，为我们了解历代书院区域分布的拓展情况提供了便利。⑥ 根据他的统计，自唐末书院产生以后，书院的数量逐步扩大，几呈直线上升态势，见表4。

---

① 孙培青：《中国教育史》，华东师范大学出版社2000年版，第203页。

② 吴宣德：《中国教育制度通史》（第四卷），山东教育出版社2000年版，第172—175页。

③ 《清史稿·选举志·学校一》。

④ 马镛：《中国教育制度通史》（第五卷），山东教育出版社2000年版，第128页。

⑤ 《钦定学政全书》卷28《磨勘事例》。

⑥ 参见邓洪波：《中国书院史》，东方出版中心2004年版。

表4　历代书院数量统计表

朝代	唐	北宋	南宋	元	明	清
书院数	57	73	442	406	1 962	4 365

我们以邓洪波的统计为基础，以清代行省为单位①，计算出了历代书院区域覆盖率，见表5。

表5　历代书院区域覆盖率统计表

朝代	唐	北宋	南宋	元	明	清
覆盖率	39%	70%	73%	75%	95%	100%

由表5可以看出，在全国范围内，书院在行省的设立是逐步拓展的。不仅如此，邓洪波还计算出了各省书院平均数量，汇总如表6。

表6　历代各省书院平均数量统计表

朝代	唐	北宋	南宋	元	明	清
各省平均书院数	4	5.214	40.181	27.066	103.263	229.736

表6说明，在行省范围内，除元代略有下降外，历代书院的设立数量也呈现逐步拓展的态势，前后朝代之间，拓展的速度十分快捷，如南宋约为北宋的8倍，明代约为元代的4倍，清代约为明代的2倍，充分反映了中国传统学校教育生态系统在区域间的不断拓展，也反映了中国传统学校教育生态系统的不断成熟与完善。

（二）教育区域生态系统的重心转移

中国传统学校教育生态系统在区域间的不断拓展，也在某种程度上说明了它内部的不平衡性，即有的区域设立了学校，有的区域则没有设立学校。教育重心的转移正是教育区域生态系统内部不平衡的重要体现。

汉代郡国学校分布于今日的河南、山东等13个省份，即在这些区域内部就存在着明显的不平衡性（见表7）。有7个省份仅有1所学校，3个省份有2所学校，其余均集中在河南、山东、河北3个省份，这说明汉代的教育重心在黄河流域的中

① 以清代行省为计量单位的原因，详见邓洪波：《中国书院史》，东方出版中心2004年版，第65页，注4。

下游地区,学校教育的发展以该区域为核心,向四周辐射。这一分布概况与汉时的政治、经济和文化发展状态相一致。其时黄河流域正是全国的政治、经济和文化中心,特别是东汉定都洛阳,凸显了今天的河南地区的重要地位。

表7　汉代郡国学校区域分布统计表

省份	河南	山东	河北	四川	湖南	安徽	重庆	陕西	北京	辽宁	浙江	甘肃	山西
学校数量	8	6	5	2	2	2	1	1	1	1	1	1	1

唐代的学校教育区域发展也不平衡。一个区域的科举及第的比率通常能够反映该区域的教育发展程度。我们曾经以入新、旧《唐书》列传者为样本,分析其中科举及第人才的区域分布情况。研究结果显示,唐代的关内道、河南道、河北道是科举人才的主要分布地区,所出人才占67.7%,说明这一区域教育普及范围较广,教育水平较高,为教育发展的第一层次区域;山南道、淮南道、陇右道、岭南道和剑南道等5道所出科举人才极少,仅占8.1%,说明这一区域的教育相当落后,为教育发展的第三层次区域;河东道、江南道的科举人才数介于上述两个区域之间,占23.8%,为教育发展的第二层次区域。而就同一道内而言,教育的发展也不平衡。如第一层次区域的关内道虽然所出人才最多,但基本集中于京兆府等少数州县,占关内道大部分面积的北方州县几乎很少有人才出现。河东道也是如此,其所出人才主要集中于包括河中府在内的并州、绛州等少数几州。①

这种不平衡现象凸显了教育发展的区域重心所在。唐代教育发展的第一层次区域为关内道、河南道和河东道。关内道所辖范围包括今陕西大部及甘肃、宁夏、内蒙古的部分地区,河南道所辖范围包括今河南省大部和山东、江苏、安徽三省的部分地区,河东道所辖范围包括今山西省及河北省、内蒙古的部分地区。由此看来,中国传统学校教育生态系统的区域重心仍然在黄河中下游流域,与汉代相比没有大的变化。但如果考察得更细微一些就可以发现,区域重心逐步由河南地区转向陕西地区,这是唐代定都西安使然。此外值得注意的是,晚唐以后,长江流域的教育已经逐步呈现出兴旺发达的趋势,预示着教育区域发展的重心有向南方转移或扩展的迹象。

① 参见邓小泉:《唐代科举人才区域分布概况及原因》,《西华师范大学学报》(哲学社会科学版)2003年第5期;《唐代科举人才区域分布的教育因素考察》,《南都学坛》(人文社会科学学报)2004年第4期。

宋代以后，地方官学在全国几乎呈点状全面铺开，因此书院作为一种新兴教育组织形式，其区域分布状况也可以反映出教育发展的重心所在。邓洪波将历代书院分为发达地区、相对发达地区和不发达地区。通过他的研究，我们也能发现中国传统学校教育生态系统在区域分布上的不平衡性和重心转移的轨迹（见表8）。首先是书院的分布极不平衡，自宋至清，江西始终是书院最发达的地区（见表9），其所占书院总数除在清代被广东超过、名列第二以外，自宋至明始终名列首位，而且在元以前占全国书院总数的比例均在20%以上。西北、东北等边远地区则始终是最不发达地区，其中有的行省连一所书院也没有，可谓差别甚远。

自北宋开始，南方的书院数量就开始超过北方，黄河流域地区在书院分布中几乎均处于不发达地区，而相对发达地区和发达地区，则几乎全为长江流域和珠江流域所覆盖，这说明，在中国传统学校教育生态系统内部，发展的重心已经逐步由北方转移到南方。

表8　历代书院发达程度区域分布统计表

朝代	北宋	南宋	元	明	清
发达地区	江西	浙江、江西	浙江、江西	江西、广东	江西、福建、广东、四川
相对发达地区	河南、湖南	福建、湖南	安徽、福建、湖南	江苏、安徽、浙江、福建、湖北	直隶、江苏、浙江、湖南
不发达地区	直隶、陕西、山西、山东、安徽、江苏、浙江、福建、湖北、广东、四川	江苏、安徽、湖北、广东、广西、贵州、四川	直隶、河南、山西、陕西、山东、江苏、湖北、广东、广西、四川	直隶、河南、山西、陕西、甘肃、辽东、山东、湖南、广西、云南、贵州、四川	河南、山西、陕西、甘肃、东北、山东、安徽、湖北、广西、云南、贵州

表9　历代江西书院总数统计表

朝代	北宋	南宋	元	明	清
江西	23		91	270	392
全国	73	442	406	1962	4365
江西占全国的比例	32%	33%	22%	14%	9%
最不发达行省	陕西（1）	贵州（1）	广西（4）	辽东（6）	东北（33）

第五章　中国传统学校教育生态系统的演化

鸦片战争以后，中国社会生态系统在不断受到外部强力的干扰下发生演化，逐渐由官僚社会向国民社会①转变。这一转变又对中国传统学校教育生态系统产生了冲击和干扰，形成巨涨落。而自明清以来，中国传统学校教育生态系统日益衰老，其生态阈限变得越来越低，虽几经调节，但已经不能承受外部的严重冲击和干扰了，原有的生态平衡被破坏，系统的要素发生了变化，旧结构逐渐衰退，新结构逐步建立，进而促进了旧系统的退化和新系统的形成。

一、官僚社会生态系统的演化

生态系统具有协同性。所谓协同性是指生态系统是由若干生物要素（或亚系统）与环境共同组成的统一整体，其中任何一个要素（或亚系统）的变化，都可能引发生态系统其他要素（或亚系统）的变化，表现出整体共同变化

① 国民社会，也有人称之为公民社会、市民社会。国民社会与初民社会成员的平等地位是在不同程度上的表现，初民社会的成员平等是自然形成的，具有自在性；而国民社会的成员平等是由法律人为规定的，具有自为性。如《中华民国临时约法》规定："中华民国由中华人民组织之""中华民国之主权，属于国民全体""中华民国人民一律平等，无种族阶级宗教之区别"。当然，我们并不能因此断定自民国以后就完全是国民社会，但以后的历史发展证明，中国社会在不断地接近它、实行它、发展它。

的特征。秦汉以后，地主制经济、官僚政治、以儒学为主的传统文化以及大一统科学技术之间相互联系、协同进化，组成超稳定的社会结构，形成了中国官僚社会生态系统。鸦片战争以后，中国社会的外部环境发生了深刻变化，中国传统官僚社会的稳定性被打破，经济、政治、文化与科技之间又表现出整体转型的协同性，推动了中国传统官僚社会生态系统的演化。

（一）经济生态系统的演化

经济生态系统的演化主要表现为经济结构的转型。19 世纪 40 年代以后，中国受到西方列强的入侵实际上是欧洲重商主义理论影响的结果。16 世纪晚期至 17 世纪中叶，是欧洲的晚期重商主义时代。晚期重商主义最重要的代表人物托马斯·孟（Thomas Mun，公元 1571—1641 年）认为，扩大对外贸易是实现国家富强的唯一手段，“除了通过对外贸易以外，我们就没有其他手段可以用来获得现金……因为我们并没有产出金银的矿藏，而我已指出如何在经营我们所说的贸易上获得金银，那就是要使我们每年出口的商品超过我们所消费的进口货”①。晚期重商主义理论与政策极大地改变了英国的农业生产经营方式，使英国农业完成了资本主义改造，同时也极大地促进了英国工商业的振兴和腾飞。18 世纪，英国率先完成了工业革命，国内社会生产力得到迅速提高，需要寻找更为广阔的海外市场和原料产地。然而，在中英长期的贸易中，中国自给自足的小农经济却一直使英国处于逆差状态，英国在两国贸易中不但未能实现目的而且其出口的重要产品——鸦片也遭遇中国的禁令。英国为了向外扩张，变中国为其原料产地和商品倾销市场，于是发动了侵华战争。从此以后，相继完成工业革命的其他列强也先后跟进，对中国以战逼商。在西方列强的战争和通商的双重压迫下，中国传统社会的经济结构开始瓦解，以小农生产为主的地主制经济逐步解体，工商业经济日趋兴盛。

中国传统社会的地主制经济是一种自给自足的自然经济。自然经济生产劳动的主要目的是满足生产者自我消费的需要。自然经济以一家一户为基本的生产单位，农业与家庭手工业相互结合，农民既从事农业，也从事手工业，把粮食和纺织品生产都纳入家庭劳动当中，形成男耕女织、自我生产、自我消费的自然状态。自然经济解体的标志，就是农村家庭手工棉纺织业的衰

① ［英］托马斯·孟著、顾群译：《英国得自对外贸易的财富》，商务印书馆 1978 年版，第 63 页。

落及其与农业的分离和商品经济的兴起。

西方列强以大炮为工具把中国变为其海外商品市场和原料产地，不断向中国输出廉价的工业品，使中国传统的农村家庭手工业逐渐走向衰落。第一次鸦片战争以后，英国强迫中国开放了5个通商口岸，降低了税率，扩大了对中国的商品输出，五口岸区域的家庭手工业很快走向解体。如上海地区，“松太之早在棉花梭布，较稻田蓓蓰……近日洋布大行，价才当梭布三之一。吾村专以纺织为业，近闻已无纱可纺，松太布市，消减大半，去年（注：公元1845年）棉花客大多折本，则木棉亦不可恃”①。其他通商口岸也是如此，如广州“纺业停顿”，厦门“民间之买洋布洋棉者，十室而九”②。这一时期，由于通商区域有限，因此尚未能引起整个自然经济结构的显著变化。

第二次鸦片战争以后，西方列强攫取了更多新的特权，控制了中国海关，再次降低了税率，通商口岸由5个增至19个，获得了内河航运和内地通商权等，并逐步打入了中国内地。同时，西方资本主义国家的产业革命已经基本完成，新技术得以普遍采用，劳动生产率大幅提高，棉纺织品生产成本明显降低，从而对中国的传统家庭棉纺织工业产生了更大的冲击。农村手工棉纺织工业的解体大致经历了两个阶段。第一个阶段是洋纱代替土纱，即手纺与手织相分离。至19世纪70年代，全国各地农村棉纺织业纷纷弃用土纱而改用洋纱，中国传统耕织结合的自然经济迈出了解体的重要一步。第二个阶段是洋布代替土布，即手工业与农业相分离。甲午战争时，洋布代替土布的现象十分普遍。“无论通都大邑、僻壤遐陬，衣大布者不过十之二三，衣洋布者已有十之八九。”③甲午战争以后，西方列强加紧了对华资本的输出，扩大航运，兴筑铁路，加强了对中国经济命脉的控制，使中国自然经济的解体在规模、空间和范围上都大大扩张了。④

自然经济的解体是一个长期的过程，同时也是商品经济兴起发展的过程。中国商业起源较早，它随着城市的形成而出现。但中国历代王朝均实行抑商政策，对商品市场严格控制，加强管理。明清以来，中国商品经济开始萌芽。西方列强的入侵，加快了中国商品经济的兴起和发展历程，传统农业文明受到近代商业文明的冲击和挑战。

---

① （清）包世臣：《答族子孟开书》，《安吴四种》卷26。

② 彭泽益：《中国近代手工业史资料》（卷1），中华书局1962年版，第494页。

③ 严中平：《中国棉纺织史稿》，科学出版社1955年版，第81页。

④ 王相钦、吴太昌：《中国近代商业史论》，中国财政经济出版社1999年版，第51—59页。

农产品的商业化发展是中国商品经济发展的基础。推动农产品商业化发展的主要有三大因素。一是西方资本主义的侵略,主要包括西方从中国掠夺农产品原料运回本国进行生产加工以及在中国投资建厂就地掠夺中国农产品进行生产加工两个方面,这决定着农产品商品化的方向、内容和规模。二是国内军用和民用企业的兴办,以及近代私人资本企业的发展。三是农村地租和赋税的货币化使农民必须出售农产品才能完租纳税。甲午战争以后,中国农产品商品化迅速发展,茶叶、甘蔗、棉花、烟草、蚕桑、大豆、粮食等主要农产品作为商品被推向市场进行交换。与此同时,这些主要农产品的出口量也持续攀升。中国农产品的商品化受世界市场的支配,外国剩余农产品大量倾销中国,造成中国农产品价格猛跌,农村经济遭受严重破坏。①

近代资本主义工业的兴起也是中国商品经济发展的主要标志。西方资本主义的入侵,造成中国大量的农民和手工业者的破产与失业,由此把他们推向劳动力市场。通商口岸及其周围地区自然经济的解体,促进了商品市场的形成。这些都为近代工业的兴起准备了条件。中国的近代工业一开始是由外国资本家创办的。19 世纪 60 年代以后,清王朝在洋务运动中创办了一批军事工业和民用工业。其后,民族资本主义工业也开始出现和发展起来。甲午战争以后,中国近代工业已经有了显著的发展。1901 年清末新政中,清政府颁布了一系列促进和保护资本主义经济发展的措施,中国近代工业迎来了一个黄金发展时期。随着近代工业的产生和发展,中国的商品经济进一步向前发展。②

自然经济的解体与工商业经济的形成构成了近代中国经济结构演化的主要内容。经济结构的演化对中国传统士阶层的分化产生重要影响。士阶层在中国传统社会生态系统中占有极其重要的地位,是沟通中国传统教育与政治的重要纽带。中国传统教育发挥育士功能,中国传统政治则发挥取士和用士功能,从而为维持社会生态系统的动态稳定做出贡献。近代以来,政治结构的变化切断了士阶层的入仕之路,而经济结构的变化则为士阶层的分化开辟了新的道路,从而成为引发中国传统学校教育生态系统演化的一个重要因素。

自然经济的解体与工商业经济的形成同中国重商主义的发展紧密联系。

① 王相钦、吴太昌:《中国近代商业史论》,中国财政经济出版社 1999 年版,第 59—72 页。

② 王相钦、吴太昌:《中国近代商业史论》,中国财政经济出版社 1999 年版,第 88—106 页。

近代以来,工商业在中国社会的地位不断提高,许多有识之士已经认识到工商业才是使国家真正富强之业,指出“西国明此而至富,中国昧此而至贫”①。西方列强的入侵以及中国近代商品经济的兴起更是明证了这一道理,中国的重商主义由此形成而发展起来,并引发了中国传统阶层“士农工商”的错动。“士”既是中国近代重商主义的倡导者和传播者,也是经商或从事实业的倡导者和实践者,“士”对商务倾注了极大的热情,“致使本来判若天壤的‘士’‘商’两个等级阶层渐趋混一”②。作为中国传统学校教育生态系统主体的“士”,其出路由入仕转向从商等其他途径,必定对系统本身产生重大影响。

（二）政治生态系统的演化

19 世纪 40 年代以后,西方列强的坚船利炮在中国传统社会投下了无数枚重型炸弹,此起彼伏的炸弹使一部分中国人逐渐对中国传统政治制度产生怀疑,由此引发了一系列的变法维新与反抗战争。西方列强的入侵与国内的反抗战争,破坏了中国传统政治的大一统格局和官僚政治生态,最终导致中国传统政治结构的坍塌和政治生态系统的演化。

中国传统官僚社会的中央专制集权大一统格局在西方列强的入侵下遭到瓦解,主要表现为领土完整性和主权独立性的破坏。从 1840 年至 1900 年的 60 年间,西方列强不断武装侵犯中国,其先后挑起的重大战争有:1840 年至 1842 年的第一次鸦片战争、1856 年至 1860 年的第二次鸦片战争、1894 年至 1895 年的中日甲午战争、1900 年至 1901 年的中国与八国联军之战。每一次战争的结果,都以签订不平等条约而告终。第一次鸦片战争后签订了《南京条约》、第二次战争后签订了《天津条约》与《北京条约》、中日战争后签订了《马关条约》、中国与八国联军战争后签订了《辛丑条约》。除此之外,还有许多类似的不平等条约。这一系列不平等条约对中国政治造成的最大影响是破坏了中国领土的完整与主权的独立。大片中国领土被割占,如英国割占了香港、九龙司等地,日本割占了台湾岛、澎湖列岛及其附属岛屿等地,沙俄则割占了中国 150 多万平方公里的土地。各国还强行租借中国的领土,在中国划分势力范围。在破坏中国主权独立方面最显著的体现是西方列强获得在中国的税则协定权、领事裁判权、军警驻扎权和邮政代办权等。中国的领

---

① 《理财论》,《申报》1875 年 9 月 27 日。

② 王先明:《论近代“士农工商”结构的错动》,《河北学刊》1991 年第 1 期。

土完整与主权独立遭到破坏,也意味着中国长期延续的封建社会受到了强力冲击,中国社会逐步进入了半殖民地半封建状态。西方列强发起的每一次入侵战争,都进一步加深了中国社会半殖民地半封建的程度。八国联军攻入北京签订《辛丑条约》后,中国则完全沦为半殖民地半封建社会①。

外遭强敌的清王朝又逢内乱。道光三十年(公元 1841 年),洪秀全起事金田,从此开始了长达 14 年、波及中国半壁江山的太平天国农民起义。太平天国运动极大地冲击了清王朝的社会秩序,造成了长期的社会动荡,动摇了清政府的统治基础,加速了中国传统封建制度的衰落与崩溃。在联合西方势力镇压太平天国运动的过程中,清政府中的一部分人逐渐认识到西方军事科学技术的优势,意欲效仿西方,富民强国,由此发现了学习西方先进技术的洋务运动。

洋务运动并未能使清政府真正强大起来。中日甲午战争中,向来自恃强大的大清帝国竟然彻底败于蕞尔小国日本,这不能不引起举国上下的深刻反思,反思的结果是维新变法运动的兴起。洋务运动主张学习西方技术,而维新变法运动则主张在政治、经济、文化教育等方面学习西方进行改革。维新变法运动最后在顽固派的压制下以失败而告终。

光绪二十五年(公元 1899 年),义和团运动的爆发,引发了翌年八国联军攻陷北京之大祸。在严酷形势的逼迫下,光绪二十六年(公元 1901 年),慈禧太后以光绪皇帝的名义在西安颁布“预约变法”的上谕,揭开了为期十年的清末新政的序幕。新政在日俄战争的影响下,开始了立宪改革的准备,试图维护其即将倾覆的统治大厦。然而主观意愿不一定能取得客观效果,清末新政的一些改革措施不但未能巩固统治,反而为辛亥革命的到来及胜利提供了条件。

在维新变法运动失败之时,孙中山就发起了推翻清朝封建专制统治的革命运动。1911 年,孙中山领导辛亥革命取得胜利,推翻了清政府的统治,摧毁了中国延续两千多年的封建专制制度,成立了资本主义性质的中华民国,打破了中国传统政治制度的连续性,改变了人们的政治生活秩序,宣告了中央专制集权大一统的结束。

商人群体的进一步崛起冲击了官僚政治结构。早在战国时期,重本抑

① 孙中山认为,当时的中国社会还够不上半殖民地的资格,称半殖民地是自己安慰自己,因为中国不是哪一个国家的殖民地,而是与中国缔结了不平等条约的多个国家的殖民地,因此只能称为次殖民地。参见周谷城:《中国政治史》,中华书局 1982 年版,第 258—259 页。

末、重农抑商的思想就开始占据主导地位。秦汉以来,商人在法律和社会地位等多方面遭受明显歧视。汉高祖时规定:"贾人毋得衣锦绣绮縠絺纻罽、操兵、乘骑马。"①汉武帝时又规定:"贾人有市籍者及其家属,皆无得籍名田,以便农。敢犯令,没入田僮。"②汉代至清,重农抑商、崇士贬商的基本精神并无明显改变,官僚阶层始终是社会的精英阶层,在社会结构中占据主导地位。但明代中叶以后,农产品的商品化程度日益增强,商人的社会地位稳步提高,逐渐超过农民,仅次于官僚士大夫阶层。明代思想家何心隐说:"商贾大于农工,士大于商贾,圣贤大于士。"③官僚士大夫与商之间开始出现了对流交融,"士商相混"成为一种比较普遍的现象。④ 官僚士大夫兼营工商,孳孳牟利。商人钻营官场,攀援儒林。所以沈垚说:"古者四民分,后世四民不分。古者士之子恒为士,后世商之子方能为士。"⑤

清末以后,地主制经济的解体与新式工商业经济的兴起,进一步促进了商人群体的崛起,"商人开始作为一个独立的和整体的社会力量跃上历史舞台,在社会生活中发挥不可或缺的重要作用与影响。……由于商人在近代中国新兴的工商业者中居主导地位,所以在很大程度上又可以说,近代新式商人群体的崛起过程,实际也就是近代中国资产阶级的初步形成过程"⑥。新生的资产阶级要求改变传统社会的政治结构,参与政治,分享权力。辛亥革命以后,中国传统官僚政治结构彻底崩溃,传统政治生态系统彻底瓦解,"资产阶级终于获得了参政机会,但却未能建立新的巩固的政治体制,取代旧制度的则是大地主、大官僚、大军阀的专制独裁"⑦。王亚南称这种新的政治形态为"新官僚政治",以区别于原来的"旧官僚政治"。⑧ 我们认为,这实际仅仅是国民政治的过渡形态⑨,虽然过渡的时间显得相当漫长,却标志着一种新

---

① 《汉书·晁错传》。

② 《史记·平准书》。

③ (明)何心隐:《何心隐集》卷3《答作主》。

④ 马敏:《官商之间——社会剧变中的近代绅商》,天津人民出版社1995年版,第62页。

⑤ 沈垚:《落帆楼文集》卷24别集,《费席山先生七十双寿序》,民国吴兴丛书本。

⑥ 章开沅:《中国近代史上的官绅商学》,湖北人民出版社2000年版,第471—472页。

⑦ 陈曼娜:《中国传统社会政治结构及其在近代的转型》,《史学月刊》1996年第2期。

⑧ 王亚南:《中国官僚政治研究》,中国社会科学出版社1981年版,第168—178页。

⑨ 国民即公民,公民作为一个法律概念,是与民主政治紧密相联的,早在古希腊的雅典和古罗马的城邦时期,在民主政治雏形的基础上,就出现了"公民"的称呼,也叫"市民"。欧洲封建制时期,奴隶制的民主共和形式消失了,公民的概念也就不再使用。西方资产阶级革命胜利以后,公民的概念被重新提出,各国宪法也普遍使用了公民概念。

的政治生态系统的建立。

鸦片战争以后，中国新的政治生态系统发展的总体趋势是国家和国民意识日益增强。更确切地说，国家意识的增强其实是中国的空间思维从"天下"层面缩微到"国家"层面。美国著名汉学家约瑟夫·列文森指出：

> 到了19世纪和20世纪之交，在许多中国人看来，中国正在失去作为一种文化荣耀的"天下"之头衔，他们极力主张放弃那种毫无希望的要求，通过变革文化价值来增强政治势力，并从作为"天下"的中国的失败中取得作为"国"的中国的胜利。①

在传统中国人的意识中，"天下"观念根深蒂固，中国即天下，"天下"的中心在中国。在外部的侵扰与内部的危机中，天下观念逐步消退，国家意识逐步形成。与国家意识崛起相应的是国民国家意识的形成，国民国家意识的建立成为中国近代政治家的变法努力方向。日本学者佐藤慎一对此的分析可谓切中要害，他说：

> 中国在"列国并立的世界"中图存图强这一变法派的课题，必然发展到变革中国这个国家的现实状况这一课题上来。因为只要民众没有国家意识，就不可能改变国家的存在状况而实现国家的生存和发展。这种变革的方向，用今天的概念来说就是建设"国民国家"。②

而中国随后的发展也确实是沿着国民国家的方向前进，当然，其间经历了许多蜿蜒曲折。

（三）文化生态系统的演化

鸦片战争以后，在西方军事和经济大肆入侵中国的同时，西方文化也随之进一步侵入。在西方文化的强烈冲击下，中国传统文化生态系统发生演化，以儒学为主干的传统文化逐步衰微，以西学为主干的现代文化逐步发展成为主流。以儒学为主干的传统文化的解体也标志着中国传统政治和意识

---

① ［美］约瑟夫·列文森著、郑大华译：《儒教中国及其现代命运》，中国社会科学出版社2000年版，第84页。

② ［日］佐藤慎一著、刘岳兵译：《近代中国的知识分子与文明》，江苏人民出版社2006年版，第77页。

形态的一体化结构的解体，从而给中国传统学校教育生态系统以深刻影响。中国文化生态系统的演化，主要表现为中学与西学之间一步又一步的此消彼长。

西学东渐始于明末。明神宗万历十年（公元1582年），意大利传教士利玛窦（公元1552—1610年）由印度转道中国传播天主教。在传教的同时，他也把西方的文化和科学知识传入中国。两年后，利玛窦绘制了《万国舆图》，这是传入中国的第一张世界地图。1606年至1607年，利玛窦与徐光启合译了欧几里得的《几何原本》，开西学东渐之先河。此后，艾儒略、南怀仁、汤若望等传教士也纷纷来华传教。据梁启超统计，明万历至清康熙的一百多年间，先后来华并留有著述的传教士有60余人。西方传教士广泛译介西方文化和科学知识以求影响中国社会，从而形成西学东渐之势，为中国传统文化的改造输入了新的信息。但传教士的在华活动遭到了部分统治者的反对，引发了雍正年间的禁教和乾隆时期的闭关政策。这种状况直至鸦片战争爆发以后才逐步得以改变。

不仅西方传教士积极传播西学，一批先进的中国知识分子也开始介绍西方文化。林则徐出于了解夷情的需要，组织专人翻译西方书刊，编译《华事夷言》《四洲志》和《各国律例》等。魏源则在林则徐《四洲志》的基础上，增补资料，编成《海国图志》。该书辑录了当时所能搜集到的介绍西方各国历史和现状的所有中文资料，提出一要破除“华夷之辨”，二要“师夷长技以制夷”，主张向西方学习。19世纪四五十年代，出现了一批介绍西方文化的著作，如梁廷枏的《海国四说》、徐继畬的《瀛环志略》、姚莹的《康輶纪行》等。

在西学东渐之时，以儒学为主干的中国传统文化渐次受到外来冲击。第一波冲击来自受西方宗教影响的太平天国。洪秀全在基督教的影响下于1843年创立了拜上帝教，开始向孔子和儒学发难，“将偶像排除，并将塾中孔子牌位弃去”。金田起义以后，太平军一路捣毁孔庙，焚烧儒家经典，规定：“凡一切孔孟诸子百家妖书邪说者尽行焚除，皆不准买卖藏读也，否则问罪也。”[①]掀起了一股反孔反儒、冲击传统文化的狂飙。不过，太平天国的批儒反孔不具有近代意义，其实质是宗教排他性的表现，而且其激烈排孔反儒也仅进行了两年，于1853年夏天便中止了。[②]

---

① 中国史学会主编：《中国近代史资料丛刊·太平天国》（第一册），上海神州国光社1954年版，第313页。

② 张锡勤：《论儒学在近代的命运》，《哲学研究》2005年第5期。

19世纪60年代以后，一面是轰轰烈烈的洋务运动，一面是日益高涨的教会传教活动，西学在中国的传播更加广泛，影响日益扩大，初步对儒学的地位产生冲击和挑战，也引发了人们对以儒学为主干的传统文化的捍卫。1861年，冯桂芬撰《校邠庐抗议》，不仅承认中国船坚炮利不如人，而且承认“人无弃材不如夷，地无遗利不如夷，君民不隔不如夷，名实必符不如夷”①，提出“以中国之伦常名教为原本，辅以诸国富强之术”②。冯桂芬主张在坚持以传统儒学之伦常名教为本的基础上向西方学习，从而奠定了以后“中体西用”思想的理论基础。王韬、马建忠、薛福成等也主张借用西方文化来卫护中国传统文化，强调“取西人器数之学以卫吾尧舜禹汤文武周孔之道，俾西人不敢蔑视中华。吾知尧舜禹汤文武周孔复生，未始不有事乎此；而其道亦必渐被乎八荒，是乃所谓用夏变夷者也”③。这既是对中国传统文化的卫护，也表现出一定程度上对西学的认可，更是恰当地反映了西学对中学的冲击，说明中国传统文化已经遭遇到了前所未有的危机。

西学在近代中国每前进一步，都会引发一次中学的抵制，但最终结果都是中学的消退与西学的深入推进。甲午战争后，民族危机意识空前高涨，一场声势浩大的变法维新运动爆发。变法维新运动开始动摇儒学的统治地位。这一时期，严复“专致力于翻译著述”，大力介绍西学，并将批判的矛头直指“六经五子”，认为“六经五子以君子而束缚天下”④。何启、胡礼垣则进一步主张废经义，呼吁国人不作“六经之奴婢”。康有为、梁启超、谭嗣同等主张励学开新，从制度上借鉴西方文化，对中国传统文化进行改造。康有为认为：“吾人民极多，倍于欧洲十六国，而国势极弱，由无鼓励新艺、新法、新书、新器、新学政之也。”⑤由他们所推动的戊戌变法更是向西方学习跨出的一大步。就在变法维新运动开展得如火如荼之际，张之洞适时发表了《劝学篇》，对“中体西用”的思想进行了集中概括和阐发。他充分肯定了中国传统文化的主体地位，认为“五伦之要，百行之原，相传数千年更无异义。圣人所以为圣人，中国所以为中国，实在于此”⑥。至于西学，张之洞认为可以起到对中

① 冯桂芬：《校邠庐抗议》卷下《制洋器议》。
② 冯桂芬：《校邠庐抗议》卷下《采西学议》。
③ 薛福成：《筹洋刍议·变法》。
④ 严复：《救亡决论》，《严复集》第1册，中华书局1986年版，第54页。
⑤ 《杰士上书汇录》卷2，中国第一历史档案馆内府抄本。
⑥ 张之洞：《劝学篇·明纲》。

学的辅助和补充作用,"今日学者,必先通经以明我中国先圣先师立教之旨,考史以识我中国历代之治乱、九州之风土,涉猎子集以通我中国之学术文章,然后择西学之可以补吾阙者用之,西政之可以起吾疾者取之"①。"中体西用"虽然也赞同学习西学西政,但其根本目的在于抵制西方文化、维护中国传统文化特别是儒家文化,其思维逻辑受到了进步思想家的批判。严复指出,"中体西用"实际上割裂了"体"与"用"的关系,应该是有什么"体"就有什么"用",提倡"体""用"结合、"体""用"统一,"体用者,即一物而言之也。……中学有中学之体用,西学有西学之体用。分之则两立,合之则两亡"②。1900年八国联军攻入北京,进一步加剧了清王朝的统治危机,也进一步引发了中国传统文化的消退和西方文化的跃进。

八国联军攻入北京之后,清王朝为维护统治而发起的十年新政是对中国传统文化的一次重要解构,同时也是西方文化在中国不断高涨的结果。1904年日本在日俄战争中的胜利,被视为立宪政体对专制政体的胜利,这场战争也大大地促进了清末新政的施行力度。1905年,清政府宣布废除科举考试制度。科举制度是中国传统文化延续的重要载体,废除科举制度实际上是从根本上动摇了中国传统文化的基础。干春松认为:

> 科举制度是制度化儒家的最基本和最核心的制度性设计,因为它既是儒家观念和经典传播的基本渠道,同时也使儒家和权力的联系变得十分具体。经由科举制而构建的绅士群体成为皇权和民众、国家和社会之间的中介。因此一旦科举制度陷入困境,那就意味着儒家制度化的全面危机。③

儒学的全面危机也标志着中国传统文化进入了结构性坍塌的重要时期。当然,科举制度的废除也仅仅动摇了以儒学为主干的中国传统文化的根基,更强烈的冲击还在后面。

1911年辛亥革命取得胜利。1912年中华民国临时政府宣告成立,颁布了《中华民国临时约法》,以法律形式取消封建君主专制和封建等级制度,破除了中国传统文化所依赖的政治制度和政治结构。继以儒学为主干的传统文化在制度上消解之后,其传播途径又进一步遭到破坏。1912年10月,临时

---

① 张之洞:《劝学篇·循序》。

② 严复:《与外交报主人论教育书》,《严复集》第3册,中华书局1986年版,第558页。

③ 干春松:《制度化儒家及其解体》,中国人民大学出版社2003年版,第161页。

政府教育部颁布《大学令》和《普通教育暂行办法》，明确取消了大中小学中以儒学为主要内容的“经科”教育，并且废除了学堂祭拜孔子仪式。从此，传统儒学失去了原有的主流文化的统治地位，中国传统文化进一步消退。

中国传统文化日益走向衰落的同时，也在酝酿着回潮的力量。袁世凯窃取辛亥革命的果实后，为了复辟帝制，力图重新确立儒学的统治地位。1913年，袁世凯发布《通令尊崇孔圣文》，指儒学为“国家强弱，存亡所系”；发布《天坛宪法》，确定“国民教育以孔子之道为修身之本”。袁世凯还大力支持康有为等人发起的“孔教会”，欲“定孔教为国教”，恢复尊孔祀孔活动，并重新将儒学列为学校教育的基本课程，拟定了各级学校实施儒学教育的基本方案。于是一时之间，尊孔读经渐成一般小风潮。

新文化运动是一场全面清理中国传统文化的运动，这场运动从一开始就将批判的矛头指向了孔子和儒学，是对以儒学为主干的中国传统文化的致命一击，使其彻底失去了回应的能力。新文化运动的主将们对孔子和儒学作了彻底的批判。陈独秀指出，儒家的三纲之说是“一切道德政治之大原”，是一种奴隶道德，已经严重阻碍了中国社会的进步，主张“对于与此新社会新国家新信仰不可相容之孔教，不可不有彻底之觉悟，猛勇之决心；否则不塞不流，不止不行”①。李大钊则提出要彻底击垮儒学的精神灵魂，他说“故余之掊击孔子，非掊击孔子之本身，乃掊击孔子为历代君主所雕塑之偶象的权威也；非掊击孔子，乃掊击专制政治之灵魂也”②。新文化运动不仅旨在将儒学逐出中国文化意识形态领域的主流，而且全面引入了西方文化，深入促进了中国文化由传统向现代的转型。

自鸦片战争至新文化运动时期，是西方文化冲击中国传统文化，中国传统文化生态系统逐渐解体，发生结构转型的重要时期。对这一段时期的文化转型，梁启超的一段话作了十分精当的概括，他说：

> 近五十年来，中国人渐渐知道自己的不足了。这点子觉悟，一面算是学问进步的原因，一面也算是学问进步的结果。第一期，先从器物上感觉不足，这种感觉，从鸦片战争后渐渐发动……但这一期内，思想界受的影响很少，其中最可纪念的，是制造局里头译出几部科学书。……第二期，是从制度上感觉不足。……所以拿“变法

① 陈独秀：《宪法与孔教》，《新青年》2卷3号。

② 李大钊：《自然的伦理观与孔子》，《甲寅》1917年2月4日。

维新"做一面大旗,在社会上开始运动。……第三期,便是从文化根本上感觉不足。第二期所经过的时间比较的很长——从甲午战役起到民国六七年间止。……革命成功将近十年,所希望的件件落空,渐渐有点废然思返。觉得社会文化是整套的,要拿旧心理运用新制度,决然不可能,渐渐要求全人格的觉悟。恰值欧洲大战告终,全世界思潮都添许多活气。新近回国的留学生,又很出了几位人物,鼓起勇气做全部解放的运动。所以最近两三年间,算是划出了一个新时期来了。[①]

(四)科技生态系统的演化

17 世纪以前,中国科技居于世界领先水平。17 世纪以后,西方的科技世界发生了巨大的变化,各主要资本主义国家先后完成了工业革命,科学技术迅猛发展。相形之下,中国科技渐趋落后。19 世纪 40 年代以后,西方科技与西方文化一起传入中国,促进了中国科技生态系统由传统向现代的演化。这一演化对中国传统学校教育生态系统的演化产生了重要影响,为中国现代学校教育生态系统的形成提供了积极因素。中国学校教育生态系统由传统向现代演化的一个重要环节,就是作为教育内容的文化由人文文化向科学文化转变。没有科技结构的演化,也就没有中国传统学校教育生态系统向现代学校教育生态系统的演化。

中国传统科技与现代科技的不同主要表现为中国古代科技与西方近代科技的不同。中国古代科技往往重视实际应用而忽略理论体系探索,两者之间更大的区别在于中国古代科技不如西方科技那样重视科学实验。从某种意义上讲,中国古代科技也较现代科技缺乏科学精神。

科技生态系统的演化历程与文化生态系统的演化历程大体相同。明末清初,西方传教士的到来,带给中国的除了宗教以外,最主要的还有科技文化,主要涉及天文、历算、地理、数学、物理等现代科技知识。西方科技的输入,给中国带来了新的科学知识、新的科学理论和方法,促进了中国科技的发展和徐光启、宋应星等具有一定现代科学意识的科学家的出现。梁启超认为,他从这些科学家的身上看到了"科学之曙光"[②]。但这一时期的中国科技

① 梁启超:《饮冰室合集·文集之三十九》,中华书局 1989 年版,第 43—45 页。
② 梁启超:《饮冰室合集·专集之七十五》,中华书局 1989 年版,第 137 页。

还带有强烈的传统色彩，不少科技图书仍按中国传统编集成书。[1] 清雍正以后，西方科技的传入因遭禁而停滞，中国传统科技也日益衰落。

鸦片战争以后，西方科技又陆续开始传入。19 世纪 60 年代洋务运动以后，西方科技的引进力度进一步加大。首先，由外国人翻译西方图书逐渐转为中国人自己翻译，一些学校、学会组织了译书社，开始有组织地翻译了许多西方图书。其次，引入的内容相当广泛而且具有一定的系统性。以化学为例，翻译引入的西方化学图书涉及普通化学、分析化学、有机化学、无机化学、定量分析、定性分析等，基本上构成了较完整的近代化学学科体系。其他学科如数学、物理、地学、天文学等也都有系统的翻译著作出版。[2] 再次，引入的科学技术开始得到应用，中国官方与私人资本创办了一大批应用西方科学技术的企业，这些企业多为军用与民用工矿企业。最后，西方科技不仅进入了企业而且进入了学校。京师同文馆、福建船政学堂等新式学校开始将现代科技知识引入学校教育之中，一方面促进了中国科技结构的演化，另一方面也促进了中国学校教育生态系统的演化。在西方科技的大力引进和发展中，中国传统科技体系进一步衰退，现代科技体系的雏形初步建立。

中日甲午战争以后，西方科技在中国得到了更广泛、更深入的引进和传播。据不完全统计，19 世纪后半期至 20 世纪初，数学、物理、化学、天文、地理、生物、医学、农业、矿务、工艺、船政、制图、测绘、工程等图书大量引入中国，其中自然科学图书 323 种，应用科学图书 294 种。这些图书或应用于企业生产指导之中，或普及于社会大众，或传播于学校教育之中，在中国社会产生了深远的影响。与此同时，西方科学方法与方法论也在中国逐步发展，对人们的传统思维方式产生了强烈的冲击。在较为系统地引入西方科学技术的过程中，中国现代科学技术体系进一步完善。

新文化运动中，科学成为高扬的一面重要旗帜。陈独秀将科学与民主视为推动西方近代社会进步的双轮，认为它们正是中国所急缺的。他在 1919 年为《新青年》撰写的《本志宣言》中说道："我们相信尊重自然科学试验哲学、破除迷信妄想，是我们现代社会进化的必要条件。"因此，其时科学备受人们的推崇。晚清以来，人们多将科学视为"技艺"，而新文化运动以后，人们更为关注的则是现代科技的灵魂——科学精神。对科学精神的高度关注和推

---

① 钟少华：《从近代科技书籍看中西科学技术的交流》，《大自然探索》1984 年第 3 期。

② 沈春敏、李书源：《近代科技在中国的引进与传播》，《社会科学战线》2000 年第 6 期。

崇,表明中国传统科技生态系统的退化和现代科技生态系统的真正形成。

二、中国传统学校教育生态系统的演化

中国传统学校教育生态系统的演化是适应社会生态系统演化的结果。鸦片战争以前,中国传统经济、政治、文化与科技是官僚社会的重要基础,它们虽都或有变化,但这些变化只是系统内部的微涨落,一个要素(或亚系统)的变化并没有引发其他要素(或系统)的变化,因为没有发生协同变化,仍然保持了官僚大一统的社会结构,因而没有能够引发学校教育生态系统的演化。鸦片战争以后,在外部力量的冲击和干扰下,中国传统社会的经济、政治、文化与科技等相继发生了结构转型,而且转型的方向基本一致,逐渐成为国民社会的重要基础,表现出了协同变化的特征,共同推动了社会生态系统的演化。社会生态系统是学校教育生态系统的上一级大系统,又是学校教育生态系统的外部环境。外部环境中诸要素的协同变化形成了巨涨落,巨涨落的作用大大超过了学校教育生态系统的自我调节作用,最终导致系统的要素和结构发生变化,系统自身发生演化。与官僚社会向国民社会演化的趋势相一致,学校教育生态系统演化的基本特征即官僚教育的衰退和国民教育的兴起。

(一)中国传统学校教育生态系统要素的变化

1. 教育者与受教育者的现代转型

毛泽东说:"为了侵略的必要,帝国主义给中国造成了买办制度,造成了官僚资本,并刺激了中国社会的经济,使它发生了变化,造成了帝国主义的对立物,即中国的民族工业,造成了中国民族资产阶级,特别是中国无产阶级。帝国主义的侵略,使得广大农民破产,造成了数以万万计的贫民群众。为了侵略的必要,帝国主义还给中国造成了数百万区别于旧式文人或士大夫的大小知识分子。"①传统的教育者与受教育者是传统学校(如官学、私塾和书院等)的教师与学生,是旧式文人或士大夫中的重要群体,他们的教育活动多围绕中国传统文化进行,活动的目的以应举入仕为主。现代的教育者与受教育

① 毛泽东:《丢掉幻想,准备斗争》,《毛泽东选集》(合订本),人民出版社 1967 年版,第 1373—1374 页。

者是新式学校(主要指新式学堂)的教师与学生,是现代知识分子中的重要群体,他们的教育活动多围绕现代文化[①]进行,活动的目的以培养适应转型社会需要的新式人才为主。

教育者与受教育者由传统向现代的转型,是伴随着新式学堂的发展一步一步实现的。最早的新式学堂是教会学校。西方列强在对中国进行军事侵略的同时,文化教育侵略也在同步开展。西方传教士往往尾随于侵略军之后,在中国建立教会学校“帮助中国归化”。早在1818年,伦敦会传教士米怜便在马六甲创办了以中国学生为主要教育对象的教会学校——英华书院。1839年,马礼逊学堂在澳门成立,这是在中国最早开办的教会学校。1842年《南京条约》签订以后,香港割让,五口通商,教会学校在香港、广州、厦门、福州、宁波和上海相继设立。早期教会学校大多附设于教堂,分布区域狭窄,局限于少数通商口岸;教育程度较浅,绝大多数为小学程度的学塾;规模较小,一般每所学校不满10人,有的仅有两三名学生。洋务运动时期对新式人才的需求促进了教会学校的发展。到1876年,全国共有教会学校约800所,学生人数约2万人左右。1877年举办第一次基督教传教士大会以后,教会学校进一步发展,分布区域逐步扩大,开始由沿海进入内陆;教育程度提高,发展了中学,甚至还有了大学班级;规模扩大,至19世纪末,教会学校达2 000所左右,学生总数达4万人以上。庚子乱后,教会学校规模大幅增长,到1912年教会学校在校生数达20万人左右,1926年更是达80万人。[②] 这一时期,教会学校开始大力发展高等教育。至1921年,全国共设有教会大学16所,是国人所办大学数量的2倍。至此,教会学校在中国形成了从初等教育到高等教育,并包括各种专门教育的相互联系、相互影响的教育生态系统。这是一个不同于中国传统学校教育生态系统的新系统,它的形成对中国传统学校教育生态系统是一个极大的冲击。就教师与学生成分而言,教会学校完全不同于中国传统学校。早期教会学校的教师全为西方传教士,他们的文化素质都比较高,一般都受过良好的高等教育和神学教育,有着与中国传统教师截然不同的教育立场和知识结构。据统计,19世纪60年代初,英国传教协会派来中国的男传教士,80%是大学毕业生。[③] 教会学校的学生起初来自贫苦家庭或教民之家。19世纪60年代以后,随着工商业经济的兴起,急需一批工商

① 清末民初的现代文化主要指西方文化(或称西学),以科学为主要特征。

② 顾长声:《传教士与近代中国》,上海人民出版社1981年版,第336页。

③ 史静寰:《狄考文和司徒雷登在中国的教育活动》,文津出版社1991年版,第241页。

业人才，多数教会学校开始倾向于多招收富家子弟，培养商业人才。如上海英华学堂就明确提出“今后主要将致力于招收商界子弟”。买办资产阶级的兴起以后，教会学校又开始尽力吸收新兴的买办资产阶级子弟。不仅教会学校学生的来源有别于中国传统学校，而且其培养目标也不同于传统的官僚教育。教会学校设立的目的首要在于为“传播福音开辟门路”。在1877年举办的第一次基督教传教士大会上，狄考文明确地把教会学校的受教育者的出路与中国传统学校的受教育者的出路作了区分。狄考文认为教育的真正目的“并不单在传教，使学生受洗入教”，而是通过“给入教的学生以智慧和道德的训练，成为一般人民的教师和其他领袖人物”，“使他们能够胜过中国的旧式士大夫”。[①] 而教会学校也确实培养出一批不同于旧式士大夫的掌握现代科学文化知识的新型人才。此外，教会学校还将女性纳入受教育者的范围，这也是其区别于中国传统学校的一个重要标志。

教会学校的发展还仅仅是外部给予中国传统学校教育生态系统的冲击，而新式学堂的兴起则是中国传统学校教育生态系统系统内部的变动。西方列强的强烈冲击，松动了中国传统社会生态系统的基本结构，并进一步影响了中国传统学校的发展，促进了新式学堂的产生。新式学堂的教师与学生也迥然不同于传统学校。最早的新式学堂是出现于19世纪60年代至90年代的洋务学堂。洋务学堂的培养目标是造就洋务事业需要的专门人才，教师之职并不是传统的士大夫所能胜任的。以京师同文馆为例，1862年京师同文馆开办时，朝廷命在广东、上海两地选择教习，“但广东则称无人可派，上海虽有其人，但艺不甚精”，因此只得从外国传教士中聘任，至1898年底，同文馆共聘有中外教习86人，其中外国教习54人，他们多系传教士，主要承担外语、天文、化学、医学等教学任务；中国教习32人，主要承担汉文、算学等教学任务。后来，部分外国教习职务改聘中国人，他们或是洋务学堂中的优秀学生，或是接受新式教育的回国留学生。洋务学堂中的教习多脱离了传统学堂和科举制度，是中国教育者群体中最早出现的新变化。[②] 京师同文馆的学生与传统学校的学生有一个很大的区别，传统学校的学生多是为参加科举考试而接受教育的，而京师同文馆开办之初的学生多取自八旗少年子弟，“并非科甲

① 陈学恂：《中国近代教育史教学参考资料》（下册），人民教育出版社1993年版，第14—15页。

② 承担“中学”教学任务的教习仍与传统学校有着藕断丝连的联系，如京师同文馆第一位中国教习徐澎琳原为候补八旗学教习，而且京师同文馆的教习可视其表现奖励授官。

正途人员，并非中国文化人格代表”[①]。1867年以后，京师同文馆学生改为自科甲正途人员中选取[②]，其目的不在于参加科举考试，而在于培养“译员”和“通事”。

中日甲午战争后，外强的打击进一步瓦解了中国传统社会，维新运动蓬勃兴起，由此掀起了维新教育风潮。维新派认为改革教育、培养新式人才是实现变法维新的基础。梁启超说：“变法之本在育人才；人才之兴，在开学校；学校之立，在变科举。”[③]维新运动的硕果京师大学堂首选聘任中国教习，其标准是“品学兼优，通晓中外”。京师大学堂的教习仍属学官，为官僚阶层，但已不同于旧有的科举官僚。京师大学堂在中国教习不足的情况下也选聘了一些外国教习，外国教习的聘任范围从外语、天文等技术学科扩大到物理、生物等自然科学以及法学等社会科学，其身份也由以传教士为主转向以专家学者为主。[④] 至于京师大学堂的学生亦多以政府官员为主，具体为“所有翰林院编检，各部院司员，大门侍卫，候补候选道府州县以下官，大员子弟，八旗世职，各省武职后裔”[⑤]。但随后不久，京师大学堂又渐次沦为科举预备场所，“维时各省学堂未立，大学堂虽设，不过略存体制。士子虽稍习科学，大都手制一编，毕占咿唔，求获科第而已”[⑥]。

清末新政时，朝廷又发布上谕，要求全国各地改书院为学堂，“著各省所有书院，于省城均改设大学堂，各府及直隶州均改设中学堂，各州县均改设小学堂，并多设蒙养学堂”[⑦]。此后各地纷纷大力推进改书院、兴学堂运动。传统书院除改造为学堂外，还有一种转型方式就是变通章程，整顿书院。书院在清代虽然已经表现出严重的官学化特点，但仍然是私学教育的典型代表。近代以来，书院的转型也只是反映了中国传统学校教育生态系统结构瓦解的

① 熊月之：《西学东渐与晚清社会》，上海人民出版社1994年版，第332页。

② 1867年，围绕京师同文馆的开办及学生来源等问题，京师士大夫进行了一场激烈的争论。争论的结果以奕䜣提出的将招生范围扩大到满汉进士、举人、贡生以及科举出身的五品以下的京外官员的意见获得朝廷支持而告终。但在实际招考中，一方面报名人数减少，另一方面报考人员中无一人是科举正途出身，而且在此后的发展中，许多学生无心科学，属意科举。参见熊月之：《西学东渐与晚清社会》，上海人民出版社1994年版，第324—333页。

③ 梁启超：《饮冰室合集》文集第1册，中华书局1936年版，第10页。

④ 白燕：《从“洋教习”到“外国专家”——北京大学聘请外籍教师百年回顾》，《北京大学学报》（哲学社会科学版）2001年第5期。

⑤ 《清实录·德宗景皇帝实际》卷381，中华书局影印本，第986—987页。

⑥ 喻长霖：《京师大学堂沿革》，参见舒新城编：《中国近代教育史资料》（上册），人民教育出版社1961年版，第160页。

⑦ 朱寿朋编：《光绪朝东华录》，中华书局1958年版，第4719页。

一个方面,传统官学的转型才是中国传统学校教育生态系统瓦解的重要标志之一。1902 年,清政府公布了我国近代第一个比较系统的法定学制——《壬寅学制》,1904 年又公布了《癸卯学制》,两个学制合称《壬寅癸卯学制》,这是我国近代第一个比较完整的、公布并在全国施行的学制。《壬寅癸卯学制》对传统官学进行了改造,建立了新式学堂体系,是教师与学生向现代转型的重要法律依据。新式学堂逐渐与科举考试相脱钩,使得教师和学生的活动逐渐与官僚教育分离。如学制规定的最高教育层级通儒院的教育宗旨为"能发明新理以著成新书,能制造新器以利民用"。而 1906 年学部拟订的"忠君、尊孔、尚公、尚武、尚实"的五项教育宗旨更进一步注意到了对国民公共心、国家观念的培养,实为中国官僚教育向国民教育转型之萌芽。

辛亥革命以后,中华民国临时政府教育部颁布了《壬子癸丑学制》,改清末学堂为学校,明确了教育宗旨,主张培养共和国国民。从此,中国社会逐步进入了国民社会,中国教育也进一步开始了向国民教育方向发展的历程。

2. 教育内容的现代转型

新式学堂与传统学校的根本区别不仅在于教育者与受教育者的不同,更在于教育内容的变化。传统学校以儒学为主要教育内容,新式学堂虽未直接取消儒学,但增加了许多西学内容。增加新内容之举实质上就是对传统教育内容的冲击,它直接冲击了"教育者—传统文化—受教育者"的传统学校教育生态系统的结构。

传统学校的转型,直接冲击了中国传统学校教育生态系统的结构,而以儒学为主干的传统文化的解体则最终导致了中国传统学校教育生态系统结构的瓦解。儒学淡出中国传统学校教育生态系统结构是一个渐进过程,这个过程就是儒学作为学校教育主要内容逐步减少比重的过程。自汉代独尊儒术以来,其间虽经历了魏晋南北朝时期玄、佛、道的冲击,但儒学始终是学校教育的主要内容,特别是科举制度建立以后,学校教育内容几乎全为儒家著作所囊括。这种现象自鸦片战争以后逐渐改观。

教会学校的教育内容起初完全摒弃儒家文化,后来因受到抵制而不得不有所改变。诚如有传教士所言:"我们不能和中国经书相处,而我们不能不和它相处。"①所以教会学校逐渐增加了儒经课程。但总体而言,教会学校的教学内容仍以西方现代文化为主,主要包括宗教、外语、数学、物理、化学等科技

① 朱有瓛:《中国近代学制史料》(第四辑),华东师范大学出版社 1993 年版,第 126 页。

课程。因为传教士认为，只有“培养受过基督教和科学教育的人，使他们能够胜过中国的旧式士大夫”，“才能从儒家思想教育的人那里夺取他们现在所占有的地位”。①

洋务学堂的教学内容也以西方文化为主。京师同文馆初为外国语学校，主要教授内容为英文、法文、俄文等，兼习中文。1876 年以后，京师同文馆增加了数学、物理、化学、天文、航海测算等科学课程。维新派对西学的认识比洋务派要更加深刻广泛，主张在教学中增加科学知识、科学精神和科学方法等内容。“百日维新”期间，还设立了诸如铁路、矿务、医学等科学教育性质的专门学堂。

19 世纪 90 年代的改书院为学堂，实际上是在“中体西用”思想的指导下，削弱了儒学在学校教育中的地位和影响。1901 年，清政府颁布书院改制上谕时虽称学堂“教法当以四书五经纲常大义为主”，但更关键的在于要“以历代史鉴及中外政治艺学为辅”。②《壬寅癸卯学制》仍然延续“中体西用”的思想，儒学在学校教育中所占比重也逐渐减少，初等小学堂“读经讲经”课占全部课程总时数的五分之二，高等小学堂占三分之一，中学堂占四分之一，大学堂分科，仅有经学科对儒家经典有较高要求。辛亥革命胜利后，民国临时政府教育部颁布了《普通教育暂行办法》和《普通教育暂行课程标准》，明令废止小学读经，大学不设经学科，标志着中国传统学校教育生态系统结构的初步瓦解。但随后成立的袁世凯政府很快掀起一股恢复封建文化教育的浪潮，颁布了《特定教育纲要》和《颁定教育要旨》，重新确定儒学为学校教育的主要内容，拟定了各级学校实施儒学教育的基本方案，规定“中小学校均加读经一科，按照经书及学校程度分别讲读，由教育部编入课程”。袁世凯政府试图重新恢复中国传统学校教育生态系统的结构，但随之而来的“五四”新文化运动对代表落后封建势力的儒学进行了彻底的批判，废除了学校读经，将儒学逐出学校教育内容的主体范围。

（二）中国传统学校教育生态系统结构的瓦解

以地主制经济、官僚政治、儒学为主的传统文化以及“大一统”的传统科技为基本结构的中国传统社会生态系统，在西方列强一次又一次的冲击和干

① 陈学恂：《中国近代教育史教学参考》（下册），人民教育出版社 1987 年版，第 15 页。

② 《光绪朝东华录》，中华书局 1958 年版，第 4719 页。

扰下,虽多次调整,但始终难以恢复和保持原有的平衡,最终一步一步地走向瓦解而坍塌了。以传统社会生态系统为大环境的传统学校教育生态系统亦随之退化,系统的要素发生转型,系统的结构渐渐瓦解,最终演化为现代学校教育生态系统。

中国传统学校教育生态系统的构成有三大基础,一是传统教师与学生互动的传统学校,二是作为传统学校教育主要内容的儒学的独尊,三是作为传统教育的出路并沟通教育与社会的科举制度。这三个基础的衰落,标志着中国传统学校教育生态系统结构的瓦解和系统的完全退化。

传统学校的衰落与教育者、受教育者的现代转型是同一过程,儒学地位的衰落与教育内容的现代转型是同一过程。这两个过程与科举制度的衰落密不可分,而且科举制度的衰落所产生的影响更为深远。因为科举制度是中国官僚社会中经济、政治、文化之间"互动最为频繁的交汇点之一"[①]。地主制经济决定了官僚政治体制,儒家学说支撑了官僚政治,而科举制度则是将传统经济、政治与文化耦合起来形成一个完整系统的有效机制,"是联系中国传统的社会动力和政治动力的纽带,是维护儒家学说在中国的正统地位的有效手段"[②]。不仅如此,科举制度还是教育与经济、政治、文化紧密联系起来的重要途径。科举制对传统学校具有决定性作用,对儒学具有极强的支撑作用。因此,科举制度的衰落对中国传统学校教育生态系统的退化更具有标志性意义。

改革科举制度的动议与实践,始终伴随着科举制度的整个发展历程。但由于科举制度是官僚社会发展的产物,是中国传统社会系统内部各分系统之间相互联系、相互作用的重要途径,因而与中国传统社会相伴始终。只有当中国传统社会生态系统的自我调节难以适应内忧外患的双重夹击时,科举制度才最终走向衰落。

科举制度的衰落与新式学堂的兴起是此消彼长的过程。正因为科举制度阻碍了新式学堂发展,不能适应社会需要,才遭到了抛弃。1840 年鸦片战争以后,教会学校的勃兴对科举制度形成了冲击和挑战,但未成气候。洋务运动期间,为了解西方,求富求强,清政府设立了洋务学堂。虽然洋务学堂未

---

① 美国学者艾尔曼语,参见艾尔曼:《中华帝国后期的科举制度》,《厦门大学学报》(哲学社会科学版)2005 年第 6 期。

② 罗兹曼主编、"比较现代化"课题组译:《中国的现代化》,江苏人民出版社 1995 年版,第 338 页。

能与科举制度相脱钩，却也使科举制度有所退化。甲午战争以后，瓜分之祸，迫在眉睫，救亡图存，时势所需，人才缺乏，国人共识。废除八股、改革科举、普遍设立新式学堂的呼声空前高涨。八国联军入侵北京之后，科举制度与新式学堂之间的矛盾日益突出。为缓和矛盾，1901 年清政府新政中提出了“按科递减科举取士之额，为学堂取士之额”的办法，明确 10 年以后即停废科举。但社会发展的洪流已容不得这种渐进式的改革了，袁世凯、张之洞等指出：“科举一日不停，士人皆有侥幸得第之心，以分其砥砺实修之志。民间更相率观望，私立学堂者绝少，又断非公家财力所能普及，学堂决无大兴之望”①。迫于形势，光绪三十一年八月四日（公元 1905 年 9 月 2 日），光绪皇帝颁布上谕：“著即自丙午科为始，所有乡会试一律停止，各省岁科考试亦即停止。”从而宣告了贯穿中国传统社会 1 300 多年之久的科举制度的终结。

科举制度的废除，“不仅彻底打破了传统中国政治统治模式，而且连带摧毁了传统中国社会结构”②，更重要的是，它对中国传统学校的教师和学生起到了分化作用，对传统学校教育内容的转型起到了促进作用。对此，干春松有精到的概括：

> 科举本身的危机和近代学堂的冲击，导致了作为儒家的基本支持群体的绅士群体的逐渐分化瓦解。而且绅士身份的社会吸引力也大大减弱。科举的废除则使绅士群体产生的机制不复存在。这导致了实际和潜在的儒家群体的力量的削弱，儒家思想越来越失去了其民众基础。……首先以西方的教育模式为基础的新式学堂的建立，使儒学失去了最为重要的传播途径，教育的内容也由儒家经典转向自然科学知识和外语。③

简言之，科举制度的衰落，使士阶层失去了流动的社会机制，也使传统学校的教师和学生的教育活动失去了努力的方向，并且使作为传统学校教育主要内容的儒学失去了存在的基础，从而破坏了“教育者—传统文化—受教育者”的基本结构，标志着中国传统学校教育生态系统的解体。

从系统内部结构来看，中国传统学校教育生态系统结构的瓦解主要源自教育内容的变化，即儒学逐渐退出学校教育生态系统。儒学的衰退为新教育

① 朱有瓛：《中国近代学制史料》（第二辑上册），华东师范大学出版社 1987 年版，第 110 页。
② 罗志田：《中国文化体系之中的传统政治统治》，《战略与管理》1996 年第 3 期。
③ 干春松：《科举制的衰落和制度化儒家的解体》，《中国社会科学》2002 年第 2 期。

内容的确立提供了空间,也促成了现代学校教育生态系统结构的形成。现代学校教育生态系统中的教育内容主要是以科学为基本特征的现代文化(19世纪末20世纪初的现代文化主要指西方文化),由此形成了"教育者—现代文化—受教育者"的现代学校教育生态系统的结构。中国现代教育生态系统形成以后,虽然经历了国民党政权与共产党政权两个不同的发展阶段,两个阶段的文化内容亦有意识形态上的不同,但都属现代文化范畴,生态链的联系与作用方式也没有发生根本性的变化,故今日的教育发展仍然处在现代学校教育生态系统阶段。

结 语

从教育史学理论来看，教育发展的阶段划分，实质就是教育史的分期问题。“合理地解决分期问题，将有助于人们发现和把握中国教育历史发展的特点和规律，展现教育变迁各个阶段之间的区别与联系，从纷繁复杂的教育历史事件和思想中找寻出一条清晰的发展线索来，帮助人们正确认识中国教育的逐步发展过程。”[①]长期以来，中国教育史研究领域曾经提出过依据社会发展形态、时代现象、历史年代更替或中国教育自身发展特点等标准进行分期的方法。诸种方法均有其优势，但都存在不同程度的局限性。经过多年的研究探索，研究者逐步就中国教育史分期形成这样一种共识：以教育实践过程为主，也对历史年代和社会形态的更替有所依傍。[②] 理论共识形成了，需要的就是更多的实践和研究探索。

从社会组织视角来看，在一定的社会结构中，不同的社会成员拥有着不同的地位，发挥着不同的作用，以此标准划分社会形态应该具有理论上的可能性。按此假设，中国社会发展先后经历了初民社会、贵族社会、官僚社会和国民社会，即初民、贵族、官僚和国民在社会结构中占据了主导地位，发挥了主体作用。这样的理论尝试立足于历史唯物主义基础之上，因而与马克思主义的社会形态保持了高度的一致性。

从教育生态系统的角度来看，与初民社会、贵族社会、官僚社会和国民社会相应，中国教育发展历程先后经历了自然教育生态系统、古典学校教育生态系统、传统学校教育生态系统和现代学校教育生态系统四个阶段。这样的教育阶段划分是对教育史学界分期共识的一种探索和实践，它既依据了教育发展的本质规律，又兼顾到历史年代和社会形态的更替，更重要的是还能在一定程度上将教育思想与教育制度的演进统一起来。

---

① 杜成宪、邓明言：《教育史学》，人民教育出版社 2004 年版，第 105 页。

② 杜成宪、邓明言：《教育史学》，人民教育出版社 2004 年版，第 106 页。

自然教育生态系统、古典学校教育生态系统、传统学校教育生态系统和现代学校教育生态系统四个阶段的划分，不断与社会形态的发展变化相适应，而且还是在理论上根据教育生态系统的方法作出的判断。教育生态系统的方法认为，判断一种教育生态系统的演化，关键看其要素有无发生变化，要素之间的联系、影响和作用有无发生变化，系统的结构是否保持稳定或发生变化。纵观中国社会发展历程，总体呈现出这样一种态势，即社会生产力的发展推动社会形态发生变化，社会形态的变化在教育生态系统内部造成巨涨落，教育生态系统内部各要素围绕巨涨落不断进行调节，如果调节得当，则原有的教育生态系统得以维系，如果调节不当，则将导致教育要素和结构发生质的变化，最终使原有的系统演化为一种新的教育生态系统。

中国教育生态系统四个阶段的演化，充分揭示出教育发展总是追求着动态平衡的规律。一方面，教育要保持与社会生态系统的协调平衡，另一方面，教育又要保持内部要素与结构的协调平衡。只有当教育生态系统保持内外动态平衡时，才会呈现出动态的稳定性，才能促进经济社会的良性发展。

附录　教育生态学文献索引

一、著作

1. 方炳林:《生态环境与教育》,台北维新书局 1975 年版。

2. 李聪明:《教育生态学导论:教育问题的生态学思考》,台湾学生书局 1989 年版。

3. 任凯、白燕:《教育生态学》,辽宁教育出版社 1992 年版。

4. 方然:《教育生态论纲》,云南大学出版社 1998 年。

5. 范国睿:《教育生态学》,人民教育出版社 2000 年版。

6. 吴鼎福、诸文蔚:《教育生态学》,江苏教育出版社 2000 年版。

7. 吴一舟:《你的教育生态了吗》,浙江教育出版社 2002 年版。

8. 江光荣:《班级社会生态环境研究》,华中师范大学出版社 2002 年版。

9. 周培植:《走进高品质教育生态》,浙江教育出版社 2005 年版。

10. 贺祖斌:《高等教育生态论》,广西师范大学出版社,2005 年版。

11. 张倩如:《江苏古代教育生态》,凤凰出版传媒集团、凤凰出版社 2005 年版。

12. 吴林富:《教育生态管理》,天津教育出版社 2006 年版。

13. 陈益志:《生态化学校教育》,上海远东出版社 2006 年版。

14. 薛烨、朱家雄:《生态学视野下的学前教育》,华东师范大学出版社 2007 年版。

15. 蔡菡:《让理论看得见. 生态变迁与幼儿教育》,安徽少年儿童出版社 2010 年版。

16. 景小霞、张立:《追寻绿色教育生态梦想》,教育科学出版社 2010 年版。

17. 范国睿等:《共生与和谐:生态学视野下的学校发展》,教育科学出版社 2011 年版。

18. 曾祥跃:《网络远程教育生态学》,中山大学出版社 2011 年版。

19. 田小红:《知识的境遇:中国比较教育学的学术生态》,高等教育出版社 2011 年版。

二、博士学位论文

1. 刘贵华:《大学学术生态研究》,华东师范大学,2002 年。

2. 徐书业:《变革趋向:转型期的学校文化生态研究》,西南师范大学,2003 年。

3. 王牧华:《课程研究的生态主义向度》,西南师范大学,2004 年。

4. 贺祖斌:《中国高等教育系统的生态学分析》,华中科技大学,2004 年。

5. 周军:《乡村教师文化生态及乡村教育变革》,北京师范大学,2005 年。

6. 余嘉云:《生态化教学的理论与实践研究》,南京师范大学,2006 年。

7. 戴联荣:《大学生态:文化人格共和和建构》,南京师范大学,2006 年。

8. 蔡传明:《中学体育教师成长的学校生态环境研究》,福建师范大学,2007 年。

9. 黄远振:《生态哲学视域中的中国外语教育》,福建师范大学,2007 年。

10. 李军:《基于生态位原理的中国高等学校生态竞争研究》,天津大学,2008 年。

11. 王加强:《学校变革的生态分析》,华东师范大学,2008 年。

12. 彭勃:《高等教育资源的生态化配置与培植》,中国矿业大学,2008 年。

13. 周颖:《网络英语学习生态系统中的教师作用研究》,上海外国语大学,2011 年。

14. 马千:《基本生态位理论的高校德育绩效评价研究》,南京理工大学,2011 年。

15. 曲新艺:《学校体育教学问题的教育生态学诊断》,北京体育大学,2011 年。

16. 曹秀玲:《我国体育院校发展的教育生态学研究》,北京体育大学,2012 年。

17. 徐湘荷:《生态教育思想研究》,山东师范大学,2012 年。

三、硕士学位论文

1. 李英翠:《教育生态环境中的文化生境》,广西师范大学,2000 年。

2. 王牧华:《生态主义课程研究》,西南师范大学,2001 年。

3. 刘玉勇:《高中生物教学中生态意识的培养研究》,西南师范大学,2001 年。

4. 赖龙扬:《客家区域基础教育的文化生态研究》,福建师范大学,2002 年。

5. 屈光泽:《西北地区高中生生态道德教育问题研究》,西北师范大学,2002 年。

6. 刘登学:《构建中学化学教育的生态模式》,华中师范大学,2003 年。

7. 窦福良:《课堂生态及其管理策略研究》,山东师范大学,2003 年。

8. 向勇:《健美操文化与高校"文化生态圈"的关系研究》,四川大学,2003 年。

9. 尹志英:《中学语文教学生态系统初探》,东北师范大学,2003 年。

10. 龚书文:《生态道德培养与中学历史教学》,福建师范大学,2003 年。

11. 高正荣:《道德教育生态环境研究》,河海大学,2003 年。

12. 孙启武:《城西小学的老师评价——实地的研究和生态的视角》,华中师范大学,2003 年。

13. 许松芽:《新手—熟手—专家型教师成长的学校生态观研究》,福建师范大学,2004 年。

14. 沙未来:《中学生物学教育中生态伦理观教育研究》,曲阜师范大学,2004 年。

15. 高明华:《论生态道德与生态道德教育》,华中师范大学,2004 年。

16. 陈靖:《从"能力本位"走向生态式艺术教育》,广西师范大学,2004。

17. 于洪艳:《如何在思想政治课教学中贯彻"生态教育"理念》,东北师范大学,2004 年。

18. 熊玉坤:《论生态道德教育与高校人才培养》,东北师范大学,2004 年。

19. 陈维:《科技创新生态化与生态道德教育》,武汉科技大学,2004 年。

20. 潘光文:《课堂的生态学研究》,西南师范大学,2004 年。

21. 鄂继荣:《高中生物教学中进行生态美学教育的探究》,东北师范大学,2005 年。

22. 岳滢:《德育社会生态研究》,北京师范大学,2005 年。

23. 王姣青:《语文课堂教学生态的理论与实践》,湖南师范大学,

2005年。

24. 张玲:《生态化语文教学初探》,山东师范大学,2005年。

25. 余骏:《青少年学生生态价值观的心理学研究》,上海师范大学,2005年。

26. 曾燕:《高校生态道德教育与建设》,四川师范大学,2005年。

27. 余珊珊:《西部地区高等教育结构的生态分析》,广西师范大学,2005年。

28. 杨士荣:《语文新课程生态课堂教学探索》,山东师范大学,2005年。

29. 韩宝柱:《构建班级教育生态环境初探》,山东师范大学,2005年。

30. 周游:《教育现代化进程中城乡教育生态性分析》,首都师范大学,2005年。

31. 刘雪飞:《生态课程观——高校思想政治理论课的生态视角》,合肥工业大学,2005年。

32. 王琼娥:《关于高中生生态道德教育的研究》,华中师范大学,2006年。

33. 李彦:《新课标下语文阅读教学的生态化建设》,山东师范大学,2006年。

34. 宿晓华:《网络学习生态视角研究》,山东师范大学,2006年。

35. 尹连博:《语文教育的文化生态探究》,山东师范大学,2006年。

36. 张红:《生态化教学的理论建构》,西南大学,2006年。

37. 何红丽:《我国当今学前教育研究的生态取向》,华东师范大学,2006年。

38. 罗婷:《大学教师发展的生态环境研究》,江西师范大学,2006年。

39. 杨峰:《大学生生态心理健康教育的系统研究》,合肥工业大学,2006年。

40. 苏墨:《幼儿园建筑的生态设计方法初探》,中南大学,2006年。

41. 赖定益:《学校教育生态环境问题的研究》,华中师范大学,2006年。

42. 王素玲:《教育生态观与教育生态化——我国高等教育发展的新思路》,合肥工业大学,2006年。

43. 姜世健:《欧洲生态学校计划研究》,首都师范大学,2007年。

44. 安梅:《以野生动物保护教育为基础提高中学生生态德育水平的实践研究》,华东师范大学,2007年。

45. 马爱芹:《语文课堂教学生态初探》,曲阜师范大学,2007 年。

46. 顾晓东:《高中地理生态课堂构建研究》,南京师范大学,2007 年。

47. 何平:《促进“生态江苏”建设的思想政治新课程改革研究》,南京师范大学,2007 年。

48. 孙晓静:《中学化学课堂生态化教学的理论与实践探索》,新疆师范大学,2007 年。

49. 李继平:《生态视野中的中学语文课堂教学》,华中师范大学,2007 年。

50. 宋金霞:《大学生生态道德教育研究》,广西大学,2007 年。

51. 陈正汝:《中小学语文教学与生态观教育》,山东师范大学,2007 年。

52. 梁颖智:《广西高中生生态道德教育问题研究》,广西师范大学,2007 年。

53. 钟兴:《生态课程观照下的语文课程研究》,广西师范大学,2007 年。

54. 肖振华:《一般高中生态式艺术教育模式的探索》,广西师范大学,2007 年。

55. 刘金玉:《原生态作文教学探究》,西南大学,2007 年。

56. 王兴华:《课堂教学生态及其优化研究》,陕西师范大学,2007 年。

57. 樊宁:《思想品德教育中的生态德育探微》,内蒙古师范大学,2007 年。

58. 黄显军:《幼儿社会技能培养的生态环境创设方案研究》,上海师范大学,2007 年。

59. 管月飞:《论生态课堂及其构建》,安徽师范大学,2007 年。

60. 张灵毅:《关于读写生态链写作教学模式的建构与思考》,福建师范大学,2007 年。

61. 陈娟娟:《地方高校可持续发展的生态位战略研究》,武汉理工大学,2007 年。

62. 张显旭:《中学语文生态化教学思想探究》,西北师范大学,2007 年。

63. 徐丽雪:《优化言语生命意识建构绿色写作生态》,福建师范大学,2007 年。

64. 陈锡腾:《中小学教师职业生态危机及其对策分析》,福建师范大学,2007 年。

65. 李宁:《语文阅读教学生态环境的建构》,山东师范大学,2008 年。

66. 王敏:《高中作文教学与生态化写作》,山东师范大学,2008 年。

67. 李文华:《语文新课程阅读教学生态化的建构》,山东师范大学,2008 年。

68. 李晓霞:《我国高等教育系统的生态平衡问题研究》,兰州大学,2008 年。

69. 贾士平:《论我国高等教育社会生态化发展》河北大学,2009 年。

70. 张珊珊:《教育 NGO 的组织生态研究——以 R 教育研究院为例》,复旦大学,2010 年。

71. 李颖盾:《论教育的生态价值取向》,山东师范大学,2010 年。

72. 郭丽丽:《教育生态性解析》,沈阳工业大学,2010 年。

73. 芦杰:《基于生态足迹的黑龙江省城乡教育一体化研究》,哈尔滨工程大学,2010 年。

74. 崔丽敏:《生态位视域下黑龙江省高等教育定位问题研究》,哈尔滨工程大学,2010 年。

75. 张敬壮:《普通高校体育教育专业体操生态课堂建构的理论探索》,福建师范大学,2011 年。

76. 党曲楠:《高等学校生态道德教育的现状及对策研究》,兰州大学,2011 年。

77. 刘魁:《区域高等教育生态系统管理研究》,广西师范学院,2011 年。

78. 贾丽莉:《基于教育生态学的教育信息资源建设分析》华中师范大学,2011 年。

79. 闻慧:《城区小学教育发展的组织生态学分析》,浙江工业大学,2012 年。

80. 马金娟:《生态道德教育研究》,广西民族大学,2012 年。

81. 王菲菲:《教育生态学视野下中小学教师教育技术能力探究》,曲阜师范大学,2012 年。

四、期刊论文

1. 郑雪:《教育的生态评定简介》,《外国教育资料》1983 年第 5 期。

2. [美]克雷明著、蒋晓译:《教育生态学的趋向》,《现代外国哲学社会科学文摘》(上海)1986 年第 1 期。

3. 崔振凤:《关于教育圈良性循环的研究》,《科学学与科学技术管理》

1987 年第 3 期。

4. 吴鼎福:《教育生态学刍议》,《南京师范大学学报》(社会科学版)1988 年第 3 期。

5. 吴鼎福:《教育生态的基本规律初探》,《南京师范大学学报》(社会科学版)1989 年第 3 期。

6. 刘初汉:《苏联的生态教育》,《中国环境报》1990 年 1 月 30 日。

7. 唐德章:《论教育生态系统的协调发展》,《西南民族学院学报》(哲社版)1991 年第 5 期。

8. 朱述宾:《教育生态学首部专著问世》(《教育生态学》评价),《大学教育论坛》1991 年第 1 期。

9. 朱述宾:《一部填补国内空白的新书——评〈教育生态学〉》,《江苏教育研究》1991 年第 1 期。

10. 沈晓阳:《生态教育:当代教育的一项迫切任务》,《江苏教育研究》1991 年第 3 期。

11. 曹虎:《论教育的生态效应》,《江苏教育研究》1991 年第 3 期。

12. 吴鼎福:《教育生态的两条重要法则》,《江苏教育研究》1991 年第 5 期。

13. 王庆玲、柏昕:《创造有利于教育的生态环境》,《光明日报》1989 年 6 月 7 日第 3 版。

14. 肖学飞:《教育环境论》,《东疆学刊》1991 年第 4 期。

15. 唐德年:《教育与生态效益》,《四川教育学院学报》1992 年第 2 期。

16. 肖鸣政:《教育生态系统观》,《赣南师范学院学报》1992 年第 5 期。

17. 刘尔明、张敦奎:《教育生态学论纲》,《北方论丛》1993 年第 2 期。

18. 吴鼎福:《教育生态学:一门文理交叉的新学科》,《中国教育报》1993 年 4 月 8 日。

19. 伍孝江:《学校环境与教育生态》,《教育理论与实践》1994 年第 1 期。

20. 李化树:《教育生态学探讨》,《教学与管理》1995 年第 1 期。

21. 范国睿:《美英教育生态学研究述评》,《华东师范大学学报》(教育科学版)1995 年第 2 期。

22. 范国睿:《劳伦斯·克雷明的教育生态学思想述评》,《四川教育学院学报》1995 年第 2 期。

23. [英]埃格尔斯顿著、范国睿译:《教育生态学的研究对象》,《现代外国哲学社会科学文摘》1995 年第 11 期。

24. 陆思选:《教育生态论》,《曲靖师专学报》1996 年第 1 期。

25. 马歆静:《教育生态研究应明确的几个问题》,《淄博师专学报》1996 年第 1 期。

26. 马歆静:《对大教育的教育生态学分析》,《赣南师范学院学报》1996 年第 4 期。

27. 刘敏:《浅议对大教育的生态分析》,《教育探索》1996 年第 1 期。

28. 廖泽良:《基础教育生态建设中的经济观点与策略》,《曲靖师专学报》1996 年第 1 期。

29. 兆先、方然:《基础教育生态链相关细节的微观研究》,《曲靖师专学报》1996 年第 1 期。

30. 何跃兰:《试论教育生态条件下的县(市)幼儿教育》,《曲靖师专学报》1996 年第 3 期。

31. 傅先庆:《略论"教育生态学"的基本问题》,《福建高教研究》1996 年第 2 期。

32. 邢永富:《世界教育生态化趋势与中国教育的战略选择》,《北京师范大学学报》(社会科学版)1997 年第 4 期。

33. 梁保国、乐禄祉:《教育的生态文化透视》,《高等教育研究》1997 年第 5 期。

34. 范国睿:《教育生态系统发展的哲学思考》,《教育评论》1997 年第 6 期。

35. 方然:《教育生态的理论范畴与实践方向》,《云南师范大学学报》1997 年第 1 期。

36. 范国睿:《试论教育资源短缺及其对教育生态系统发展的影响》,《河北师范大学学报》(教育科学版)1998 年第 1 期。

37. 范国睿:《试论教育资源浪费及其对教育生态系统发展的影响》,《江西教育科研》1998 年第 2 期。

38. 卢君臻:《教育生态环境简论》,《临沂师专学报》1998 年第 2 期。

39. 方然:《教育生态失衡与调控的微观思考》,《云南教育学院学报》1998 年第 4 期。

40. 马歆静:《生态化与可持续发展——现代教育发展的必然》,《教育理论与实践》1998 年第 5 期。

41. 杨移贻:《知识经济时代的学术生态》,《教育发展研究》1999 年素质教育专辑。

42. 陈清硕:《教育人类生态学刍议》,《南京农专学报》2000 年第 1 卷第 1 期。

43. 张大群、罗明东:《教育、与自然生态环境的关系问题论析》,《云南师范大学学报》2000 年第 32 卷第 6 期。

44. 刘克汉:《教育生态学与中小学素质教育》,《学术论坛》2000 年第 5 期。

45. 吴郁葱:《一个应令人警觉的问题——从乐清师范招生男女生比例看教育生态环境的平衡》,《教学与管理》2000 年第 11 期。

46. 熊庆年:《校园生态与新世纪的大学理念》,《高教探索》2001 年第 1 期。

47. 任遂虎:《“道法自然”与教育生态》,《西北师范大学学报》(社会科学版)2001 年第 1 期。

48. 岳龙:《中国教育传统结构的人文生态分析》,《河南师范大学学报》(哲学社会科学版)2001 年第 2 期。

49. 刘贵华:《生态哲学与大学教育思想变革》,《高教探索》2001 年第 3 期。

50. 田真、吴明放:《浅析教育的生态环境》,《中国教育学刊》2001 年第 4 期。

51. 范国睿:《“文化生态与教育发展”论纲》,《教育探索》2001 年第 4 期。

52. 高卫国:《云南教育生态演化的几个基本问题》,《学术探索》2001 年第 5 期。

53. 虞纪忠:《建设教育生态环境》,《教育发展研究》2001 年第 11 期。

54. 徐国亮:《必须实现教育系统的生态平衡——〈当代中国社会发展方法论〉关于教育系统论的新创意》,《中国教育报》2001 年 10 月 25 日。

55. 蹇兴东、孙小伍:《试论我国高等教育生态环境》,《黑龙江高教研究》2002 年第 2 期。

56. 马歆静:《教育之适应与超越:一种生态学分析》,《青岛大学师范学院学报》2002 年第 3 期。

57. 高正荣:《论道德教育生态环境》,《中共福建省委党校学报》2002 年第 8 期。

58. 李力:《略论"生态和谐"教育理念》,《光明日报》2002 年 5 月 31 日。

59. 赖龙扬:《客家文化的教育生态价值初探》,《龙岩师专学报》2003 年第 2 期。

60. 于忠辉:《论教育生态平衡与素质教育》,《保定师范专科学校学报》2003 年第 3 期。

61. 李力:《浅谈亲和—平衡—创造的教育生态链》,《前进》2003 年第 4 期。

62. 邹和平:《浅议大学教育的生态化》,《高等理科教育》2003 年第 5 期。

63. 张忠福:《基础教育生态的建设与培育》,《安徽教育学院学报》2003 年第 5 期。

64. 张向葵:《教育生态:课堂教学监控的鲜活生命》,《教育科学研究》2003 年第 7—8 期。

65. 汪凯:《学习型社会和教育生态的转型》,《前沿》2003 年第 9 期。

66. 关文信:《西方教育生态学理论对课堂教学监控的启示》,《外国教育研究》2003 年第 11 期。

67. 邓威:《营造高品质的教育生态》,《人民教育》2003 年第 21 期。

68. 黄扬清:《优化教育生态,实现学校可持续发展》,《湖南第一师范学报》2004 年第 1 期。

69. 魏国孝:《坚持生态教育思想 实现大学教育生态化》,《宁夏大学学报》(人文社会科学版)2004 年第 6 期。

70. 何又春、李世雁:《教育的生态过程分析》,《辽宁教育行政学院学报》2004 年第 3 期。

71. 李训贵、张晓琴:《教育生态化与高等教育发展》,《中国高等教育》2004 年第 10 期。

72. 古立新:《教师专业发展的生态学思考》,《当代教育科学》2004 年第 11 期。

73. 黄荣怀、沙景荣、李茂国:《高校学科专业发展的教育生态观》,《中国大学教学》2004 年第 10 期。

74. 秦小云、贺祖斌:《论高等教育系统的生态平衡》,《教育理论与实践》

2004年第11期。

75. 贺祖斌:《高等教育生态研究述评》,《广西师范大学学报》(哲学社会科学版)2005年第1期。

76. 魏国孝:《教育生态环境与学校环境》,《宁夏社会科学》2005年第2期。

77. 毛勇、胡四能:《教育生态学视角下的人口、资源、环境对高等教育的影响》,《江西教育科研》2005年第7期。

78. 肖爱平:《论高等教育生态平衡与可持续发展》,《辽宁教育研究》2005年第8期。

79. 李建军:《高等教育生态预警系统模型分析》,《黄河科技大学学报》2005年第4期。

80. 李景春:《生态位理论视域中的教育生态系统及其发展》,《教育科学》2006年第3期。

81. 张晓琴:《教育生态化:21世纪高校的理性抉择》,《社会科学论坛(学术研究卷)》2006年第6期。

82. 郁美:《论教育生态平衡与高等教育的发展》,《教育前沿(综合版)》2007年第2期。

83. 郁美:《教育生态化是现代大学的基本路向》,《广西教育学院学报》2007年第4期。

84. 胡继飞:《论大班额背景下的我国学校教育生态》,《教育研究与实验》2006年第4期。

85. 王素玲:《生态哲学视阈下的高等教育生态观》,《安徽农业大学学报(社会科学版)》2007年第6期。

86. 洪世梅:《教育生态学与大学教育生态化的思考》,《高等教育研究》2007年第6期。

87. 孙刚、房岩:《教育生态化刍议》,《吉林教育》2007年第09期。

88. 厉春元:《高等教育生态系统的构成及其预警系统模型分析》,《当代教育论坛(宏观教育研究)》2007年第9期。

89. 范国睿、王加强:《当代西方教育生态问题研究新进展》,《全球教育展望》2007年第9期。

90. 陈文娇:《教育生态位与高等教育分流》,《大学(研究与评价)》2007年第11期。

91. 郁美:《论教育生态平衡与高等教育的发展》,《长春工业大学学报(高教研究版)》2008年第2期。

92. 李军:《我国教育观念中的教育生态研究综述》,《山东工商学院学报》2008年第3期。

93. 冯学超、蔡为民、尹红坤:《我国高等教育生态化管理初探》,《内蒙古师范大学学报(教育科学版)》2008年第9期。

94. 王素玲、苏世宽:《高等教育生态发展的教育生态学审视》,《高等农业教育》2008年第9期。

95. 刘贵华、史寒屹:《教育生态理论研讨会简述》,《教育研究》2008年第9期。

96. 张忠迪:《大学教育生态化与生态型大学构建》,《河北师范大学学报(教育科学版)》2008年第10期。

97. 郁美:《教育生态平衡:高等教育可持续发展的理性追求》,《内蒙古师范大学学报(教育科学版)》2008年第11期。

98. 王加强、范国睿:《教育生态分析:教育生态研究方式初探》,《 教育理论与实践》2008年第19期。

99. 王加强、梁元星:《我国教育生态研究的进展与问题》,《当代教育科学》2008年第19期。

100. 张忠迪:《论大学教育生态化》,《教育评论》2009年第1期。

101. 胡涌、柳小玲、王玲、粟俊红:《高等教育生态系统的基本构架》,《中国林业教育》2009年第1期。

102. 李云涛、朱桂元:《教育生态刍议》,《吉林省教育学院学报(学科版)》2009年第9期。

103. 张国昌、胡赤弟:《区域高等教育生态多样性:内涵与发展策略》,《教育发展研究》2009年第23期。

104. 马金虎:《论高等教育生态位的重叠与矫正》,《教育评论》2010年第3期。

105. 周振宇:《追寻学校发展的共生生态——基于学校的教育生态优化研究》,《教育理论与实践》2010年第8期。

106. 王加强:《教育生态研究方式的进展与反思》,《上海教育科研》2010年第11期。

107. 胡源源、胡青:《基于教育生态系统对我国高等教育产业化的审视》,《江西教育学院学报》2011 年第 2 期。

108. 王凤产:《试探教育生态规律》,《河南师范大学学报(哲学社会科学版)》2011 年第 4 期。

109. 王凤产:《教育生态系统探索》,《河南工业大学学报(社会科学版)》2011 年第 4 期。

110. 陈慕:《教育生态内部环境恶化浅析》,《陕西教育(教学版)》2011 年第 4 期。

111. 彭福扬、邱跃华:《生态化理念与高等教育生态化发展》,《高等教育研究》2011 年第 4 期。

112. 吴炜炜:《基于教育生态学的高等教育生态优化管理》,《江苏教育学院学报(社会科学)》2011 年第 5 期。

113. 王凤产:《教育生态系统复杂性探讨》,《中国电化教育》2011 年第 5 期。

114. 李文彪、孙军:《我国高等教育生态失衡问题及对策》,《中国成人教育》2011 年第 9 期。

参考文献

一、古籍

1.《史记》,中华书局 1959 年版。
2.《汉书》,中华书局 1962 年版。
3.《后汉书》,中华书局 1973 年版。
4.《三国志》,中华书局 1974 年版。
5.《魏书》,中华书局 1974 年版。
6.《晋书》,中华书局 1974 年版。
7.《宋书》,中华书局 1974 年版。
8.《梁书》,中华书局 1973 年版。
9.《北史》,中华书局 1974 年版。
10.《隋书》,中华书局 1973 年版。
11.《旧唐书》,中华书局 1975 年版。
12.《新唐书》,中华书局 1975 年版。
13.《宋史》,中华书局 1977 年版。
14.《元史》,中华书局 1976 年版。
15.《新元史》,中华书局 1988 年版。
16.《明史》,中华书局 1974 年版。
17.《清史稿》,中华书局 1976 年版。
18.《清实录》,中华书局 1987 年版。
19.《唐六典》,中华书局 1992 年版。
20.《唐大诏令集》,商务印书馆 1959 年版。
21.《资治通鉴》,中华书局 1963 年版。
22.《续资治通鉴》,中华书局 1957 年版。
23.《续资治通鉴长编》,上海古籍出版社 1986 年版。
24.《通典》,中华书局 1988 年版。

25.《宋会要辑稿》,中华书局 1957 年版。
26.《文献通考》,中华书局 1986 年版。
27.《西汉会要》,上海人民出版社 1977 年版。
28.《后汉纪》,天津古籍出版社 1987 年版。

二、中文著作

1. 安文铸:《教育科学与系统科学》,吉林教育出版社 1990 年版。
2. 蔡晓明:《生态系统生态学》,科学出版社 2000 年版。
3. 曹凑贵:《生态学概论》,高等教育出版社 2000 年版。
4. 查有梁:《控制论、信息论、系统论与教育科学》,四川省社会科学院出版社 1986 年版。
5. 查有梁:《系统科学与教育》,人民教育出版社 1993 年版。
6. 陈宝良:《明代儒学生员与地方社会》,商务印书馆 2005 年版。
7. 陈谷嘉、邓洪波:《中国书院制度研究》,浙江教育出版社 1997 年版。
8. 邓洪波:《中国书院史》,东方出版中心 2004 年版。
9. 丁钢:《书院与中国文化》,上海教育出版社 1992 年版。
10. 丁鸿富:《社会生态学》,浙江教育出版社 1987 年版。
11. 费孝通:《中国绅士》,中国社会科学出版社 2006 年版。
12. 傅筑夫:《中国古代经济史概论》,中国社会科学出版社 1981 年版。
13. 干春松:《制度化儒家及其解体》,中国人民大学出版社 2003 年版。
14. 韩星:《儒法整合——秦汉政治文化论》,中国社会科学出版社 2005 年版。
15. 何怀宏:《选举社会及其终结——秦汉至晚清历史的一种社会学阐释》,生活·读书·新知三联书店 1998 年版。
16. 黄留珠:《秦汉仕进制度》,西北大学出版社 1985 年版。
17. 姜国钧:《中国教育周期论》,北京大学出版社 2005 年版。
18. 姜琦:《教育史》,上海商务印书馆 1932 年版。
19. 金观涛、刘青峰:《兴盛与危机——论中国封建社会的超稳定结构》,湖南人民出版社 1984 年版。
20. 金观涛:《系统的哲学》,新星出版社 2005 年版。
21. 李根蟠、黄崇岳、卢勋:《中国原始社会经济研究》,中国社会科学出版社 1987 年版。

22. 李国钧、王炳照:《中国教育制度通史》,山东教育出版社2000年版。

23. 李文治、江太新:《中国地主制经济论》,中国社会科学出版社2005年版。

24. 李约瑟:《中国科学技术史》,科学出版社1979年版。

25. 林存光:《儒教中国的形成——早期儒学与中国政治文化的演进》,齐鲁书社2003年版。

26. 刘伯骥:《广东书院制度》,上海商务印书馆1939年版。

27. 刘国钧著、郑如斯订补:《中国书史简编》,书目文献出版社1981年版。

28. 刘海峰、李兵:《中国科举史》,中国出版集团、东方出版中心2004年版。

29. 刘蔚华、赵宗正:《中国儒家学术思想史》,山东教育出版社1996年。

30. 刘泽华:《士人与社会》(先秦卷),天津人民出版社1988年版。

31. 刘泽华:《先秦士人与社会》,天津人民出版社2004年版。

32. 鲁洁、吴康宁:《教育社会学》,人民教育出版社1990年版。

33. 马敏:《官商之间——社会剧变中的近代绅商》,天津人民出版社1995年版。

34. 毛礼锐、沈灌群:《中国教育通史》,山东教育出版社1985年版。

35. 毛祖桓:《教育学的系统观与教育系统工程》,四川教育出版社1988年。

36. 梅汝俐、李生荣:《中国科技教育史》,湖南教育出版社1992年版。

37. 齐涛:《中国古代经济史》,山东大学出版社1999年版。

38. 钱存训:《中国古代书籍纸墨及印刷》,北京图书馆出版社2002年版。

39. 钱存训:《中国纸和印刷文化史》,广西师范大学出版社2004年版。

40. 钱学森:《关于思维科学》,上海人民出版社1986年版。

41. 钱学森等:《论系统工程》(增订本),湖南科学技术出版社1988年版。

42. 曲士培:《中国大学教育发展史》,山西教育出版社1993年版。

43. 佘正荣:《生态智慧论》,中国社会科学出版社1996年版。

44. 沈大德、吴廷嘉:《黄土板结——中国传统社会结构探析》,浙江人民出版社1994年版。

45. 史仲文、胡晓林:《新编世界政治史》(上),中国国际广播出版社 1996 年版。

46. 孙宏安:《中国古代科学教育史略》,辽宁教育出版社 1996 年版。

47. 孙培青:《中国教育史》,华东师范大学出版社 2000 年版。

48. 田昌五:《中国古代社会形态研究》,天津人民出版社 1980 年版。

49. 王炳照、阎国华主编:《中国教育思想通史》,湖南教育出版社 1994 年版。

50. 王炳照:《中国古代私学与近代私立学校研究》,山东教育出版社 1997 年版。

51. 王长华:《春秋战国士人与政治》,上海人民出版社 1997 年版。

52. 王凤喈:《中国教育史大纲》,上海商务印书馆 1928 年版。

53. 王建军:《中国教育史新编》,广东高等教育出版社 2003 年版。

54. 王仁湘、贾笑冰:《中国史前文化》,商务印书馆 1998 年版。

55. 王相钦、吴太昌:《中国近代商业史论》,中国财政经济出版社 1999 年版。

56. 王亚南:《中国官僚政治研究》,中国社会科学出版社 1981 年版。

57. 王志民、黄新宪:《中国古代学校教育制度考略》,首都师范大学出版社 1996 年版。

58. 吴霓:《中国古代私学发展诸问题研究》,中国社会科学出版社 1996 年版。

59. 吴元梁:《社会系统论》,上海人民出版社 1993 年版。

60. 熊铁基:《传统文化与中国社会》,华中师范大学出版社 1993 年版。

61. 熊月之:《西学东渐与晚清社会》,上海人民出版社 1994 年版。

62. 徐建华、余庆余:《人类生态系统》,兰州大学出版社 1993 年版。

63. 许倬云:《中国古代社会史论——春秋战国的社会流动》,广西师范大学出版社 2006 年版。

64. 颜泽贤、张铁明:《教育系统论》,河南教育出版社 1991 年版。

65. 颜泽贤:《复杂系统演化论》,人民出版社 1993 年版。

66. 杨布生:《中国书院与传统文化》,湖南教育出版社 1992 年版。

67. 杨国赐:《系统分析在教育革新上的应用》,台北水牛出版社 1987 年版。

68. 杨松华:《大一统制度与中国兴衰》,北京出版社 2004 年版。

69. 杨向奎:《宗周社会与礼乐文明》,人民出版社 1992 年版。

70. 余也非:《中国古代经济史》,重庆出版社 1991 年版。

71. 湛垦华:《系统科学的哲学问题》,陕西人民出版社 1995 年版。

72. 张国刚、乔治忠:《中国学术史》,上海东方出版中心 2002 年版。

73. 张正藩:《中国书院制度考略》,江苏教育出版社 1985 年版。

74. 张仲礼:《中国绅士:关于其在 19 世纪中国社会中作用的研究》,上海社会科学院出版社 1991 年版。

75. 章开沅:《中国近代史上的官绅商学》,湖北人民出版社 2000 年版。

76. 章小谦:《传承与嫁接:中国教育基本概念从传统到现代的转型》,江西人民出版社 2004 年版。

77. 赵吉惠:《中国儒学简史》,湖南人民出版社 2004 年版。

78. 赵文华:《高等教育系统论》,广西大学出版社 2001 年版。

79. 郑登云:《中国高等教育史》(上、下),华东师范大学出版社 1994 年版。

80. 郑师渠:《中国文化通史》,北京师范大学出版社 2009 年版。

81. 周洪宇:《书院的社会功能及文化特色》,湖北教育出版社 1996 年版。

82. 周予同:《中国学校制度》,上海商务印书馆 1933 年版。

83. 祝廷成、董厚德:《生态系统浅说》,科学出版社 1983 年版。

84. 邹珊刚等:《系统科学》,上海人民出版社 1987 年版。

三、外文著作及译著

1. [奥]L. 贝塔朗菲著,林康义、魏宏森译:《一般系统论》,清华大学出版社 1987 年版。

2. [比]迪维诺 · P 著:《生态学概论》,科学出版社 1987 年版。

3. [德]汉斯 · 萨克塞著,文韬、佩云译:《生态哲学》,东方出版社 1991 年版。

4. [美]E. P. Odum 著、孙儒泳等译:《生态学基础》,人民教育出版社 1982 年版。

5. [美]杜维明著,钱文忠、盛勤译:《道、学、政:论儒家知识分子》,上海人民出版社 2000 年版。

6. [美]费正清主编、赖肖尔著、陈仲丹等译:《中国:传统与变革》,江苏人民出版社 1992 年版。

7. [美]欧文·拉兹洛著、闵家胤译:《用系统的观点看世界》,中国社会科学出版社 1985 年版。

8. [美]F. 普洛格、D. G. 贝茨著,吴爱明、邓勇译:《文化演进与人类行为》,辽宁人民出版社 1988 年版。

9. [美]唐纳德·L. 哈迪斯蒂著、郭凡等译:《生态人类学》,文物出版社 2002 年版。

10. [美]小拉尔夫·弗·迈尔斯主编,杨志信、葛明浩译:《系统思想》,四川人民出版社 1986 年版。

11. [美]张仲礼著、李荣昌译:《中国绅士——关于其在 19 世纪中国社会中作用的研究》,上海社会科学出版社 1991 年版。

12. [日]仓内史郎等编著:《生涯学習の生態学:成人学習の個別化状況を探る》,野间教育研究所,1993 年。

13. [日]梅棹忠夫著、王子今译:《文明的生态史观——梅棹忠夫文集》,上海三联书店 1988 年版。

14. [日]佐藤公治著:《「周学期」児童の心理発達に関する教育生態学的研究》(日本文部科学省科学研究费补助金研究成果报告书),1996—1998 年。

15. [苏]米丁斯基:《世界教育史》,三联书店 1950 年版。

16. [匈]欧文·拉兹洛著,钱兆华、熊继宁等译:《系统哲学引论——一种当代思想的新范式》,商务印书馆 1998 年版。

17. [英]汤因比著、曹未风等译:《历史研究》,上海人民出版社 1986 年版。

18. Cremin, L. A. *Public Education.* New York: Basic Books, 1976.

19. J. L. Chapman, M. J. Reiss. *Ecology: principles and alications.* Cambridge University Press, 1999.

20. Charles J. Krebs. *Ecology: The Experimental Analysis of Distribution and Abundance.* Science Press, 2003.

21. Monica Hale. *Ecology in education.* Cambridge University Press, 1993.

22. C. A. Bowers & David J. Flinders. *Responsive teaching: an ecological approach to classroom patterns of language, culture and thought.* New York: Teachers College Press, 1990.

23. Elaine Riley-Taylor. *Ecology, spirituality & education: curriculum for relational knowing*. New York: P. Lang, 2002.

24. Johnson, Edward. *Environmental education and advocacy: changing perspectives of ecology and education*. Cambridge: The Univ. Pr., 2005.

25. Golley, F. B. *A History of the Ecosystem Concept in Ecology*. Yale Univ. Press, 1993.

四、期刊论文

1. 陈来:《春秋礼乐文化的解体和转型》,《中国文化研究》2002 年秋之卷。

2. 陈曼娜:《中国传统社会政治结构及其在近代的转型》,《史学月刊》1996 年第 2 期。

3. 陈元晖、王炳照:《书院制度简论》,《北京师范大学学报》(社会科学版)1980 年第 5 期。

4. 邓广铭:《宋代文化的高度发展与宋王朝的文化政策》,《历史研究》1990 年第 1 期。

5. 方立天:《佛教与中国政治》,《社会科学战线》1987 年第 2 期。

6. 方行:《略论中国地主制经济》,《中国史研究》1998 年第 3 期。

7. 傅衣凌:《中国传统社会:多元的结构》,《中国社会经济史研究》1988 年第 3 期。

8. 郭杰:《中国礼乐文化初论》,《东北师大学报》(哲学社会科学版)1993 年第 3 期。

9. 黄书光:《宋代地方官学考析》,《华东师范大学学报》(教育科学版)1986 年第 4 期。

10. 黄宣民、陈寒鸣:《礼乐文化传统与原始儒学》,《中州学刊》2006 年第 3 期。

11. 蒯伯赞:《中国古代的农民战争》,《学习》1951 年第 3 卷第 10 期。

12. 江铭:《两汉地方官学考论》,《华东师范大学学报》(教育科学版)1986 年第 1 期。

13. 江祖求:《原始社会的教育方式辨》,《教育研究与实验》1987 年第 2 期。

14. 金观涛、樊洪业、刘青峰:《科学技术结构的历史变迁——二论十七世纪之后中国科学技术落后于西方的原因》,《自然辩证法通讯》1983 年第 1 期。

15. 金观涛、樊洪业、刘青峰:《科学技术结构及其历史变迁——论十七世纪之后中国科学技术落后于西方的原因》,《自然辩证法通讯》1983 年第 2 期。

16. 金观涛、樊洪业、刘青峰:《历史上的科学技术结构——试论十七世纪之后中国科学技术落后于西方的原因》,《自然辩证法通讯》1982 年第 5 期。

17. 李根蟠:《关于地主制经济发展机制和历史作用的思考》,《中国史研究》1998 年第 3 期。

18. 李文治:《再论地主制经济与封建社会长期延续》,《中国经济史研究》1992 年第 2 期。

19. 林甘泉:《中国古代知识阶层的原型及其早期历史行程》,《中国史研究》2003 年第 3 期。

20. 罗裕祥:《从考古发掘试探中国教育的起源》,《甘肃社会科学》1987 年第 3 期。

21. 罗志田:《中国文化体系之中的传统政治统治》,《战略与管理》1996 年第 3 期。

22. 桑新民:《从印刷时代到信息时代——人类学习方式与教育模式的历史性变革》,《职业技术教育》2001 年第 12 期。

23. 沈大德、吴廷嘉:《中国传统社会结构探析》,《社会科学研究》1992 年第 1 期。

24. 史彦虎、马淑英:《中国社会系统现代化演进的复杂性研究》,《系统辩证学学报》2001 年第 3 期。

25. 孙立平:《论科举对传统中国社会结构及其演变之影响》,《学习与探索》1992 年第 4 期。

26. 王从仁、孙曰融:《从"大房子"谈中国原始教育》,《上海师范大学学报》1988 年第 2 期。

27. 王贵民:《从殷墟甲骨文论古代学校教育》,《人文杂志》1982 年第 2 期。

28. 王建军:《论中国教育史评价尺度》,《华南师范大学学报》1989 年第 3 期。

29. 王伦信:《从纸的发明看媒介演进对教育的影响——技术向度的中国教育史考察》,《华东师范大学学报》(教育科学版)2007 年第 1 期。

30. 王伦信:《先秦“师”概念的发展及其教育意涵的获得》,《教师教育研究》2007 年第 4 期。

31. 王先明:《近代中国绅士阶层的分化》,《社会科学战线》1987 年第 3 期。

32. 王先明:《论近代“士农工商”结构的错动》,《河北学刊》1991 年第 1 期。

33. 王子今:《中国古代王朝盛衰兴亡的“周期率”》,《理论学刊》2002 年第 1 期。

34. 熊明安:《我国古代学校教育制度的形成、发展及其历史作用》,《西南师范大学学报》(人文社会科学版)1985 年第 3 期。

35. 阎步克:《儒·师·教——中国早期知识分子与“政统”“道统”关系的来源》,《战略与管理》1994 年第 2 期。

36. 阎步克:《士·事·师论——社会分化与中国古代知识群体的形成》,《北京大学学报》(哲学社会科学版)1990 年第 2 期。

37. 余英时:《试说科举在中国历史上的功能与意义》,《二十一世纪》2005 年 10 月号总第 43 期。

38. 俞启定:《中国古代学校与选士关系的发展》,《教育学报》2005 年第 5 期。

39. 张岱年:《儒家哲学是教育家的哲学》,《华东师范大学学报》(教育科学版)1989 年第 1 期。

40. 张克明:《原始政治——对“前国家”的政治现象考察》,《政治学研究》1985 年第 3 期。

41. 张锡勤:《论儒学在近代的命运》,《哲学研究》2005 年第 5 期。

42. 周玉萍、武杰、李润珍:《从协同学看中国近代社会系统的演化》,《系统辩证学学报》2002 年第 2 期。

43. 周玉萍、武杰:《从系统科学角度看社会转型》,《系统辩证学学报》2005 年第 1 期。

44. 周志家:《生态城市中的社会生态的分析框架》,《厦门大学学报》(自然科学版)2004 年增刊。

45. 朱启新:《从甲骨文看殷商时期的教育》,《教育研究》1982 年第

11 期。

46. [法]让-皮埃尔·戴仁:《中国的读书写字和木板印刷》,见《法国汉学》第2辑,清华大学出版社1997年版,第302页。

47. 李俊清:《九十年代生态学的重要观点》,《生态学杂志》1995年第1期。

48. Madhu Suri Prakash. *What Are People for? Wendell Berry on Education, Ecology, and Culture.* Educational Theory. Volume 44, Issue 2, Page 135 - 157, Jun 1994.

49. Lisa A Petrides, Susan Zahra Guiney. *Knowledge Management for School Leaders: An Ecological Framework for Thinking Schools.* Teachers College Record Volume 104, Issue 8, Page 1702—1717, Dec 2002.

后记一

我本中等材质，学业上并不冒尖也不落后，由小学入中学进大学，最终读硕攻博，一路走来虽有磕磕碰碰，却也算顺当。之所以能够如此，全在于我是一个幸运儿，总能得到他人的护佑。

一

母亲是地地道道的农村妇女，常以女子身躯承担了壮男劳力的活计。多年来，地里的耕种收获，全靠她一人辛苦劳作；家中的洗煮晒扫，全赖她辛勤操持，她总是勤勤恳恳，任劳任怨。

母亲小时候过早地承担了家庭的重担，只读到小学二年级，文化水平不高，思考问题简单直白，田地劳动只知埋头苦干，家中生活只知辛勤奉献，这使她吃苦很多、吃亏不少，但她都表现得十分坚强。

母亲不但生养了我，而且赋予了我二次生命。我小时候十分调皮，连走路都不安分，总要找个竹竿之类的东西甩甩打打，或者干脆顺手拔掐路边的菜叶，因此被不少人斥为毫无出息。不仅如此，不会游泳的我却常常要去沾惹水。为此竟有几次差点丢命，最严重的一次沿着村里的水渠浮在水面上漂了很远。当我被村里人从水渠中捞起时，全身已经浮肿，几乎是无可救治了。母亲倒拉着我，拼命地拽打，从我的肚中倒出了许多水，但我就是醒不来。村里的本家爷爷劝我母亲算了，还是认命吧。母亲默不作声，仍不顾一切地拍打着我的身子，直至倒尽了我肚中的水。幸好有邻近部队的军医及时赶到，一针之后我长叹了一口气终于苏醒过来。于是，许多人都说我命大。我知道不是我命大，而是我很幸运，是母亲的爱救活了我。没有母亲，也就没有我的二次生命。

农村习俗，每逢过年，每家每户都要贴对联、横幅。记得有一次家中贴横幅，刚识字的我轻声地读出“幸福人家”。识字不多的母亲高兴地考我：“知道什么是幸福人家吗？”我摇摇头。母亲解释说：“幸福人家就是高兴快乐的人家,比如我们家就是幸福的。”我似懂非懂地点了点头。母亲是追求幸福的,当时的她虽然生活清苦,但她是幸福的。这种幸福的日子并不长久,以后的她逐渐变成了不幸的人。造成这种不幸并不是她的错,她只是不够聪明而已,她需要的是包容和关心。

冥冥之中,我感觉到,正是因为母亲的不幸,我才成为了幸运的人。

二

初中毕业以后,为了远离家庭,我选择了离家三十公里远的白蒲中学就读。在这里,我幸运地遇到了两位恩师。

刚读高一时,由于如皋师范当年的录取分数线降了一分,刚被任命的女班长恰巧达线,于是她离开中学就读师范去了。班主任刘伟忠老师便找到我,要我担任班长,懵懂的我毫不犹豫地答应了。此后,我便积极配合刘老师做好班级的各项工作。我的学习与工作成绩也逐渐得到了老师和同学的认可,多次在评奖推优时以高票当选班长(当时为了显示谦虚,我总是推选别人,所以我通常只缺一票)。高一结束分班时,已被确定担任高二理科班班主任的刘老师看着我的成绩单说:“从班级管理角度看,我希望你继续来做我们班的班长;从你的学习情况来看,你适合读文科。”因此,我也不征求家长的意见当场就填报了文科班。刘老师不但支持我选读了文科班,而且还向我的新班主任张云飞老师作了推荐。所以,一到高二,我就直接被任命为班长。这对我的成长具有十分重要的意义。

张云飞老师为人真诚坦率,工作勤奋踏实,教学成绩优异,始终是我们学生的楷模。他说自己设定的目标并不远大而很实际,只有两个,一个是到四十岁时能够评上高级教师,一个是到退休时能够发表100篇论文。古人云:取法乎上,得乎其中;取法乎中,得乎其下。照此说法,张老师确定的这两个目标确实不够远大,却能使他脚踏实地,刻苦努力。如今才四十多岁的他,已经是全省为数不多的特级教师和教授级高级教师了,而且100篇的论文目标在这一两年内就可以实现。

张老师对我们全班同学非常关心,不仅关心我们学习的进步,而且关心我们思想的提高、意志的磨炼,更关心我们的生活。在我们参加高考的那个夏天里,天气十分炎热,许多同学常常偷偷跑出去买冰棍解渴。张老师知道后,一方面劝告大家尽量不要吃冰棍,要注意卫生;另一方面,他利用早晨买菜的机会,每天自费买一筐番茄洗干净后放在教室里让我们随时取吃。这样的日子持续了一个多月，直至高考结束。今天，每当我们同学聚会回想起这一幕时，仍然非常感动。

在我们那一届的同学中，我从张老师那里得到的关心最多，受益最大。高三的生活总是很艰苦，脑力消耗很大。许多同学的家长都及时送来了红桃K、蜂王浆等营养品，只有我离家很远无福享用。每天晚自习结束后回到宿舍，我看着其他同学喜滋滋地吃着营养品，心里总是酸溜溜的，很担心自己由于营养不够而在学习上落后于他人。不知道张老师是如何了解到这一情况的，他找到我说，那些所谓的营养品其实是没有营养的，最有营养的还是鸡蛋。于是他经常买鸡蛋送给我，让我放在饭盒中连同饭一起蒸熟了吃。

最令我感动的还是张老师为我的个人发展所作的努力。毕业前夕，学校分给我们班三个市级表彰指标。按以往惯例，获市级以上表彰者高考时能够加10分。但张老师想尽办法用这三个指标与其他班级换了一个省级"三好学生"的指标，并且把这个指标给了我。结果高考结束后，加分政策发生变化，市级表彰一律不加分，省级以上表彰可加15分。获益于此，我才达到本一分数线，考上苏州大学。后来提及此事，张老师还是很遗憾地说，可惜当年没有省级优秀学生干部的指标，否则对我更加有益。

进入大学度过新鲜期以后，我渐渐变得颓废起来，不思学习，不求进取。张老师又利用到苏州大学进修的机会，专门找我谈话，劝我千万不能自我沉沦，一定要振奋精神，刻苦努力，争取考研，寻找更好的发展平台。

一个内向木讷的我，竟能得到恩师的如此关爱，除了幸运外，还能是什么原因呢？

三

1997年，不谙世事的我冒昧地寄了一封信给华东师范大学教育系。没想到，这封信为幸运的我找到了又一位恩师。这封信是寄给杜成宪教授寻求考研指导的。杜老师很快就给素不相识的我回了信，很热情地指点我应考中国教育史专业研究生的必读书目和注意事项。记得我当时拿着信反复看，心中十分激动，心想就冲华师大有这样的好老师，我也一定要考上。但傻乎乎的我当时竟然忘了回信表示感谢。

1998年，我顺利地进入华东师范大学教育系学习。基础薄弱的我本想在导师的指导下尽快提高，但其时学校规定一年级不指定导师。我感到自己学习总是不得要领，心中十分焦急，盼望着导师人选能够早日定下来。于是，我再次冒昧地找到杜老师，请求他担任我的导师。杜老师很爽快地答应了。从此以后，我就在杜老师的指导下读书作文。我常拿一些很稚嫩的论文交给杜老师，他总是不厌其烦地帮我修改，逐步地引导我走进了中国教育史研究的大门。

2001年，我硕士研究生毕业，杜老师又忙着帮我联系推荐工作。他还亲自骑自行车带我到招聘单位老师的家中登门拜访，投送简历。由于我下定决心要回家乡工作，最终拂却了恩师的美意。

2002年元旦，我结婚了，杜老师应邀来南通参加我的婚礼。他拒绝了我派车接送的安排，而是抱病带领着我的一班同学乘坐长途客车，并且倒换了两次车才到达我的家乡，令我心中十分愧疚。杜老师的到来确实大长了我的志气，单位领导从此对我刮目相看，认为能让导师长途奔波，此人必有过人之处。其实，我哪有什么过人之处，有的只是幸运而已，有的只是恩师的关爱而已。

2003年，时任白蒲中学副校长的张云飞老师组织教师开展培训，邀我在华东师范大学代聘专家。我请杜老师予以关心，他一口应承，并以私人名义帮我邀请了好几位名师讲课。白蒲中学校方十分满意，而我对恩师却丝毫没有表露谢意。

2005年，承蒙杜老师不弃，又费心地将我收入门下。由于我生性愚驽，他所交代的任务，竟然没有一件能够完成的。至于这篇博士学位论文，更是让他伤透了脑筋。杜老师在中央党校培训期间，由于网络故障难以一下子全部打开我们发送论文的邮件，因此常常利用凌晨四五点的空闲时间起床一章一章地下载，其辛劳状况，我们可想而知。

四

研究生毕业后走上工作岗位的我同样也很幸运。根据工作需要，我被推荐担任合并组建后的南通大学第一任校长顾晓松教授的秘书。顾校长对我考博非常关心并表示支持，经常询问我的复习准备情况，并且在布置工作时充分考虑我的实际情况，尽量多留一些时间给我复习。在随后的读博过程中，顾校长同样十分人性化地给予了许多关照。只是笨拙的我，多年来游走于读书与工作之间，结果书没读好，工作也没有干好，既对不起导师，又对不起领导，实在惭愧。

顾校长后来转任党委书记，我也跟着到了党委办公室。跟随他工作的五年，是我不断学习提高的五年。他是一位宽厚的长者，将多年来的人生经验都毫无保留地教给了我们，教会了我们许多做人的道理。他是一位杰出的领导，将十分宝贵的工作方法和工作艺术都教给了我们，教会了我们许多做事的道理。他是一位优秀的科学家，用不断探索、追求卓越的科学精神感染着我们，教会了我们许多做学问的道理。特别是顾书记所秉持的科学、民主、和谐、包容的理念，让我受益匪浅。

五

衷心感谢华东师范大学教育学系的老师们。感谢叶澜、陆有铨、丁钢、金林祥、霍益萍、黄书光、李政涛等老师精彩的授课。感谢范国睿老师提供的参与课题研究的机会，虽然我完成得很不理想，却让我接触到了学术研究的另一番新天地。感谢周金浪老师的热情关心，见到他总让我感到很温暖。感谢孙培青老师的关心，我虽与他交往不是很多，但多次听到别人转述他询问我的学业情况。

衷心感谢南通大学的领导和同事们。感谢杨礼宾、彭怀祖、周建忠等校领导，他们曾多次关心我的学习。感谢校长办公室和党委办公室的同事们，特别要感谢徐婷婷和朱成祥二位，他们在我课程学习期间，分担了我的许多工作。感谢教育科学学院丁锦宏、邓宏宝、陈云恺、王灿明、张建平等教授及其他诸位老师的关心支持。感谢吉兆麟老师的关心与帮助，多年来她始终像大姐姐一样关心着我的工作。

衷心感谢已故乡贤、香港景范教育基金会范止安老先生。我中学毕业之际，曾获他所设奖学金资助。如今撰写博士论文，又蒙他资助。遗憾的是论文好不容易完成了，老先生却已仙去。

衷心感谢云南曲靖师范学院副院长方然教授，当初查询资料，多次叨扰，获他慨然帮助。

衷心感谢我的家人。感谢我的岳父母，他们不但在经济上给予我们支持，而且主动承包了我们所有的家务，让我的工作和学习毫无后顾之忧。感谢我的妻子，她在承担着繁重的工作的同时，自己也在攻读学位，而且还操持了家庭事务，我自己则成了潇洒的甩手掌柜。感谢我的儿子，给我带来许多欢乐。

幸运的我，抱定这样的宗旨：大恩不言谢，大恩也难谢，唯有同样尽自己的力量去帮助别人，才是对帮助我的人最好的回报。

2009 年 5 月 18 日

后记二

这本书是在我的博士学位论文的基础上修改而成的。学位论文选题之际，恰逢范国睿教授主持的教育部人文社会科学重点研究基地重大项目“学校教育生态研究：制度建构与文化生成”立项。范国睿教授请我的导师杜成宪教授物色一位博士生参与课题，承担“中国学校教育生态系统的历史考察”子课题研究。杜老师与我商量，问我是否愿意接受这一任务，我当即应承了下来。几经周折，费尽心力，我才得以完成学位论文。论文答辩过程中，得到了孙培青教授、田正平教授、周谷平教授、金林祥教授和黄书光教授的精心指导，在此向各位专家深致谢意！

随后，我在导师的指导下，根据课题的要求，对论文中的部分内容进行了改写，以“我国学校教育生态系统的历史变迁”作为一章，列入范国睿教授领衔出版的专著《共生与和谐：生态学视野下的学校发展》（教育科学出版社 2011 年版）。本次修改以学位论文为基础，对部分结构略作调整、部分内容稍作扩充。

本书在出版过程中，再次得到南通大学党委书记顾晓松教授的指导和支持，我深刻铭记在心！南通大学人文社科处处长钱荣贵教授、吴寒飞硕士给予了很多帮助，苏州大学出版社周建国编辑付出了辛勤劳动，在此一并表示衷心感谢：南通大学人文社科学术著作出版基金为本书的出版提供了资助。

由于本人学识和精力有限，未能深入领会导师和各位专家的指导意见，本书肯定存在不少错误和疏漏之处，恳请方家批评指正！

2013 年 12 月 31 日

后 记